Politik aus Bayern

Politik aus Bayern

Beiträge von

Franz Josef Strauß
Gerold Tandler
Gustl Lang
Theo Waigel
Otto Wiesheu
Edmund Stoiber
Kurt Faltlhauser
Hans Zehetmair
Hans Spitzner
Alois Glück
Klaus Rose
Gerhard Merkl
Klaus Kopka
Thomas Goppel
Georg von Waldenfels

Herausgegeben von
Kurt Faltlhauser
und Edmund Stoiber

Seewald Verlag Stuttgart

Inhalt

Einführung 7

Politik aus Bayern

Politik für Bayern

Einführung

Das Erscheinungsbild einer politischen Partei wird im wesentlichen durch drei Faktoren geprägt: durch ihre Grundsatz-Aussagen, durch die konkreten Entscheidungen und Handlungen der von ihr getragenen Regierungen und Fraktionen, sowie durch die Aussagen und die Ausstrahlung ihrer Führungspersönlichkeiten.

Diese drei Faktoren zu koordinieren, ist hauptsächlicher Inhalt der Arbeit einer Partei. Nur dann, wenn durch die Entscheidungen und Handlungen einer Regierung die Grundsätze der Regierungs-Partei deutlich werden, gewinnt die Politik einer Partei jene Konturen, durch die allein Mehrheiten gewonnen und gehalten werden.

Es ist ein besonderes Anliegen dieses Buches, einen Beitrag zu dieser Koordinationsarbeit zu leisten und die Grundsatzaussagen der CSU anhand der politischen Praxis der Bayerischen Staatsregierung und der CSU-Mehrheitsfraktion im Bayerischen Landtag plastisch zu machen.

Zweites Anliegen dieses Aufsatzbandes ist es, deutlich zu machen, daß die Gültigkeit grundsatzorientierter Politik regional nicht eingrenzbar ist. Die CSU-Programmatik, die Klarheit und Kontinuität ihrer Verdeutlichung ist die Basis der Wahlerfolge der CSU. Diese eindeutige, Alternativen jederzeit sichtbar machende Politik kann und will helfen, freiheitliche Politik auch über die Grenzen Bayerns hinaus in Deutschland und in Europa durchzusetzen.

Weiter will dieses Buch durch das Zusammentreffen von Autoren der Parteibasis und der Parteispitze die Kontinuität und in gleicher Weise die Dynamik der christlich-sozialen Politik der Öffentlichkeit aufzeigen. Eine Partei, die in den vergangenen Jahren so große Vertrauensbeweise der Bürger erhalten hat, ist in verstärktem Maße auch verpflichtet, ihre Repräsentanten in den verschiedenen Ebenen der Öffentlichkeit auf jede nur mögliche Weise vorzustellen und ihr personelles Reservoir offenzulegen. Neben dem Parteivorsitzenden und dem Generalsekretär der CSU, dem CSU-Fraktionsvorsitzenden im Bayerischen Landtag und dem Vorsitzenden der CSU-Grundsatzkommission sind es vor allem jüngere CSU-Landtagsabgeordnete, die zu einzelnen Problemkreisen Stellung nehmen. Der Prozeß ständiger politischer Meinungsbildung soll durch Einzelbeiträge junger Parlamentarier, die ihr Mandat überwiegend erst seit zwei Jahren ausüben, besonders herausgestellt werden.

Um diese »kritische Kontinuität« der CSU-Politik glaubwürdig darzustellen, wurde bewußt kein Bayerisches Regierungsmitlgied in den Kreis der Autoren eingegliedert. Ziel war es, unbeeinflußt von Kabinettsrücksichten und Ressortdenken verschiedene Probleme aufzugreifen und zielgerichtet zu formulieren. In diesem Sinne will dieses Buch auch ein Beispiel sein für die Offenheit und Freiheit, mit der in der CSU politische Probleme diskutiert werden.

Nicht zuletzt will dieses Buch den Anspruch der CSU-Fraktion im Bayerischen Landtag auf weitgehende Mitgestaltung der Landespolitik dokumentieren. Die Politik der Bayerischen Staatsregierung soll von der CSU-Fraktion in gleichem Umfang mitgestaltet sein, wie sie von dieser Fraktion öffentlich dargestellt und verteidigt wird.

Dieses Buch erscheint kurz vor der Bundestagswahl 1976, in der nicht nur über das politische Schicksal der Bundesrepublik in den nächsten vier Jahren, sondern auch über den politischen Weg der Bundesrepublik und darüber hinaus Europas in den nächsten Jahrzehnten mit entschieden wird. Dieses Buch versucht deshalb auch Argumentationshilfen für diese Auseinandersetzung zu liefern, will andererseits aber auch über das Jahr hinaus Gültigkeit behalten. In diesem Sinne sollen diese Aufsätze Dokumente für Grundsatztreue und kämpferische Pragmatik, für Kontinuität und Dynamik der CSU sein.

München, im Juni 1976   Kurt Faltlhauser, Edmund Stoiber

Politik
aus Bayern

Franz Josef Strauß
Was will die CSU?
Politische Position und
Aufgabe in Bayern,
Deutschland und Europa.

Die dramatische politische Auseinandersetzung in unserem Land, bei der es um Bayern, die Bundesrepublik Deutschland, das ganze Deutschland und Europa geht, zwingt uns zu klaren Aussagen über den Standort der CSU und, in historischer Rückbesinnung, über ihren Gründungsauftrag.

Das »C« im Parteinamen

Wir sind im Laufe der Jahre immer wieder gefragt worden und werden immer wieder gefragt, was eigentlich der Begriff »christlich« mit einer politischen Partei zu tun habe. Man mag mit Recht die Frage stellen, ob es eine genau definierbare christliche Politik gibt. Sicherlich gibt das christliche Sittengesetz keine Handreichung für die täglichen Entscheidungen des politischen Lebens. Es kann sehr wohl sein, daß Politiker, die auf dem Boden dieses Sittengesetzes stehen, wegen der Verschiedenheit der Umstände zu verschiedenen Schlußfolgerungen gelangen.

Dies gilt vor allen Dingen auf dem Gebiet der Außenpolitik. Wir haben zum Beispiel Anfang der 50er Jahre, als die Konturen der deutschen Außenpolitik durch Adenauer und seine Mitarbeiter geprägt wurden, uns die Fragen gestellt: Warten wir mit unserer außenpolitischen Orientierung, bis Deutschland wieder geeint ist? Bleiben wir ein neutrales Vakuum zwischen den Großmächten, ein weißer Fleck auf der politischen Landkarte, oder suchen wir Anschluß an unsere europäischen Nachbarn, in der erklärten und bewußt vertretenen Ansicht, daß nur die politische Einheit Europas diesem gequälten Kontinent Freiheit, Frieden, Wohlstand sichern und den Nationalismus, den wahren Totengräber Europas, überwinden könne? Suchen wir Sicherheit im Rahmen einer größeren, überkontinentalen atlantischen Gemeinschaft? Die Antwort, die wir damals gegeben haben als Politiker, die sich bemühen, auch in der Politik Christen zu sein, auch im Bewußtsein ihrer Unvollkommenheit, ihrer Schwäche, ihrer Unzulänglichkeit und auch ihrer Fähigkeit, irren zu können, war das klare Ja nicht nur zur europäischen Kulturgemeinschaft, sondern das klare Ja zu einer politischen Organisation Westeuropas und zum Beitritt in das atlantische Bündnis.

Ich bin immer gegenüber dem Begriff der »christlichen Politik« sehr skeptisch gewesen, weil er sich schwer definieren läßt und weil er in der jeweiligen täglichen Wirklichkeit keinen brauchbaren Kompaß gibt. Schon gar nicht dann, wenn dieser Begriff mit Intoleranz und Intransigenz vertreten, ein Monopol für allein richtige weltanschauliche Verhaltensweise für sich beansprucht. Wohl aber bin ich der Auffassung, daß es der Christen in der Politik bedarf, die den Mut, die Standfestigkeit, die Zähigkeit und das Zielorientierungsvermögen haben, sich zu den Grundwerten der christlichen, abendländischen Politik mit ihrer hellenistischen Grundkultur, ihrer römischen Zivilisation, ihrer von der christlichen Religion herkommenden Wertordnung, ausgeprägt in den verschiedenen großen Völkerschaften Europas, zu bekennen.

Deshalb war für uns die Tatsache, daß wir das Wort »christlich« im langen Streit der ersten Monate nach dem Zweiten Weltkrieg für die CSU gewählt haben – als Parallele zur CDU und damit auch in Abkehr von ehrenwerten Restaurationsversuchen in Richtung »Bayerische Volkspartei«, »Bayerische Union« oder »Bayerische Landespartei« – nicht etwa der überhebliche Anspruch, daß wir die Christen seien und die anderen nicht. Unsere Motivation war, daß nach unserer Überzeugung der Zerfall der deutschen Politik, die Zertrümmerung unseres Landes und die Katastrophe, die wir erlebt haben, in einem kausalen Zusammenhang, in einem ethisch-moralischen, auch geschichtsphilosophischen Zusammenhang standen mit dem bewußten Abfall der deutschen Politik von den Grundsätzen des christlichen Sittengesetzes. Wir wollten mit dem Worte »christlich« nicht eine Diskriminierung gegenüber anderen oder eine moralische Überheblichkeit zum Ausdruck bringen, wir wollten vielmehr eine Einsicht in die Zusammenhänge von Wohl und Wehe, eine Einsicht auch in die Notwendigkeit der Grundsätze ausdrücken, auf denen ein neuer deutscher Staat und eine europäische Gemeinschaft gebaut werden müßten.

Das Wort »sozial« im Parteinamen

Das Wort »sozial«, dessen Bedeutung sich im Laufe der Jahrhunderte gewandelt hat von der reinen Fürsorgeproblematik her über die Arbeitnehmerfrage bis heute hinein in die Bereiche dessen, was man oft sehr vielfältig und schillernd mißdeutbar Gesellschaftspolitik nennt: Dies ist das zweite Element, dem wir unsere Gründungsmotivation zuschreiben. Für uns bedeuten die Begriffe »christlich« und »sozial« die Aufgabe der Gestaltung der irdischen Welt auf der Grundlage gewisser ethischer Prinzipien im Lichte fester Zielorientierungen und mit allen Möglichkeiten, die die wissenschaftlich-technischen Entwicklungen bieten, die aber ihrerseits nie zum Herrn der Menschen werden dürfen. Hier hat auch oft die Sprache eine verräterische Enthüllungsgabe, wenn sie die Ausdrucksweise hervorbringt, daß der Mensch die Maschine bedient, also zum Diener der Maschine wird. Wir sollten eher daran denken, daß der Mensch die Maschine beherrscht, als daß er Diener der Maschine wird.

Links und rechts

Als der linke Zeitgeist in Mode war, da sprach man vom Rechtskartell und glaubte, die CSU als Bestandteil des Rechtskartells, sogar als dessen harten, militanten Kern definieren zu müssen. Es gab auch, wie immer, nützliche Esel in den eigenen Reihen, die dieser Argumentation Vorschub geleistet haben. Dabei ist das Spiel mit den Begriffen links und rechts verwirrend und mißdeutbar. Denn die extreme Linke berührt sich mit der extremen Rechten, Nazis und Kommunisten haben gemeinsam die Weimarer Republik zerstört. Die Begriffe »links« und »rechts«

sagen noch gar nichts, aber ich möchte für uns im Sinne unseres Gründungsauftrages, unserer weltanschaulichen Grundsätze, unserer Zielorientierung sagen, daß wir immer waren, sind und bleiben eine Partei der demokratischen Mitte, die selbstverständlich auch eine Verflechtung zur demokratischen Linken hat und haben soll, die aber dann auch die Legitimation hat, die demokratische Rechte in diesem Lande anzusprechen und sich gegen ihre Diffamierung zur Wehr zu setzen. Darüber hinaus müssen wir auch »Vorne« und »Hinten« einbeziehen. Wir waren immer vorne. Wenn man nämlich beim Rückmarsch in die Vergangenheit, d. h. in das Weltbild des Marxismus, vorne marschiert, ist man in Wirklichkeit ganz hinten. Außerdem soll man nicht vergessen, daß konservativ und liberal genauso wenig Gegensatzpaare sind wie Faschismus und Sozialismus. Faschismus der verschiedenen Ausprägung und marxistischer Sozialismus der verschiedenen Ausprägungen sind Erzeugnisse des gleichen Urgrundes und Verwandte derselben geistigen Abstammung. Beide stehen in ihrem Bemühen, ihre Ideologie durchzusetzen, vor der Wahl, sich selber aufzugeben oder die Menschen mit Zwang in ihre Vorstellungen hineinzupressen, und versuchen die Gesellschaft zu verstaatlichen, aber auch in kollektivistische Ordnungen hineinzutreiben. Der wirkliche Gegensatz nicht nur unserer Zeit ist Freiheit oder Kollektiv, Liberalität oder Intoleranz. So steht die CSU auf dem Boden der liberalitas Bavarica.

Freiheit, Gerechtigkeit und Ordnung

Die CSU kämpft für drei große Ziele. Die CSU kämpft aufgrund ihres Gründungsauftrages und ihrer weit in die Vergangenheit, auch in eine unselige Vergangenheit zurückgreifenden Erinnerungen an frühere Herrschaftsformen, für die Freiheit in unserem Lande, in Bayern, in ganz Deutschland und in Europa. Wir kämpfen für die Freiheit im Rahmen einer – und das ist das zweite – auf Gerechtigkeit gegründeten Ordnung. Diese Gerechtigkeit muß neben der Freiheit auch Grundlage des Zusammenlebens der Völker sein. Europa kann nicht gedeihen, wenn es von Hegemonialgewalten bedroht wird, ganz gleich, von wem sie ausgehen. Europa kann nicht gedeihen, wenn unter dem Motto der Bequemlichkeit, der Anpassung, manchmal auch Entspannung genannt, die Freiheit der Menschen im Interesse angeblich höherer Ziele als ethischer Grundwert in der Politik nicht mehr oder nur mit Lippenbekenntnissen zur Kenntnis genommen wird. Und wir kämpfen drittens auch für die Ordnung. Denn Freiheit heißt für uns nicht nur, frei sein von Zwang, Furcht, Herrschaft, Angst, Hunger und Not; für uns heißt Freiheit auch, die innere Freiheit haben zu: Vaterlandsliebe, Ordnung, Pflichterfüllung, Bürgergesinnung, gegenseitiges Verständnis, Nächstenliebe und Einordnungsfähigkeit in die Gemeinschaften. Eine Freiheit, die nur von der Präposition »von« lebt und nicht die Ergänzung findet im »zu«, ist keine Freiheit. Sie ist Zügellosigkeit mit der Tendenz zur Anarchie und damit Vorbotin der Diktatur, der Unterdrückung und der zynischen Verachtung der Menschenwürde.

Die politischen Gestaltungsziele

Wir in der CSU sind der Überzeugung, daß die folgenden drei Elemente und ihre Wirklichkeit eng miteinander zusammenhängen, und daß man nicht eines leugnen, abbauen oder vergessen kann, ohne die beiden anderen zu gefährden. Das erste ist der demokratische Rechtsstaat, der ohne parlamentarische Demokratie nicht gebaut, erhalten und gesichert werden kann. Das zweite ist diese parlamentarische Demokratie und das dritte ist die Soziale Marktwirtschaft. Ohne Soziale Marktwirtschaft gibt es keinen demokratischen Rechtsstaat in voller Ausgestaltung. Ohne parlamentarische Demokratie gibt es nicht die Synthese zwischen dem Macht- und Gestaltungsanspruch der Gemeinschaft und dem unveräußerlichen Rechts- und Freiheitsanspruch des Individuums. Die Synthese ist in der konkreten Praxis oft sehr schwer zu finden, es ist dagegen leicht, über sie theoretisch zu reden. In der täglichen Ausgestaltung läuft das auf mühsame Verhandlungen und langwierige Überlegungen hinaus, an deren Schluß häufig ein Kompromiß steht. Aber diese Aufgabe stellt sich ja doch während des ganzen menschlichen Lebens, seit es überhaupt ein Zusammenleben von Menschen gibt. Hierauf versuchen wir eine Antwort zu geben, für die wir allerdings kein geschlossenes Denksystem zur Verfügung haben. Denn genausowenig wie die moderne Mathematik ein geschlossenes Denksystem ist, genausowenig wie die wirtschaftliche Wirklichkeit ein geschlossenes Denksystem ist, genausowenig wie der Ablauf der Geschichte ein geschlossenes, prädeterminiertes Denksystem ist, genauso sind auch alle politischen Konzeptionen der geschlossenen Denksysteme im Widerspruch zur Geschichte, zur Erfahrung und zur Wirklichkeit. Sie sind im günstigsten Falle liebenswerte Utopien. Im minder günstigen Falle stellen sie gefährliche Doktrinen oder Ideologien dar und im ungünstigen Falle die Hölle auf Erden, und zwar geschaffen von denen, die den Weg zum Himmel pflastern wollten und dabei in die Kurve zur Hölle gerieten.

Demokratischer Rechtsstaat, parlamentarische Demokratie und Soziale Marktwirtschaft sind unsere politischen Gestaltungsziele. Nach dieser unserer Grundorientierung sehen wir unseren politischen Auftrag darin, die wahre Freiheit gegen die Funktionärsfreiheit, wie sie der Sozialismus praktiziert, zu vertreten, die Person gegen das Kollektiv zu verteidigen und das Individuum vor der Termitenfunktion in einer Riesen-Maschinerie der Machtgestaltung zu bewahren. Es war Karl Jaspers, der einmal sagte: »Der eigentliche Sinn der Politik ist die Errichtung, die dauernde Befestigung, die Selbstbehauptung der Freiheit in einer staatlichen Gesellschaft.« Politik in diesem Sinne will Freiheit für alle. Aber gerade nach diesem Zitat muß Wert darauf gelegt werden, nicht nur von der Freiheit »von«, sondern auch von der Freiheit »zu« zu reden. Wenn ich an die gegenwärtige politische Diskussion denke, an die ursprünglichen Versprechungen und Ankündigungen: Mehr Demokratie, mehr Information, mehr Durchsichtigkeit der Regierungsvorgänge, mehr Mitbestimmung des »kleinen Mannes«, da kann ich nur sagen: Die Politik gleicht – das Wort stammt von einem französischen Moralisten – der Sphinx der Fabel, denn diese Sphinx verschlingt alle, die ihre Rätsel nicht lösen. Man möchte es hier eher halten mit Max Weber, der sagt: »Politik bedeutet ein starkes, langsames Bohren von harten Brettern mit Leidenschaft und Augenmaß zugleich.« Allerdings gehört zur Leidenschaft und zum Augenmaß auch der Begriff der politischen

Verantwortung. Das Wort Verantwortung soll man sehr ernst nehmen, man soll es nicht allzu oft gebrauchen, wie man auch das Wort »christlich« in der Politik nicht allzu oft verwenden soll und es vor allem nicht für Tagesvorgänge entwerten darf. Zu leicht läßt sich sagen: Ich verantworte es! Was bedeutet aber dann die verbale Übernahme der Verantwortung im Falle des Scheiterns, wenn der Funktionsträger aus seinem Amt, dem politischen Leben oder dem Leben überhaupt scheidet? Einer, der politischen Konkurs macht, der kann gar nichts mehr verantworten. Wir haben das schon in großen Maßstäben in Deutschland erlebt, wir erleben es in unserer Zeit in kleineren Maßstäben.

Sozialstaat und Rechtsstaat

Im Rahmen der politischen Selbstdarstellung der CSU ist in aller Deutlichkeit zu sagen, daß wir gar nichts von der gefährlichen Formlierung halten, die offen zwar selten gebraucht, aber insgeheim praktiziert und Schritt für Schritt durchzusetzen versucht wird, nämlich, daß Sozialstaat im Widerspruch stehe zum Rechtsstaat und daß die Ausbildung und Ausprägung des Sozialstaates eben eine gewisse Einschränkung des Rechtsstaates erfordere. Das beginnt auch dort, wo man Gewalt gegen Sachen als legitim und mit der Rechtsordnung im höheren Sinne übereinstimmend erklärt. Deshalb möchte ich neben dem Bekenntnis zur Freiheit auch das Bekenntnis zu einem Recht auf Gerechtigkeit ablegen. Wenn das Recht nicht der Gerechtigkeit entspricht, was im bürokratischen Vollzuge gesetzgeberischer Entscheidungen gelegentlich oder häufiger der Fall sein kann, dann muß eben das Recht von den dafür zuständigen Instanzen geändert werden, keinesfalls darf es aber auf dem Wege des Faustrechtes geschehen. Gegen einen demokratischen Rechtsstaat, wie wir ihn haben, ist das Widerstandsrecht von moralisch zweifelhaften Personen in Anspruch genommen worden. Mord und Totschlag sind keine sittlich vertretbare und moralisch begründbare Verhaltensweisen. Hier muß der Rechtsstaat dafür sorgen, daß diesem Treiben ein Ende gesetzt und daß seine Instanzen und Vertreter nicht dem Gespött und der Lächerlichkeit preisgegeben werden. Auf der gleichen Ebene liegt es, auch wenn dabei kein Blut geflossen ist, wenn bestimmte Urteile des Bundesverfassungsgerichtes von mächtigen Organisationen der Gesellschaft als nicht vertretbar, als nicht anwendbar, in aller Öffentlichkeit bekämpft werden. Wer so argumentiert, endet beim Faustrecht.

Wir werden uns gegen ein versorgungsstaatliches Denken, das im Widerspruch steht zur Eigenverantwortung. Wir müssen doch erkennen, daß bei uns die Grenzen des Sozialstaates erreicht, ja teilweise überschritten sind. Wir müssen erkennen, daß wir politische Probleme und gesellschaftliche Konflikte nicht mehr durch allseitige materielle Gratifikationen lösen können. Wir müssen erkennen, daß wir nicht mehr Vision gegen Vision, Utopie gegen Utopie setzen können, sondern daß wir als Christlich-Soziale Union in den Augen der Wähler, in den Augen der Öffentlichkeit die Partei der politischen Ehrlichkeit, der finanziellen Solidarität, der wirtschaftlichen Wirklichkeitsnähe und der Ideologie Freiheit sein müssen. Darum haben wir eine feste Weltanschauung und ein an der Wirklichkeit orientiertes Weltbild, aber kein geschlossenes Denksystem, wie es die Marxisten angeblich haben. Der Unterschied in der Praxis besteht darin, daß unter Regierungen unserer geistig-materiellen Richtung die menschlichen Dinge besser bestellt sind als dort, wo die Vertreter geschlossener Denksysteme versuchen, die Wirklichkeit zuerst durch Überredung und Propaganda, dann durch Gesetzgebung und zum Schluß durch Zwang ihrer Ideologie anzupassen.

Fortschritt und Reaktion

Es ist bemerkenswert, daß sich hierzulande gerade jene als Künder des ideologischen Fortschritts ausgeben wollen, die in Wirklichkeit die Vertreter des Rückschritts sind. Wer heute in unserer hochzivilisierten, oft sehr empfindlichen gesellschaftlichen Wirklichkeit von der Denkvorstellung des Karl Marx ausgeht, der ist ein echter Reaktionär! Denn dieses Weltbild ist doch entstanden in der wirtschaftlich-industriellen und gesellschaftlichen Wirklichkeit der ersten Hälfte des 19. Jahrhunderts, in der

es noch teilweise bestätigt zu werden schien durch die Miß-
brauchserscheinungen des Frühkapitalismus. Aber in der Welt
von heute ist Kapitalismus und Sozialismus Reaktion. Unter
Kapitalismus verstehe ich ein Monopol, ein schrankenloses Monopol des Eigentums unter Ausnutzung der Prodktionsmittel
und des persönlichen Besitzes ohne Rücksicht auf soziale Zusammenhänge und soziale Notwendigkeiten. Deshalb bin ich der
Meinung, und ich sage das auch denen in den eigenen Reihen,
die immer vom »dritten Wege« reden: Der »dritte Weg« wird
von uns seit 1948 gegangen! Wer immer nach dem »dritten
Weg« zwischen der heutigen Wirklichkeit und dem Kommunismus ruft, der landet zum Schluß auf dem Weg der Infinitesi-
malapproximation in der Politik beim Marxismus, der landet
beim Kommunismus. Der »dritte Weg« zwischen Kapitalismus
und Sozialismus ist der Weg der Sozialen Marktwirtschaft.
Man muß immerhin bedenken, daß das Weltbild von Karl
Marx, das zu seinem Kommunistischen Manifest geführt hat,
auf einer technischen Wirklichkeit beruhte, in der der Explo-
sionsmotor noch nicht erfunden war, in der die elektrische Ener-
gie höchstens theoretisch bei den Physikern ahnungsweise bekannt war, und in der es weder Luftfahrt, Raumfahrt, elektro-
nische Datenverarbeitung noch Kernenergie gab. Aus dieser
Zeit stammt das Weltbild von Karl Marx. Was würde man
heute einem Chefingenieur sagen, der ein modernes Industrie-
system aufbauen würde mit den technischen Erkenntnissen des
Jahres 1830? Und genau so absurd handeln diejenigen, die die
geistigen und gesellschaftlichen Probleme des letzten Viertels
des 20. Jahrhunderts mit den Rezepten von 1830 glauben lösen
zu können.

Gegen den bürokratischen Funktionärsstaat

Wir treten ein für eine freiheitliche Selbstbestimmung gegen die
falsch verstandene höhere Lebensqualität, die darin besteht,
daß immer mehr Funktionäre immer mehr Anteile vom Sozialprodukt dafür ausgeben, daß sie ihre von allgemeinen Bil-
dungsvorstellungen ungetrübten, aber ideologisch indoktrinier-
ten Vorstellungen durchsetzen können. Die Grundsätze der

Subsidiarität, der Solidarität und des Gemeinwohls sind der Boden unserer gesellschaftlichen Auffassungen. Solidarität nach Subsidiarität: Der Staat hat zu viele Aufgaben übernommen, die ohne ihn viel billiger gelöst werden können. Der Staat teilt Leistungen auch denen zu, die auf diese Leistungen verzichten könnten, mit der Folge, daß die wirklich Bedürftigen in unserem Lande nicht soviel bekommen, wie sie in einer gerechten Gesellschaft zu bekommen hätten. Darum sind wir für Subsidiarität und Solidarität, und gegen den bürokratischen Funktionärsstaat.

Freiheit und Lenkung

In diesem Rahmen steht als zentraler Punkt die Soziale Marktwirtschaft. Für uns bedeutet Soziale Marktwirtschaft Freiheit des Arbeitsplatzes, Freiheit der Produktion, Freiheit des Verbrauchs, Freiheit des Privateigentums an Produktionsmitteln, auch der Investitionsentscheidung im Rahmen allgemein gültiger Rechtsvorschriften, z. B. für Bauwesen, Raumordnung, Landesplanung und Umweltschutz. Soziale Marktwirtschaft ist für alle da, sie ist kein Privileg der Unternehmer, aber die Unternehmer haben auch ihre Daseinsberechtigung und sind nicht Freiwild für die Treibjagden klassenkämpferischer Ideologen. Im Jahre 1974 sind über 7000 Unternehmer in Vergleich oder Konkurs gegangen; im Jahre 1975 waren es rund 10 000. Dabei ist es immer noch so, daß diejenigen, die in Konkurs gehen, dann mit ihrem eigenen Vermögen und ihrer eigenen Existenz dafür haften, obwohl ein großer Teil dieser Firmenzusammenbrüche auf das Konto einer verfehlten Wirtschaftspolitik von SPD und FDP geht. Wenn aber Bürokraten, Technokraten oder Funktionäre Entscheidungen treffen, die den Konkurs eines Unternehmens herbeiführen oder ständige staatliche Subventionen durch den Steuerzahler erforderlich machen, dann steht eben nicht einmal die Pensionsberechtigung der Verantwortlichen zur Diskussion. Darum sind wir für diese Grundfreiheiten der Sozialen Marktwirtschaft, die nicht perfekte Glückseligkeit, allgemeine Vollkommenheit und totale Gerichtigkeit auf dieser Welt herbeiführen kann. Darum gehen wir von der Wirklichkeit aus und messen sie mit der Wirklichkeit, die andere Systeme dem Menschen bieten. Aus diesem Vergleich ziehen wir die aus Erfahrung und Wirklichkeit gewonnene Rechtfertigung unseres Gesellschaftssystems, an dessen Verbesserung wir arbeiten, aber dessen Zerstörung wir mit allen uns zu Gebote stehenden Mitteln verhindern werden.

Wenn man heute in wichtigen und einflußreichen Kreisen der SPD von der Notwendigkeit der Wirtschaftsplanung, der Wirtschaftslenkung durch Investitionsplanung, Investitionslenkung und Investitionskontrolle spricht und damit die Axt an die Wurzeln der Marktwirtschaft legt, muß man sich darüber im klaren sein, daß Investitionslenkung auch Konsumlenkung ist. Es gibt keine staatliche Kontrolle der Investitionen ohne Einfluß auf die Produktion und damit ohne Einfluß auf den Konsum. Wenn man hier unter Hinweis auf echtes oder vermeintliches Fehlverhalten gewisser Träger der Sozialen Marktwirtschaft glaubt, man könnte dieses Fehlverhalten durch staatliche Investitionslenkung von Kontrolle und Planung ersetzen, dann kommt der Punkt, wo die Geister sich einmal scheiden müssen, dann kommt der Punkt, an dem die Frage nach der Haltbarkeit des politischen Koordinatensystems der Bundesrepublik zu stellen ist.

Parteiensystem und politische Realität

Unser heutiges Parteisystem entspricht nicht mehr der politischen Wirklichkeit. In einigen politischen Parteien von heute gibt es noch ein gemeinsames Organisationsgehäuse mit dem Auftrag, Kandidaten aufzustellen, Wahlen zu finanzieren, Wahlen zu organisieren, Wahlen zu gewinnen. Aber innerhalb dieses Organisationsgehäuses stehen sich zwei, wenn nicht mehr Parteien feindseliger und unvereinbarer gegenüber als es zwischen normalen demokratischen Parteien verschiedenen Ursprungs in normalen Verhältnissen zu sein pflegt. Deshalb ist es eine unserer Aufgaben, die Frage der Stabilität und Funktionsfähigkeit unseres Parteiensystems zu prüfen, zu diskutieren und dafür Vorschläge zu machen. Das heutige Parteiensystem entspricht nicht mehr der wirklichen politischen Landschaft, wenn man an die Vorgänge innerhalb der SPD und in gewissen Bereichen der FDP denkt. Ich rechne mir ein gewisses Maß an Verdienst dran an, daß dieses Schicksal innerhalb der Unionsparteien in wesentlich kleinerem Rahmen gehalten worden ist, nicht zuletzt deshalb, weil für uns Opposition Alternative ist, notfalls auch Konfrontation. Gerade da, wo man in grundsätzlichen Dingen sich gegenübersteht, muß der Wähler vor dem Betrug bewahrt werden. Vor dem semantischen Betrug durch Mißbrauch der Sprache kann er nur bewahrt werden, wenn klare Begriffe mit ehrlichen Ausagen und Inhalten entgegengesetzt werden.

So steht im Inneren unser Auftrag fest. Die eine große Aufgabe ist umrissen mit den Begriffen der Freiheit, der auf Gerechtigkeit gegründeten Rechtsordnung und des Ordnungssystems, in dem Rechte und Freiheiten des einzelnen mit dem gestaltenden Machtanspruch der Gemeinschaft in eine optimale Synthese gebracht werden können. Daran ist das Bekenntnis zur Sozialen Marktwirtschaft mit den vier großen Freiheiten zu fügen.

Unser Auftrag für Europa

Nach außen steht für die CSU, eine europäisch geprägte Partei der ersten Stunde, der Auftrag ebenfalls fest. Dieser Auftrag heißt Europa. Wir hatten nach dem Zweiten Weltkrieg gehofft, gewünscht, gebetet und dafür gearbeitet, daß als Folge der blutigen Ereignisse, der europäischen Aufstiege und Abstürze, nunmehr gewisse Grundschlußfolgerungen architektonischer Art für Europa gezogen werden würden. Wie sieht das Ergebnis heute aus? Die Verteidigungsunion ist gescheitert; Montanunion und Wirtschaftsunion sind ein großer Erfolg geworden, aber nicht abgeschlossen; die Europäische Gemeinschaft wurde geographisch erweitert, ist aber qualitativ zurückgefallen, und zwar vor allen Dingen im Einheitsbewußtsein und in den Einheitsbemühungen. Es ist hier nicht der Platz, noch einmal im einzelnen darzulegen, warum die europäische Einigung notwendig ist. Wir brauchen nur an die bedrohlichen Veränderungen an unserer Südostflanke und an unsere Südflanke zu denken. Noch ist die Frage, Krieg oder Frieden im mittleren Osten nicht endgültig zu Gunsten des Friedens entschieden. Was das für uns bedeutet, wissen hoffentlich alle, denn eine neue kriegerische Runde würde nicht nur die Beteiligten, sondern wahrscheinlich auch entlegenere Regionen und möglicherweise die Großmächte einbeziehen. Die Türkei und Griechenland starren sich nicht mehr so feindselig wie bisher an; die Zypernfrage ist aber noch ungelöst. Kein Mensch vermag heute zu sagen, wie die Zukunft Jugoslawiens sich gestalten wird, wenn Tito, dem Gesetz der Natur und des Alterns folgend, die Zügel aus der Hand geben muß. Nicht weniger Fragezeichen setzt die Entwicklung in Italien, in Spanien, in Portugal. Wird sich der Erfolg der Volksfront bei zukünftigen Wahlen in Frankreich verstärken? Wann wird England seine wirtschaftliche Schwäche überwinden und die blutende Wunde in Nordirland schließen? Gerade jetzt müßte es eine Aufgabe der deutschen Politik sein, zu demokratischer Stabilisierung in Europa beizutragen. Statt dessen sieht es der Vorsitzende der SPD als seine Pflicht an, zur Verbreitung seines Wunschbildes von einem sozialistischen Europa die Übergänge zu einer Volksfront mit dem Kommunisten immer fließender werden zu lassen.

Auch die Europäer müssen wieder einmal lernen, über Schlagworte hinaus in Denkkategorien historischer Wirklichkeit, pragmatischer Zusammenhänge und politischer Interessen, und zwar in der Aufgabe der Erhaltung ihrer Selbsterhaltung, zu denken. Wir sind kein karitatives Ideologieverteilungsinstitut, wir sind kein Selbstbedienungsladen, bei dem wir obendrein noch das Geld liefern, damit die anderen die Waren dort abholen können, sondern wir sind eine freie Gesellschaft, im freien Teil Deutschlands, die den Wunsch hat, mit den übrigen Europäern sich zu einer kräftigen wirtschaftspolitischen, militärischen Organisation zusammenzuschließen.

Die Fragen, vor denen unser Kontinent steht, sind bekannt. Wird die Zukunft Europas freiheitlich oder sozialistisch sein? Wird Europa in der inneren Struktur seiner Länder mehr und mehr in volksfrontartige Zusammenarbeitsverhältnisse mit den Marxisten kommen und damit das Kollektiv des totalen Versorgungsstaates als gesellschaftliche Idealstruktur übernehmen? Wird Europa außenpolitisch nach dem Willen des einen Blocks der Partner von Helsinki schrittweise militärisch sich neutralisieren, um damit gleichzeitig auch den Abzug der amerikanischen Truppen ohne Schaffung einer nur bedingt gleichwertigen europäischen Verteidigungsorganisation herbeiführen? Daher heißt »bedingt«, wenn diese europäische Verteidigungsorganisation im Bündnis mit den Vereinigten Staaten von Amerika bleibt. Es steht der Zusammenhang auf dem Spiel, ob dieses Europa als westliches Vorfeld »finnlandisiert« wird, also zwar seiner innenpolitischen Gestaltungsfähigkeit größtenteils mächtig ist, aber seiner außenpolitischen Freiheit und Organisationsfähigkeit weitgehend beraubt ist. Wir stehen hier vor der großen Doppelzangen-Strategie, die von Moskau ausgeübt wird: Die eine Zange ist das Volksfrontdenken in die Länder hinein und das andere ist die imperialistische Umklammerung mit dem Ziel der Atomisierung Europas und seiner Neutralisierung und Isolierung von den Amerikanern. Dazu gehört auch das zunehmende Vordringen prosowjetischer »Befreiungsbewegungen« in Afrika, die von den Sowjets mit Waffenhilfe in gigantischer Höhe und notfalls mit Söldnern aus dem kommunistischen Kuba unterstützt werden.

Hier nämlich stellt sich die große historische Aufgabe der Christlich-Sozialen Union: zu kämpfen für ein Europa in Freiheit. Es ist unsere Aufgabe, bei uns das Bewußtsein zu verstärken und bei unseren Freunden im europäischen Ausland, vor allem bei unseren französischen Nachbarn, die Bereitschaft zu erleichtern, die Schritte zu tun, damit in einer Welt sich bildender Großräume – USA, Sowjetunion, Volksrepublik China, neue Größenordnungen in Ostasien und Lateinamerika! – die Europäer nicht in der Nacht ihrer selbstverschuldeten Geschichtslosigkeit dahindämmern, sich ihren idealtypischen Vorstellungen über Sozialutopien hingeben, in Kategorien der Verbesserung des Lebensstandardes denkend, die bessere Aussattung der »guten Stube« mit neuen Möbeln überlegend, während das Dach brennt und im Keller das Wasser eindringt.

Was ich von den Europäern fordere – und die CSU will und wird dazu ihren Beitrag leisten –, das ist die Rückkehr zum geschichtlichen Denken, die Rückkehr zur Verantwortungsfähigkeit in geschichtlichen Dimensionen und die Rückkehr damit auch zu der Verantwortung, die wir als Christen in der Politik für die Menschen unserer Generation und der folgenden Generation zu tragen uns vor der Öffentlichkeit verpflichtet haben.

Wer das größere europäische Haus bauen will, muß erst das kleinere deutsche Haus in Ordnung bringen. Dafür zu kämpfen ist unsere wichtigste Aufgabe. Bei ihrer Wahrnehmung wird sich die CSU von niemandem übertreffen lassen. Sie wird daher auch immer an das ganze Vaterland denken, dessen freier Teil die Bundesrepublik ist.

Gerold Tandler
Profil der CSU.
Partei aus Bayern,
Partei für Deutschland.

Die Dauerbelastung, unter der Politiker stehen, führt sie nur allzu gerne in Versuchung, die jeweils nächste Wahlentscheidung als bedeutsamer und wichtiger als frühere Wahltermine anzusehen. Um den politischen, ja den historischen Rang der Bundestagswahlen vom Herbst 1976 zu erkennen und zu werten, bedarf es dieser Optik der Überschätzung nicht: Bei keiner Bundestagswahl seit der ersten des Jahres 1949 stand so viel auf dem Spiel wie in diesem Jahr 1976. Es geht um weit mehr als um ein demokratisch-parlamentarisches Wechselspiel zwischen Regierungs- und Oppositionsparteien, es geht um eine nicht wiederholbare Entscheidung. Vor allem für die Unionsparteien CDU und CSU ist es ausgeschlossen, sich über eine eventuelle Niederlage im Herbst 1976 mit der Aussicht hinwegtrösten zu wollen, daß man es ja 1980 ein weiteres Mal versuchen könne, daß gar, wenn der Versuch auch dann scheitern sollte, ja immer noch der Termin von 1984 komme.

Wer in den Reihen von Christlich-demokratischer und Christlich-sozialer Union so denken sollte, hätte den Ernst der Stunde, der die deutsche Lage und die deutsche Politik seit 1969 mehr und mehr kennzeichnet, auch nicht annähernd begriffen. Wenn Herbert Wehner zu Beginn des Jahres 1976 im Deutschen Bundestag verzerrten Gesichtes vom »Kampf bis aufs Messer« schrie, so müßte dabei auch dem letzten Mitbürger, der sich dem antisozialistischen Lager zurechnet, bewußt geworden sein, daß es bei der kommenden Bundestagswahl nicht mehr um den freundlichen Vollzug argloser demokratischer Spielregeln geht. Unser Land steht vor einer grundsätzlichen Entscheidung, die unser und das Schicksal unserer Kinder bis zum Ende des 20. Jahrhunderts und bis ins nächste Jahrtausend hinein bestimmen kann. Deutschland in seinem noch freien Teil steht vor der

Entscheidung zwischen Freiheit und Sozialismus; vor der Entscheidung, ob die persönliche Freiheit des einzelnen Bürgers ein anonymes Kollektiv Richtschnur der politischen Maßnahmen sein wird; vor der Entscheidung, ob weiterhin eine marktwirtschaftliche Ordnung der Freiheit und der sozialen Gerechtigkeit mit ihren Folgen für jeden Bürger unser wirtschaftliches und gesellschaftliches Leben bestimmen oder ob sozialistische Staats- und Planwirtschaft, die sich in der Praxis nirgendwo bewährt hat, an die Stelle einer freiheitlichen Wirtschaftsordnung tritt.

Die CSU als bayerische und deutsche Partei

In dieser Auseinandersetzung von schicksalshafter Bedeutung für Deutschland und die Deutschen, für Europa und die Europäer kommt der Christlich-Sozialen Union eine besondere Bedeutung und ein besonderer Auftrag zu. Wiewohl nämlich die CSU von ihrer geographischen Ausdehnung her eine bayerische Partei war und ist, hat sie sich vom ersten Tag ihrer Gründung an als Partei mit einer deutschen, darüber hinaus europäischen Aufgabe begriffen. Partei aus Bayern – Partei für Deutschland: Aus diesem kraftvollen doppelten Selbstverständnis heraus ist die CSU nach der größten Katastrophe der deutschen und europäischen Geschichte nach dem Zweiten Weltkrieg angetreten, um ihren Beitrag zu einem geordneten und gesicherten demokratischen Staatswesen, zu einem stabilen und sozialen Wirtschaftssystem, zu einem Leben in Freiheit zu leisten. Ohne Überheblichkeit, aber doch voller Stolz auf das Geleistete, kann die CSU sagen, daß sie diesen sich selbst gestellten Auftrag ernst genommen und, soweit es in ihren Kräften lag, erfüllt hat. Dies gilt für sie als bayerische wie als deutsche Partei. Nicht – wie dies die parteipolitischen Gegner uns unterstellen wollen – Machtanspruch und Überheblichkeit, sondern ein über Jahrzehnte hin von den Bürgern Bayerns der CSU mit jeweils steigendem Maße entgegengebrachter Vertrauensbeweis haben zu einer Identität von bayerischer Politik und CSU-Politik geführt, die vor allem allen sozialistischen Kräften im Lande ständiger Stein des Anstoßes ist. Die CSU als bayerische Par-

tei – sie hat im breiten Bewußtsein der Bevölkerung des Freistaates diese Qualifikation sich durch politische Leistung erwor-
ben und verdient. Mit politischem Augenmaß, mit Gespür für
das Machbare und mit dem Blick für das Notwendige hat die
CSU in und für Bayern eine Politik des kontinueirlichen Auf-
baus, der langfristigen Entwicklung und der Orientierung auf
eine bessere Zukunft für alle Bürger betrieben. Nicht geschäf-
tiges Reformgehabe und lautstarkes Reformgeschwätz haben
eine Politik bestimmt, die die Umwandlung des Agrarlandes
Bayern in einen modernen Industriestaat ermöglicht hat. Die
Aufgabe bayerischer Politik, wie sie die von der CSU gestellte
und getragene Staatsregierung stets verstanden und vollzogen
hat, hielt sich an das von Alfons Goppel formulierte Konzept:
»Sicherung der Freiheit in sozialer Gerechtigkeit bei humanem
Fortschritt.«

Lebendiges bayerisches Staatsbewußtsein

Außer den Hansestädten war der Freistaat Bayern das einzige
deutsche Land, das nach 1945 seine jahrhundertealte eigen-
staatliche Tradition fortgeführt hat. Bayern hat auch über
Krieg und Zusammenbruch hinweg seinen territorialen Bestand
wahren dürfen. Als besonders wichtig und für die Politik der
CSU bestimmend erwies sich, daß das flächenmäßig größte
Land der Bundesrepublik zugleich auch das Land war und ist,
in dem ein lebendiges Staatsbewußtsein der Bürger am ausge-
prägtesten ist. Diese aus einem gewachsenen Selbstverständnis
– das die eingesessenen Bayern ebenso umfaßt wie jene Mitbürger, die im Zuge von Flucht und Vertreibung im Freistaat
eine neue Heimat gefunden haben – stammende Haltung hat
nichts mit separatistischer Eigenbrötelei oder unangemessener
Überheblichkeit zu tun. Dieser Hinweis ist notwendig, weil
Bayern und seine Politik außerhalb der Landesgrenzen zum
Teil bewußt falsch verstanden und falsch interpretiert wird.
Nicht zuletzt versuchen sich beim Schaffen und Schüren solcher
Mißverständnisse jene politischen Kräfte in der Bundesrepublik
hervorzutun, die es nicht verwinden können, daß in Bayern in
der Tat, wie Willy Brandt einst zornig festgestellt hat, »die Uh-

ren anders gehen«. Diese Uhren gehen insofern anders, als es der Zusammenklang von bayerischer Eigenständigkeit und CSU-Politik auch seit 1969 verhindert hat, daß im Freistaat Bayern eine politische und stimmungsmäßige Gleichschaltung auf Bonner Linkskurs erfolgt ist.

Der Hintergrund einer gewachsenen Geschichte und ein lebendiges Staatsbewußtsein, ein wirtschaftlicher Aufschwung, der Bayern in die Spitzengruppe der deutschen Bundesländer hat aufrücken lassen, und eine soziale und politische Stabilität wurden in der Politik der CSU in und für Bayern zusammengeführt. Diese Politik hält, in Übereinstimmung mit der vom Grundgesetz bestimmten Ordnung unseres Staates, am Prinzip des Föderalismus fest. Gerade deshalb auch wies die CSU alle von SPD und FDP in den ersten Monaten des Jahres 1976 im Zuge der parlamentarischen Behandlung der deutsch-polnischen Vereinbarungen geführten Angriffe auf die föderalistische Ordnung, die in der Stellung des Bundesrates ihren besonderen Ausdruck findet, zurück. Für Bayern und für die CSU ist das überzeugte Eintreten für den Föderalismus alles andere als ein Ausdruck eigensinniger Dickköpfigkeit oder Selbstgenügsamkeit. Vielmehr sieht die CSU nach den schmerzlichen und bitteren Erfahrungen der Vergangenheit in der föderalistischen Struktur unseres Staates ein entscheidendes Element zur Sicherung der Freiheit und zugleich auch ein zeitgemäßes und leistungsfähiges Prinzip staatlicher Organisation.

Gesamtdeutsche Verantwortung Bayerns

Leistung in und für Bayern ist die eine Grundkomponente in der Arbeit der CSU, Politik für Deutschland die andere. Schon allein aus der geographischen Lage ergibt sich hier für Bayern eine besondere Verpflichtung, der sich die CSU auch vom Tage ihrer Gründung an gestellt hat. Bayern ist ein Grenzland eigener Art. Im Gegensatz zu anderen Bundesländern, deren Grenzen im Westen dank der historischen Leistung der Unionsparteien im allgemeinen und Konrad Adenauers im besonderen nichts anderes als für jedermann durchlässige Organisationslinien sind, führen auch drei Jahrzehnte nach Kriegsende hunderte von Kilometern der bayerischen Grenze am Eisernen Vorhang, an Stacheldraht, Wachtürmen und freiem Schußfeld für ein unmenschliches System entlang. Diese spezielle Situation schärft – und in der Politik der CSU schlägt sich dies immer wieder nieder – den Blick für Notwendigkeiten und Zusammenhänge, die über den engen Bereich des eigenen Kirchturms hinausreichen. Sie schärft in Bayern und in der CSU den Blick für deutsche und europäische Dimensionen.

Es ist weit mehr als ein Zufall, daß eine der wichtigsten Initiativen zur Überwindung der Spaltung des Vaterlandes, die in den unmittelbaren Nachkriegsjahren erfolgte, von Bayern ausging. Bayerns damaliger Ministerpräsident Dr. Hans Ehard richtete nach langen Vorverhandlungen am 7. Mai 1947 an die Regierungschefs der Länderregierungen in den vier Besatzungszonen die Einladung zu einer gemeinsamen Konferenz in München. Auch wenn dieser Versuch, zu einer Überwindung der sich abzeichnenden deutschen Spaltung an Moskaus und seiner deutschen Statthalter Nein scheiterte, was Ehard damals in einer Rundfunkansprache formulierte, zeigt, wie früh und wie ernst sich die CSU ihrer deutschen Verpflichtung stellte: »Und doch sind die Schleswig-Holsteiner und Bayern, die Rheinländer und Brandenburger Glieder eines Volkes. Eine lange gemeinsame Geschichte hat uns geformt; wir haben ein Schicksal getragen und wir wollen auch gemeinsam den Weg in eine bessere Zukunft suchen.«

Was sich damals so markant abzeichnete, wurde mit der Gründung der Bundesrepublik und mit der ersten Bundestagswahl im Jahre 1949 politische – in manchen Teilen inzwischen schon historisch gewordene – Wirklichkeit. Mit Beginn des parlamentarisch-demokratischen Lebens in Bonn verstand sich die CSU als Partei mit gesamtdeutscher Verantwortung. Vom sicheren Fundament Bayern aus wurde und wird seither durch die CSU und ihre Politiker ein Beitrag zur deutschen Politik geleistet, der sich längst als unverzichtbar und in nicht wenigen Bereichen geradezu als schicksalshaft erwiesen hat. Durch die CSU fiel die Entscheidung für die freie und soziale Marktwirtschaft gegen sozialistische und kollektivistische Planwirtschaft. Durch die CSU fiel die Entscheidung für Konrad Adenauer. Durch die CSU erst wurde dem ersten Kanzler der Bundesrepublick Deutschland eine Außenpolitik der Wiedereingliederung des freien Teils unseres Vaterlandes in die freie Welt möglich. Durch die CSU und ihre Wahlerfolge erst kamen die parlamentarischen Mehrheiten im Bundestag zustande, die notwendig waren, um die entscheidenden Weichenstellungen in der deutschen Bündnispolitik vornehmen zu können. Die CSU war es, die mit ihrem politischen Gewicht und in der Person von Franz Josef Strauß mit ihrem Beitrag zum Aufbau der Bundeswehr die Voraussetzungen dafür geschaffen hat, unserem dank seiner geographischen und politischen Lage besonders gefährdeten Staat größtmögliche außenpolitische Sicherheit durch die Eingliederung in das Atlantische Bündnis zu verschaffen.

Die CSU leistete ihre Arbeit für Deutschland nicht nur auf außenpolitischem Gebiet. In struktureller Ausgewogenheit kam die innenpolitische Komponente hinzu. In der klaren Erkenntnis, daß eine stabile wirtschaftliche Basis die Voraussetzung auch der politischen Stabilität und des sozialen Friedens sein müsse, wurde die CSU zur Partei der Marktwirtschaft schlechthin. Unerbittlich bekämpften und bekämpfen wir jede Aushöhlung marktwirtschaftlicher Ideen und wehren allen Versuchen, unsere freiheitliche und soziale Wirtschaftsordnung durch sozialistische Zwangssysteme, gleich welcher Art, zu ersetzen. Aus der Einsicht heraus, daß gesicherte und solide Staatsfinanzen Grundlage für die gesicherte und solide Existenz eines Staates überhaupt sind, markierte die CSU in Bonn in der Zeit der Regierungsverantwortung der Unionsparteien eine Finanzpolitik, die sich ihrer Verantwortung gegenüber den steuerzahlenden Staatsbürger zu jeder Zeit bewußt war. Von Fritz Schäffer, dem Finanzminister der ersten Jahre, zu Franz Josef Strauß, dem Finanzminister der Großen Koalition, zieht sich eine gerade Linie der Stabilität und des Erfolges. Ein Blick zurück zeigt in besonders erschreckendem Maße, zu welchem Niedergang es gerade auch in diesem Bereich seit 1969 unter einer liberalsozialistischen Regierung gekommen ist. Die gegenwärtige Finanzkatastrophe, in die uns SPD-Kanzler geführt haben, läßt aus gutem Grund an die Zeit unter CSU-Finanzministern als an »goldene Jahre« denken.

Klare CSU-Politik in Zeiten der Verwirrung

War die deutsche Verantwortung – und darüber hinaus die europäische Konsequenz – schon während der zwanzig Jahre, in denen die CSU in Bonn Regierungsverantwortung mitzutragen hatte, ausgeprägt, so wurde sie noch ausgeprägter, als 1969 SPD und FDP die Bundesregierung bildeten und den Unionsparteien die Rolle der Opposition zufiel. Es bedeutet keine Herabsetzung anderer und keine Selbstüberheblichkeit, wenn festzustellen ist, daß die CSU in dieser auch für sie neuen Funktion in der deutschen Politik besonders rasch wieder Tritt faßte und, unbekümmert um Anfechtungen eines sogenannten linken Zeitgeistes, ihre politischen Grundsätze hochhielt und das Verhalten der Regierung daran maß und mißt. Die CSU – die überragende Rolle, die dabei ihr Vorsitzender Franz Josef Strauß gespielt hat und spielt, muß um der historischen Wahrheit und Gerechtigkeit willen nachdrücklich hervorgehoben werden – hat mit einem Blick für nationale und internationale Zusammenhänge, mit einem immer illusionslosen Realismus und mit der ständigen Bereitschaft, aus der Geschichte zu lernen, von Anfang an die Schwachstellen in der Politik von SPD und FDP erkannt. Als andere noch zweifelten, sich ihrer selbst unsicher waren und ihrem eigenen Urteil mißtrauten, als in den Reihen der Opposition die fatale Neigung zur Anpassung an vermeintlich sichere und erfolgreiche Regierungsrezepte aufkam, hielt die CSU klaren Kurs.

Die Verwirrung in der Deutschland-Politik und die ostpolitischen Geister griffen in der CSU nicht um sich. Unbeirrt und unbekümmert um heftigste Angriffe – bis hin zu infamen Diffamierungskampagnen aus dem Regierungslager und seinem publizistischen Anhang gegen die Partei und ihren Vorsitzenden – entwickelte die CSU ihr Konzept oppositionellen Verhaltens. Uns war klar, daß die Opposition nicht lediglich eine Variante sein durfte und darf, sondern eine überzeugende Alternative zur Politik der Regierung zu sein hatte und hat. Nicht ängstliches Fragen danach, was angeblich ankommt, sondern Sagen, worauf es ankommt – dies wurde zur Leitlinie unserer Politik.

Die Entwicklung nur weniger Jahre hat die CSU bestätigt.

Ihre Warnungen und Mahnungen wurden jeweils schon nach kurzer Zeit von der eingetretenen ernüchternden Wirklichkeit bestätigt, wenn nicht gar übertroffen. Dies gilt für den gesamten Bereich der Außenpolitik, insbesondere für ihren ostpolitischen Teil, der von Brandt, Bahr und Genossen – unter williger und kritikloser Hilfestellung durch die FDP – als Beginn einer Periode immerwährenden Friedens, wolkenloser Entspannung und eines ungestörten politischen Heilszustandes insgesamt ausgegeben wurde. Die CSU ließ sich keinen Augenblick blenden. Sie sah den großen politischen Gegenspieler, den von Moskau aus gesteuerten Weltkommunismus, als das, was er seit eh und je war und ist: Eine auf Agression und Expansion gerichtete imperialistische Macht mit ideologischem Totalanspruch.

Die CSU sah und sieht in ihrem Verständnis von Opposition ihre Verhaltensrichtschnur nicht darin, sich auf das zu beschränken und sich daran zu orientieren, was angeblich populär ist. Der Mut, die Wahrheit auch dann zu sagen, wenn sie unbequem ist, und daraus die Schlußfolgerungen für die politische Praxis zu ziehen, entspricht nicht nur den Prinzipien eines kompromisslosen Demokratieverständnisses, sondern wird letzten Endes auch von den Bürgern honoriert. Die Wahlerfolge, die die CSU von Mal zu Mal – vor allem auch in ehemaligen »Problem-Zonen« wie Großstädten und Ballungsräumen – erringen kann, sind dafür der beste Beweis.

Entscheidend: Bayerns Gang nach Karlsruhe

Die Richtigkeit eines politischen Schrittes erweist sich nicht daran, ob der, der ihn tut, dabei allein bleibt. Dies gilt, im Blick auf die letzten Jahre, vor allem für jene Entscheidungen der CSU und der Bayerischen Staatsregierung, die in ihrer Dramatik und in ihrer Auswirkung zu einem zentralen Punkt im deutschen Selbstverständnis der CSU wurde: Für die Anrufung des Bundesverfassungsgerichtes in Sachen des sogenannten Grundvertrages. Die CSU hat mit diesem Gang nach Krlsruhe – den sie allein, ohne Unterstützung durch die Schwesterpartei CDU zu gehen hatte – Markierungen gesetzt, die für deutsche

Politik vom freien Teil Deutschlands aus von einer Bedeutung sind, deren Ausmaß die Zukunft noch mehr aufzeigen wird, als es die Gegenwart schon tut.

So verstand und versteht sich die CSU als eine Partei mit doppeltem politischen Profil. Sie ist, was ihre Basis, ihren Rückhalt im Vertrauen der Bevölkerung und ihre geographische Begrenzung angeht, eine Partei aus, in und für Bayern. Sie ist aber auch, was ihr nationales Selbstverständnis betrifft, eine Partei in und für Deutschland, die sich in ihrem daraus resultierenden Auftrag von niemand übertreffen läßt. Die CSU hat in dieser doppelten Aufgabenstellung über drei Jahrzehnte lang bayerische und deutsche Politik entscheidend gestaltet und mitgeprägt.

Sie wird dies auch in Zukunft tun.

Theo Waigel
Unser Standort.
Weg und Inhalt des 4. Partei-
programmes der CSU.

Die Frage stellt sich:
Warum gibt sich eine Partei ein neues Programm, wenn sie
in den letzten Jahren die größten Wahlerfolge in ihrer Geschichte errungen und allein vom Erfolg her keine Veranlassung
hat, neue oder andere Grundsatzpositionen zu beziehen? Eine
politische Partei braucht verbindlich formulierte Grundsätze,
– um eine Orientierung für Entscheidungen im politischen
  Alltag zu gewinnen;
– um Leitlinien für die notwendige Integration der eigenen
  Mitglieder und Anhänger aufzuzeigen;
– um dem Wähler eine Vorstellung vom eigenen Wollen zu
  vermitteln und sich von den anderen Parteien wirksam zu
  unterscheiden.
Dies ist eine dauernde Aufgabe, eine Aufgabe, die sich gerade
einer erfolgreichen Partei stellt, um neue Mitglieder und Wähler
anzusprechen. Die Diskussion um den Standort innerhalb der
CSU ist Verpflichtung gegenüber Mitgliedern und Wählern,
Staat und Gesellschaft.
Auf dem Boden unveränderbarer Grundsätze und Werte
gilt es, sich den Veränderungen unserer Zeit zu stellen, den Herausforderungen der Gegenwart zu begegnen und Weichen für
die Zukunft zu stellen. Um erfolgreich zu bleiben, muß eine
große Partei Perspektiven eröffnen, Grundlagen und Prinzipien
deutlich machen, an denen die Partei ihre Entscheidung orientiert. Die CSU braucht ein kämpferisches Parteiprogramm als
Alternative zu innerweltlichen Heilslehren. Neben der gedank-
lichen Anziehungskraft muß ein solches Programm auch die
Möglichkeit zum emotionalen Engagement bieten.
Ein Parteiprogramm wirkt auch nach innen, indem es die
Mitglieder der Partei zwingt, sich mit dem geistigen Fundament

der eigenen Weltanschauung auseinanderzusetzen und zu einer überwiegenden Meinungsbildung zu gelangen. Politik ist heute auch Wettstreit um Worte und Begriffe. Ein Vergleich der Parteiprogramme in der Bundesrepublik ergibt, daß rund 85% der Aussagen verbal übereinstimmen. Lediglich 15% der Aussagen begründen die Eigenartigkeit der verschiedenen Parteien. In diesem hohen Prozentsatz verbaler Übereinstimmung liegt eine stabilisierende Wirkung, aber auch die Gefahr einer nur oberflächlichen Übereinstimmung. Die klare Formulierung des eigenen Standorts, die Bestimmung von gleichlautenden, aber verschieden gewerteten Begriffen ist daher Aufgabe der Programmdiskussion, um in einer offensiven Auseinandersetzung das politische Feld zu gestalten. Eine Partei kann nur dann langfristig erfolgreich agieren, wenn sie die moralischen Positionen auf ihrer Seite hat. Von Machiavelli stammt der Satz: »Ich wage es zu behaupten, daß es sehr nachteilig ist, stets redlich zu sein; aber fromm, treu, menschlich, gottesfürchtig, redlich zu scheinen – das ist von großem Nutzen.« Dagegen sagt bereits Cicero: »Manchmal scheint es so: das eine ist das Nützliche, das andere das Sittliche! Aber falsch! Denn das Sittliche ist in Wahrheit auch das Nützliche.« Politische Scheinheiligkeit prägte nie das Bild der CSU. Am Anfang einer solchen Diskussion darf nicht die Frage stehen, was nützt der Partei, sondern was braucht der Mensch. Die Frage nach dem möglichen Umfang unserer Freiheit, nach dem Wesen menschenwürdiger Gesellschaft sind letztlich philosophisch dogmatische Sätze, auf denen die Demokratie beruht. Auch in einer pluralistischen Gesellschaft ist nicht alles gleich wahr und gleich falsch. Eine solche Annahme führt zum Bruch der Fundamente in der Demokratie. Freiheit ohne Bindung führt zur Anarchie des politischen Denkens. Die dogmatische Toleranz des Staates hat ihre Grenzen an den evidenten Wahrheiten, am Naturrecht und am natürlichen Sittengesetz. In der Demokratie ist ihr Lebensprinzip, das sittliche Prinzip der Freiheit nicht zu halten ohne den Wechselsinn zwischen der Ordnung, die die Menschen trägt und den Menschen, die die Ordnung tragen. Die Frage nach dem Standort der CSU ist auch die Prinzipienfrage: welche sittlich vertretbaren Prinzipien sind geeignet, die Demokratie zu erhalten und zu fördern und ihr Umschlagen in die Diktatur aufzuhalten?

All diese Fragen sind nicht neu. Sie wurden gestellt, als sich die CSU 1946 erstmals ein Grundsatzprogramm gab. Ihre Beantwortung wurde versucht, als sie 1957 aus der Opposition heraus ihr zweites Programm verabschiedete. In einer völlig veränderten Situation erfolgte 1968 die Antwort nach der geistigen Philosophie unserer Partei. Das Jahr 1976 zwingt uns zur Frage, nach den unveränderbaren Grundsätzen und Prinzipien, denen sich die CSU verpflichtet weiß und nach Aussagen zu Problemen, Herausforderungen und Sorgen unserer spezifischen Gegenwart und der Zukunft.

Der Entwurf zu einem 4. Parteiprogramm der CSU ist getragen von dem Wunsch der Mitglieder, das eigene Wollen zu formulieren. Das Programm ist entstanden aus der Diskussion der damit Beauftragten mit allen Gliederungen der Partei. Die überaus starke Anteilnahme der Mitglieder, Arbeitsgemeinschaften und Gremien bestätigte den eingeschlagenen Weg.

Der Weg des 4. Programmes in der Partei

Im Januar 1973 wurde auf Beschluß des Landesvorstandes der Christlich-Sozialen Union eine Kommission für Grundsatzfragen gebildet. Ihr gehören Politiker, Fachleute und Wissenschaftler an.

In Unterkommissionen wurden folgende Themen behandelt:
Grundsätze im engeren Sinne,
Wirtschafts- und Sozialpolitik,
Kultur- und Bildungspolitik,
Entwurf der urbanen und ländlichen Räume,
Deutschland – Europa – Außenpolitik,
Frau und Gesellschaft,
Jugend.
Diese Unterkommissionen führten Hearings und Diskussionen mit Wissenschaftlern, Fachleuten, Verbandsvertretern aus allen Bereichen durch.

Im August 1974 legte die Kommission einen Zwischenbericht vor, der als Werkstatt-Bericht für die Diskussion in der Partei dienen sollte.

Daraufhin setzte eine intensive Diskussion in allen Gremien

der Partei, den Fraktionen und im vorpolitischen Bereich ein. Als zusätzliches Material wurden Referate, Aufsätze und Broschüren versandt.

Mit einem genau ausgearbeiteten Fragebogen wurde der Versuch unternommen, ein Meinungsbild der Partei zu diesem Zwischenbericht zu erhalten.

Die Reaktion aus der Partei war verblüffend. 11 Leitz-Ordner füllten die Stellungsnahmen aus allen Bereichen der Partei. Der Rücklauf auf die Fragenbogen-Aktion betrug 57,6%; 71% der Parteiorganisationen begnügten sich nicht mit der Beantwortung des Fragebogens, sondern gaben darüber hinaus detaillierte Stellungnahmen, Ergänzungen und Alternativentwürfe zum Zwischen-Bericht ab. Die kritisch-sachliche Reaktion bezog sich auf Inhalt, Aufbau und Sprache.

Auf der Basis des Zwischenberichtes und unter Berücksichtigung der Anregungen und Vorschläge aus der Partei erstellte die Kommission den Entwurf eines Programms in Thesenform mit entsprechenden Erläuterungen.

Dieser Entwurf wurde im wesentlichen vom Landesvorstand der Partei im November 1975 gebilligt und den Parteigliederungen zugeleitet. Diese hatten bis Ende Januar 1976 Zeit, Änderungsanträge für den am 12./13. 3. 76 stattfindenden Parteitag einzureichen. Bis zum festgesetzten Zeitpunkt wurden fast 500 Anträge gestellt. Insbesondere aus dem Bereich der Jungen Union und der Christlich-Sozialen Arbeitnehmerschaft kamen die meisten Anträge.

Bis zum Parteitag erfolgte die Überarbeitung einiger besonders kritisierter Kapitel, wie zur Bildungs- und Raumordnungspolitik. In acht Arbeitskreisen wurden alle Anträge und Alternativvorschläge eingehend diskutiert.

Aufgrund dieser Debatte wurden für den Parteitag jeweils veränderte Vorlagen zu den einzelnen Sachbereichen erstellt. Diese Vorlagen bildeten dann die Grundlage der Diskussion im Plenum des Parteitages, der das Programm nach eingehender Diskussion einstimmig bewilligte.

Zentraler Ausgangspunkt dieser Frage ist der Mensch und seine Freiheit. Der Mensch ist der Sinn und das Maß des Staates. Das für den einzelnen Rechte und Gute ist auch das Beste des Ganzen. Die an zentraler Stelle der Wertordnung des Grundgesetzes stehende Menschenwürde erkennen und anerkennen wir in ihrer transzendenten Dimension. Jeden einzelnen in seiner Menschenwürde ernstzunehmen, im Zusammenleben des Ganzen ihm soviel als möglich Freiheit des Handelns und Recht der Mitbestimmung in den staatlichen Dingen einzuräumen, ist der Sinn der demokratischen Form. Was sie dem Menschen gewährt beruht genau auf dem, was sie von ihm verlangt. Das ist nicht weniger als ein hohes Maß der bürgerlichen Gesinnung, des sittlichen Denkens und Handelns. Dieses Menschenbild ist begründet in der unantastbaren menschlichen Würde, seiner Einzigartigkeit und seiner letztlich personalen Verantwortung vor Gott. Wert und Würde des Menschen ergeben sich aus seiner Natur, nicht aus der Legitimation für das Kollektiv. Dieses Menschenbild geht nicht aus vom autonomen Menschen und will nicht den manipulierten Menschen.

Der Mensch in seiner realen Wirklichkeit, nicht der Mensch mit dem verordneten Bewußtsein steht im Mittelpunkt unserer Überlegung. Die CSU versteht den Menschen weder als vergesellschaftetes Wesen, noch als von menschlichen Gemeinschaften oder von der Politik unabhängig.« Ein Christenmensch ist ein freier Herr aller Dinge und niemandem untertan, ein Christenmensch ist ein dienstbarer Knecht aller Dinge und jedermann untertan.« Dieser Luther-Satz faßt das Verhältnis von Gemeinwohl und Einzelwohl zusammen. Aus der Verantwortung vor Gott und der daraus folgenden Achtung vor dem andern, folgen die Verpflichtung zu politischer Aktivität und zugleich die Grenzen der Politik. In diesem christlichen Menschenbild liegt ein starker Schutz gegen vereinseitigende Fehlurteile über den Menschen und die ihm kraft seiner Menschenwürde zustehenden Rechte und obliegenden Pflichten. Diese Verantwortung des Christen hindert ihn, bequeme Zuflucht bei Ideologien zu suchen. Der christliche Glaube gibt keine politischen Entschuldigungen, weil er keine Einzelanweisungen gibt.

Er verlangt die konkrete Entscheidung und Verantwortung, die sich auf die Achtung der Menschenwürde und die nach bestem Wissen bestimmte Sachgerechtigkeit stützt. So entspricht die aus christlicher Verantwortung folgende Politikauffassung in besonderer Weise den Erfordernissen einer offenen Gesellschaft freier Bürger. Auch heute versteht sich die CSU als eine christliche Partei, weil sie an dem Ziel einer Politik aus christlicher Verantwortung festhält und von daher die Leitlinien ihres Handelns bestimmt. In dieser Sicht kommt die individuelle wie die soziale Natur des Menschen gleichermaßen zum Tragen. Freiheit und Solidarität sind Prinzipien des menschlichen Handelns, ergänzen und begrenzen sich und kommen gleichermaßen zur Geltung. Diese Auffassung vom Menschen, seiner Freiheit und seiner Verantwortung fordert auch das Bekenntnis zu Werten, die jeder staatlichen Gemeinschaft als zu achten und zu schützen vorgegeben und darum unantastbar sind. Das erfordert die unbedingte Achtung vor dem christlich gebundenen Gewissen unserer Mitglieder und Wähler und die gewissenhafte Sorgfalt im Ermitteln und Abwägen jeder Entscheidung. Das Grundgesetz läßt die letzte Begründung der von ihm bejahten Werte und damit seine eigene Verbindlichkeit offen. Zu unserem Verständnis und Toleranz gehört es, daß wir uns für diese Werte in ihrem christlichen Verständnis einsetzen. Gerade der christlichen Sicht der Politik entspricht das Eingeständnis, daß man auch außerhalb des christlichen Glaubens zu den von uns genannten Überzeugungen kommen kann. Die CSU steht daher auch Nichtchristen offen. So gesehen ist das C im Namen unserer Partei nicht nur eine Grenznorm, deren Überschreitung unter allen Umständen verhindert werden muß. Das C hat nicht nur eine Abwehrfunktion und Aussagekraft darüber, wogegen wir sind.

In positiver Hinsicht muß die CSU mehr als nur die Minimumethik der Grundrechte garantieren. Die CSU bekennt sich daher zu den Werten der christlichen Tradition. Sie weiß, daß Staat und Parteien den besonderen unverzichtbaren Auftrag der Kirchen nicht übernehmen können und sie weiß, daß eine freiheitliche und gerechte Ordnung des menschlichen Lebens von Voraussetzungen zehrt, die der Staat zwar schützen, aber nicht erzeugen kann. Im Sinne einer christlich zu verantwortenden Politik bekennen wir uns zum Vorrang der Person vor der Institution, zur Überlegenheit der freien Initiative gegenüber der staatlichen Direktive, zur Unantastbarkeit der auch in den Schwachen und Hilflosen zu achtenden Menschenwürde, zum Recht jedes Einzelnen auf Anerkennung, Bestätigung und Förderung, zum unersetzlichen Wert aller mitmenschlichen Aktivitäten. Wir fordern mehr Solidarität unter den Einzelnen, aber auch unter den Interessengruppen und ihren Vertretungen. Wir wollen den Abbau der Konfrontationen im gesellschaftlichen und politischen Bereich. Wir brauchen mehr Verständigung, Versöhnung und ein Zusammenleben im Prinzip der Partnerschaft und im Geist brüderlicher Verbundenheit. So verstehen wir die großen Leitlinien der Freiheit, der Gerechtigkeit, der Gleichheit vor dem Gesetz, der Solidarität und Brüderlichkeit, also der Sozialverantwortung im Sinne der christlichen Tradition. Über das C in unserem Namen wird seit der Gründung unserer Partei diskutiert und gerungen. Es bleibt ein Ärgernis für die einen, Herausforderung für uns selbst. Die Gründung der CSU als überkonfessionelle Union war ein legitimer Gruppierungsprozeß. Das Adjektiv christlich ist keine Anmaßung, genausowenig, wie es Anmaßung ist, wenn sich jemand Christ nennt. Glaubhaft und wirksam wird eine christlich verantwortete Politik, wenn wir die Zivilcourage besitzen, die dem christlichen Gewissen entsprechenden Forderungen zu vertreten. Der christliche Politiker muß durch eine in den Zielen und in der Praxis überzeugende Politik für Mehrheiten kämpfen und seine Überzeugung auch glaubhaft vorleben.

Freiheit und Gleichheit – widerstrebende Prinzipien

Freiheit und Gleichheit sind wiederstrebende Prinzipien. Die Freiheit erhebt Anspruch auf Verschiedenheit. Wer aber die totale Gleichheit des Menschen herstellen will, braucht Zwang und Gewalt. Freiheit ist die Einzigartigkeit und Unverfügbarkeit jedes Menschen als Recht auf Selbstverwirklichung. Es ist die verantwortete Freiheit im Spannungsfeld zur Gemeinschaft. Bereits der Begriff der Ordnung schließt den Begriff der Beschränkung in sich.

Generelle Gleichheit ist mit der menschlichen Natur gegeben. Aus ihr folgt die Gleichberechtigung vor dem Gesetz. Ebenso in der Natur begründet ist die Ungleichheit nach der leiblichen, geistigen und sittlichen Seite, nach den geschichtlichen Verhältnissen und nach der sozialen wirtschaftlichen Lage. In der Gleichheitsforderung des Sozialismus liegt das unnatürliche Unterfangen, die Verschiedenheit zu beseitigen. Unsere Aufgabe ist es, sie um des Menschen und um des Gemeinwohls willen zu entspannen. Dem geistigen Spannungsverhältnis von Freiheit und Gleichheit entspricht unsere politische Auseinandersetzung mit Liberalismus und Sozialismus. Sozialisten und Freie Demokraten versagen im politischen Denken und Gestalten. SPD und FDP sind nicht in der Lage, der weltpolitischen Herausforderung zu begegnen und die soziale und wirtschaftliche Ordnung zu gestalten.

Ihr Handeln ist geprägt von zynischer Machterhaltung. Sozialistisches Ziel ist die Abhängigkeit des Sozialuntertanen; der politische Liberalismus verwechselt den Freiheitsgewinn der Bürger mit der Schwäche des Staates.

Sozialisten und Freie Demokraten haben auf die Fragen unserer Zeit nur eine einfallslose und teure Antwort: Neue Großorganisationen und Bürokratien. Fremdbestimmung der Funktionäre genießt den Vorrang vor der Mitbestimmung am Arbeitsplatz, anonyme Fonds ersetzen persönliche Vermögensbildung, Kontrollinstanzen und Verschulung erschweren eine vernünftige berufliche Bildung und der totale Versorgungsstaat tritt an die Stelle der Solidargemeinschaft.

Liberalismus und Sozialismus verengen das Bild vom Menschen. Der Sozialismus will den vergesellschafteten Menschen, seine Abhängigkeit vom Kollektiv, den Gegensatz der Klassen.

Der Liberalismus sieht den Menschen zu einseitig als autonomes Wesen ohne den notwendigen sozialen Bezug mit einem verkürzten Freiheitsbegriff. Der Sozialismus war die Folge des politischen Liberalismus.

Weder Sozialismus noch Liberalismus haben das Spannungsverhältnis von Freiheit und Gleichheit überzeugend gelöst. Der demokratische Sozialismus ist eine politische Leerformel, der kleinste gemeinsame Nenner von Godesberg.

Der Satz: »Demokratie wird durch den Sozialismus erfüllt«

enthält im Grunde einen totalitären Anspruch, indem er die Gleichung von Sozialismus und Demokratie aufstellt. Hier verwechselt die SPD Demokratie und Demokratismus, denn die radikale Demokratisierung aller Gesellschaftsbereiche ist im Grunde der Kampf gegen eine pluralistische Gesellschaft und die Aufkündigung der geistigen Gemeinsamkeiten mit den anderen politischen Kräften.

Der FDP in ihrer gegenwärtigen Verfassung gebührt das Prädikat »liberal« nicht. Solange sie den Lehrsatz Maihofers vom historischen Bündnis des Liberalismus mit dem Sozialismus nicht konkret widerlegt, kann sie dem Anspruch einer freien selbständigen Partei nicht genügen.

Die Unionsparteien sollten endlich aufhören, sich schweigend und schuldbewußt von der FDP nach ihrer Koalitionsfähigkeit fragen zu lassen. Vielmehr müssen CDU und CSU gegenüber der FDP selbstbewußt die Frage stellen, ob sie von ihrem Gesellschafts-, Staats- und Machtbewußtsein her gegenwärtig ein Koalitionspartner für die Union darstellt.

Es ist ein gravierender Fehler der Unionsparteien, sich von der FDP die Koalitionsschelle umhängen zu lassen, obwohl es im geistigen Koalitionsgebälk der Sozial-Liberalen knistert, der Bundespräsident seinem früheren Minister Maihofer eine schallende Ohrfeige verpaßt, Herr Bangemann abgelöst wird und kurz hernach wieder fröhlich Urständ feiert.

CSU und CDU müssen aus einer liberalen Grundhaltung heraus der FDP die liberalen Wähler streitig machen und nicht eine Koalition um jeden Preis zimmern zu wollen. Wenn die Unionsparteien diese politische Auseinandersetzung nicht offensiv und selbstbewußt führen, könnte es sein, daß fast 50% der Unionwähler in der Bevölkerung von ihrer Partei enttäuscht werden.

Die CSU – eine liberale, konservative und soziale Partei

Liberal, konservativ und sozial sind Adjektive, keine Dogmen und Weltanschauungen für die CSU. Mit liberal, konservativ und sozial beschreibt die CSU ihre Positionen im Gesellschafts- und Staatsverständnis. Als Volkspartei besitzt die CSU die Fähigkeit, verschiedene Interessen zu integrieren und unserer pluralistischen Gesellschaft Ziele zu setzen. Dies heißt nichts anderes als politische Führung auszuüben. Die liberale Komponente der CSU besteht im Eintreten für eine offene Gesellschaft, in der Bereitschaft, Ideen und Anregungen aufzunehmen und in der Entschlossenheit, die Freiheit zu verteidigen. Ein schwacher Staat ist das Gegenteil eines liberalen Staates. Nur ein starker Staat – rechtsstaatlichen Prinzipien verpflichtet und mit Autorität ausgestattet – besitzt die notwendige Handlungsfähigkeit und Kraft, die Freiheit des einzelnen Bürgers zu sichern und für soziale Gerechtigkeit zu sorgen.

Seit 1968 bekennen wir uns im Programm bewußt dazu, eine konservative Partei zu sein. Gegenwart und Zukunft kann nur bewältigen, wer einer dauerhaften Wertordnung verpflichtet ist.

So ist allein eine konservative Partei in der Lage, Geschichte, Gegenwart und Zukunft sinnvoll zu verbinden und daraus politische Schlüsse zu ziehen. Nur eine Solidargemeinschaft der Generationen berücksichtigt Geschichte und Erbe eines Volkes, bewältigt die Aufgaben der Gegenwart und gibt Antwort auf die Fragen der Zukunft.

Eine Gesellschaft, wie die unsrige, lebt von der Bejahung der zentralen Werte dieser Gesellschaft und verlangt eine persönliche Übereinstimmung. Dazu gehört ein echtes Heimatgefühl, wie die notwendige Weltoffenheit. Dies verlangt auch ein ungestörtes Geschichtsbewußtsein. Jedes Volk braucht geeignete nationale Symbole. Die dritte Strophe des Deutschlandliedes verkörpert unsere staatlich-nationale Identität, nicht die Internationale. Keine Gesellschaft, kein Staat, keine Nation kommt ohne emotionales Engagement seiner Bürger aus.

Rolf Sternberger antwortet auf diese Frage:

»Das Vaterland ist die Republik, die wir schaffen. Das Vaterland ist die Verfassung, die wir lebendig machen. Das Vaterland ist die Freiheit, deren wir uns wehrhaft erfreuen, wenn wir sie selber fördern, nutzen und bewachen.«

Die soziale Position der CSU besitzt eine stolze Tradition in den bisherigen Programmen und in der konkreten Politik der CSU. Die soziale Haltung der CSU äußert sich in ihrer Solidarität zu allen Bürgern, nicht nur zu einer Klasse. Diese Gesell-

43

schafts- und Sozialpolitik gründet auf den Prinzipien von Solidarität und Subsidiarität und orientiert sich am Leitbild des selbstverantwortlichen Bürgers. Hilfe zur Selbsthilfe und die Pflicht zur sozialen Gerechtigkeit bestimmen unsere Politik. Die CSU tritt ein für eine soziale Ordnung, in der der einzelne der Gemeinschaft ebenso verpflichtet ist wie die Gemeinschaft dem einzelnen. Der einzelne darf daher von der Gemeinschaft nicht aus jeglicher persönlicher Verantwortung entlassen werden. Nur eine durch Selbstverantwortung geprägte Gesellschaft wird die finanziellen Mittel aufbringen können, um denen großzügig zu helfen, die sich nicht selbst helfen können.

Solidarität und Partnerschaft sind soziale Prinzipien im Betrieb und für die soziale Gerechtigkeit. Ehe und Familie, Jugend und ältere Generation, Gesunde und Kranke, Alleinstehende und Behinderte gehören zu jener Solidargemeinschaft der Generationen, die alle ihren lebenswerten Orten in unserer Gesellschaftsordnung verdienen.

Die CSU – eine politische Kraft der Mitte

Die Christlich-Soziale Union ist eine politische Kraft der Mitte. Dies ist weder ein geographischer, noch ein mathematischer Begriff. Sie ist ein Feld, bestimmt und umgrenzt von Grundsätzen und Prinzipien. Es ist ein antidogmatischer und antifaschistischer Standort, der den Wandel erkennt und zielbewußt fördert, den grundlegenden Systemwechsel jedoch ablehnt. Politische Mitte heißt Nation und Integration miteinander verbinden, gleichermaßen konservativ und modern sein zu können, Toleranz und Pluralität zu akzeptieren und den vernünftigen Weg zwischen Tradition und Fortschritt zu suchen.

Die Menschen sollen sich in dieser Welt zurechtfinden und wohlfühlen. Dazu gehört das Bewußtsein, daß ein jeder gebraucht wird, daß es entscheidend auf seine Mitwirkung und Initiative ankommt und daß keiner hilflos sich selbst überlassen bleibt. Nicht sozialistische Politik zeichnet sich durch Gegenwartsbezogenheit aus und verlagert nicht aus ideologischen Gründen Probleme in die Zukunft. Politische Mitte bedeutet politische Vernunft und Absage an politische Heilslehren. Jede

Indoktrinierung widerspricht der Position einer vernünftigen Mitte. Die große Mehrheit unserer Bürger wünscht sich den Erwerb und die Bewahrung einer bürgerlichen Existenz mit so vielen individuellen Entscheidungsbefugnissen wie möglich und mit nicht mehr Staat und kollektiver Reglementierung als unbedingt erforderlich. Das soviel geschmähte Bürgertum war und ist die gelungene Synthese von Freiheit und Gleichheit. Weit über 90% der Wahlberechtigten empfinden das Bürgertum als eine ihnen gemäße Lebensform. Der Bürger hat daher im Mittelpunkt unserer politischen Betrachtung zu stehen, nicht der Genosse, der Klassenfeind, oder überlieferte Begriffe wie der Proletarier.

Der Auftrag der Christlich-Sozialen Union

Die Christlich Soziale Union ist eine politische Aktionsgemeinschaft, die als eigenständige politische Kraft ihren politischen Auftrag in und für Bayern, in und für Deutschland, in und für Europa erfüllt. Aus ihrem bayerischen Selbstverständnis heraus fordert sie Freiheit und Selbstbestimmung für alle Deutsche. Herstellung der staatlichen Einheit des deutschen Volkes in freier Selbstbestimmung bleibt das Ziel einer deutschen Nation. Die Zusammenarbeit mit anderen Völkern muß den Menschen dienen und die Freiheit sichern. Die Vereinigung des Freien Europa ist für die CSU die europäische Schicksalsfrage schlechthin. Ein politisch geeintes, freies Europa muß die Idee des freiheitlichen, demokratischen und sozialen Verfassungsstaates auf einer neuen Ebene realisieren. Zur Partnerschaft mit den Vereinigten Staaten in der NATO gibt es für uns keine Alternative.

Die CSU hat nicht wie SPD und FDP Veranlassung zu einer umfassenden Neuorientierung. Sie bekennt sich unverändert zu einer wertorientierten Politik und bekämpft unbrauchbare Ideologien. Auf der Grundlage eines gemeinschaftlichen Menschen- und Weltbildes führt sie die offene Diskussion um Grundlinien und Ziele politischen Denkens und Handelns. Aufgabe des nun vorliegenden Entwurfes eines Grundsatzprogrammes ist es, den Menschen in unserem Land Überlegungen an die

Hand zu geben, um die Ordnung der Dinge zu erkennen und das eigene politische Handeln daran zu orientieren.

Otto Wiesheu
Wo sind die Unterschiede?
Unterschiedliches Menschenbild –
politische Konsequenzen.

Eine Reihe von Themen und Problemen spielen in der politischen Diskussion eine große Rolle. Die einzelnen Parteien und
Jugendorganisationen der Parteien haben dazu recht unterschiedliche Vorstellungen. Das gilt, unabhängig davon, ob es
sich um Themenbereiche wie Mitbestimmung, Vermögensbildung, Bodenrecht, um die Vorstellungen zu den Aufgaben des
Staates, den Funktionen, Rechten und der Macht der gesellschaftlichen Gruppen, zur Humanisierung der Arbeitswelt, um
Vorstellungen zur Struktur-, Agrar- oder Europapolitik, zur
Frage der Nation, den Aussagen des Grundgesetzes oder um
Herrschaftssysteme handelt. Die politischen Methoden der Parteien zeigen ebenfalls große und teilweise drastische Unterschiede.

Jede Partei spricht bei der Behandlung von politischen Themen – ob in Diskussionen oder in den Entscheidungsgremien
– davon, daß sie mit ihren Vorschlägen Politik für den Menschen machen und die Situation des Menschen verbessern will,
daß sie Politik für den konkreten Menschen macht. Jede Partei
kommt aber bei diesen Überlegungen zu unterschiedlichen oder
gegensätzlichen Aussagen.

Der Grund dafür kann nur sein, daß jede Partei eine andere
Vorstellung davon hat, was der Mensch ist, was die Politik mit
dem Menschen soll, was der Mensch mit der Politik will, vereinfacht ausgedrückt: jede Partei hat ein anderes Menschenbild.

Politik ist nicht Selbstzweck. Ausgangspunkt und Ziel jeder
Politik sind der Mensch und seine konkreten Lebensumstände.
Daher muß man bei den Zielsetzungen und Grundsätzen jeder
Partei zunächst einmal danach fragen, welches Menschenbild,
welches Verständnis vom konkreten Menschen hat die jeweils
in Frage stehende Partei.

Das Menschenbild der C-Parteien:

Die CSU hat das C im Namen der Partei. CDU und CSU nennen sich christliche Parteien. Das bedeutet nicht, daß die CDU oder CSU der verlängerte Arm der Kirche im Staate wären, das bedeutet umgekehrt auch nicht, daß die Kirchen Wahlkampfhilfsorgane der C-Parteien wären. Beides ist voneinander zu trennen. Was wir mit den Kirchen gemeinsam haben, ist das christliche Menschenbild.

Dieses christliche Menschenbild besagt, daß der Mensch sowohl positive als auch negative Anlagen, Fähigkeiten, Talente, Neigungen und Interessen hat. Diese unterschiedlichen Voraussetzungen sind bei jedem Menschen in unterschiedlichem Ausmaß vorhanden. Jeder Mensch kann anderen oder der Gemeinschaft gegenüber Nützliches und Schädliches, Gutes oder Böses tun – nach seinem freien Willen und seiner freien Entscheidung.

Jeder Mensch ist potentiell gut, potentiell schlecht, potentiell gefährlich. Das ist das Menschenbild, das auch die Kirche uns vermittelt (bildlich gesprochen: spätestens seit der Vertreibung von Adam und Eva aus dem Paradies). Man könnte dieses Menschenbild auch als reales, empirisches, historisches Menschenbild bezeichnen, weil wir aus der Geschichte wissen, daß der Mensch unabhängig vom jeweiligen Gesellschafts- und Staatssystem so ist.

Nach diesem Menschenbild bestimmen sich die politischen Aufgaben. Nach unserer Meinung muß die Politik dem Menschen seine Freiheit garantieren, ihm aber zugleich verdeutlichen, daß er für alles, was er mit seiner Freiheit und in seiner Freiheit tut, auch die Verantwortung trägt. Freiheit und Verantwortung sind zwei Seiten einer Medaille; sie können voneinander nicht getrennt werden.

Das Menschenbild der Sozialisten

Die Sozialisten gehen davon aus, daß der Mensch von Haus aus gut ist. Ausgangsgesichtspunkt ist der paradiesische Urzustand des Menschen. Nach ihrer Meinung ist der Mensch verdorben durch Einflüsse, die außerhalb seiner Persönlichkeit liegen, die also außerhalb seiner Verantwortlichkeit angelegt sind. Der a priori gute Mensch ist durch gesellschaftliche und sonstige Einflüsse pervertiert. Nach Meinung der Sozialisten ist der Mensch verdorben durch das Institut »Eigentum«. Das Eigentum ist die Erbsünde der sozialistischen Glaubenslehre.

Im paradiesischen Urzustand lebten die Menschen ohne das sogenannte Eigentumsrecht, d. h., sie ernährten sich von dem, was vorhanden war. Keiner hatte die Notwendigkeit, den anderen zu übervorteilen, den anderen auszunutzen. Erst als einer auf die Idee kam, sich ein Areal abzuteilen und das abgeteilte Gebiet in Besitz zu nehmen, erst dann begann seine Besitzgier, seine Herrschgier, sein Interesse an Grund und Boden, an Produktionsmitteln. Erst mit der Einführung des Eigentums konnten es Menschen als zweckmäßig erachten, andere für sich arbeiten zu lassen, sie auszubeuten, zu übervorteilen, zu unterdrükken und das, was andere erarbeitet haben, sich anzueignen, denen, die es erarbeiteten, nur so viel zu geben, daß sie leben konnten und daß sie arbeiten konnten. Die Produkte wurden sozusagen gesamtgesellschaftlich erarbeitet, die Aneigung erfolgte privat. Derjenige, der etwas hatte, bekam immer mehr dazu, weil er andere für sich arbeiten ließ und diejenigen, die nichts hatten, mußten für andere arbeiten, ohne selbst etwas dazuzubekommen (siehe Marx). Die Konsequenz aus dieser Überlegung: wenn man den paradiesischen Urzustand, der einmal auf Erden bestand, wieder herstellen will, dann muß man das Eigentum abschaffen.

Aus den Produktionsverhältnissen entstehen nach Meinung er Sozialisten Klassenverhältnisse. Die große Klasse derjenigen, die nichts haben, und die Klasse derjenigen, die viel haben – die Mächtigen und die Ohnmächtigen, die Ausbeuter und die Ausgebeuteten, die Unterdrücker und die Unterdrückten. Diese Situation ist nur änderbar, wenn man das System, die entsprechenden Bedingungen des Seins, ändert.

Die Sozialisten gehen davon aus, daß der Mensch veränderbar ist, ohne daß man bei ihm selbst sehr viele Änderungen vornehmen muß. Man muß nur das System ändern. Mit der Abschaffung des Eigentums würden die Klassen beseitigt, würde Angst, Unterdrückung, Ausbeutung beseitigt. Mit der Abschaffung des Eigentums könne somit der paradiesische Urzustand wieder hergestellt und damit der ideale Mensch wieder geschaffen werden. Daraus resultiert die Notwendigkeit der Systemänderung. Marx sagt, das Sein bestimmt das Bewußtsein. Wenn man die konkreten Bedingungen des Seins, sprich das »System« ändert, ändert sich das Bewußtsein. Und wenn man das System so ändert, daß »Unterdrückung«, »Ausbeutung«, »Zwang« nicht mehr möglich oder notwendig sind, dann entsteht automatisch wieder der gute Mensch in einem paradiesischen Urzustand. Es handelt sich dabei um einen idealistischen Ansatz, um ein idealistisches Menschenbild, um die Vorstellung, den Menschen durch Veränderung seiner konkreten Seinsbedingungen ideal machen zu können.

Die Aufgabe der Politik nach dem Menschenbild der C-Parteien

Aufgrund ihres unterschiedlichen Menschenbildes haben die einzelnen Parteien auch unterschiedliche Vorstellungen von der Aufgabe der Politik bzw. der Aufgabe der Parteien.

– Freiheit und Verantwortung

Für uns gilt, daß der Mensch, der seine positiven wie negativen Eigenschaften und Fähigkeiten hat, seine Freiheit haben und seine Verantwortung übernehmen muß. Wir gehen davon aus, daß es Aufgabe der Politik ist, dem Einzelnen seine Freiheit zu sichern und zu garantieren und ihm seine Verantwortung zu verdeutlichen. Aufgabe der Politik ist es damit auch, die Freiheit des Einzelnen so wenig wie möglich einzuengen und freiheitsbeschränkende Bestimmungen und Gesetze, die aktuell nicht mehr notwendig sind, wieder zu beseitigen.

– Innere und äußere Sicherheit

Um die Freiheit des Einzelnen gewährleisten zu können, ist der Staat als Solidargemeinschaft verpflichtet, die Sicherheit nach innen wie nach außen herzustellen und zu bewahren. Die Beeinträchtigung der Sicherheit im Innern wie nach außen würde bedeuten, daß die Freiheit bzw. die Wahrnehmung der Freiheit durch den Einzelnen eingeschränkt und beengt wäre.

– Regelung des Zusammenlebens

Dritte Aufgabe des Staates ist es, Regeln für das Zusammenleben der Menschen aufzustellen. Nach unserem Menschenbild hat der Mensch sowohl gute wie auch schlechte Eigenschaften. Es ist daher selbstverständlich, daß der Mensch infolge dieser schlechten Eigenschaften anderen schaden kann. Damit das nicht in sozialschädlichem Ausmaß geschieht, ist es Aufgabe des Staates, Regeln für das Zusammenleben aufzustellen.

– Soziale Verpflichtung

Aufgabe der Solidargemeinschaft ist es, die Möglichkeiten der Wahrnehmung der Freiheit durch Gewährleistung entsprechender Startchancen, durch Hilfe zur Selbsthilfe, zu geben. Jede Gesellschaft hat jedoch auch Menschen, die aufgrund natürlicher oder sonstiger Behinderung ihre Freiheit nicht in dem Umfang wahrnehmen können wie andere. Aufgabe des Staates ist es, denen zu helfen, die sich selbst nicht helfen können, die also ihre Freiheit nicht wahrnehmen können. Umgekehrt ist es nicht Aufgabe des Staates, denen zu helfen, die sich selbst nicht helfen wollen. Diese nutzen ihre Freiheit eben in dem ihnen genehmen Maß oder in der ihnen genehmen Art.

Die Aufgabe der Politik nach dem Menschenbild der Sozialisten

– Das Eigentum – die Erbsünde der Menschheit

Die Sozialisten haben – ausgehend von ihrem idealisierten Menschenbild – ganz andere Zielsetzungen der Politik. Wenn die Situation des Menschen nur durch Veränderung der konkreten Bedingungen des Seins verbessert und radikal verändert werden kann, ist es Aufgabe der Politik, die Rahmenbedingungen,

d. h. das System, zu ändern. Die Systemänderung hat konsequenterweise dort anzusetzen, wo die Probleme ihre Ursache haben, nämlich beim Eigentum. Das Eigentum (an Produktionsmitteln) ist die Erbsünde, die Ursünde dieser Gesellschaftsordnung. Deshalb muß das Eigentum abgeschafft werden. Mit der Abschaffung des Eigentums können automatisch die Klassen abgeschafft werden. Der Mensch wird dabei von den ihn pervertierenden Fesseln befreit. Er wird in die Welt der Harmonie der klassenlosen Gesellschaft überführt.

Durch Systemänderung entsteht der von Haus aus gute Mensch. In einem klassenlosen System herrscht allgemeine Gleichheit. Die Unterdrückung fällt weg. Mit der allgemeinen Gleichheit und dem Wegfall der Unterdrückung besteht die generelle Freiheit; mit der Realisierung dieser drei Punkte herrscht die gesamtgesellschaftliche Gerechtigkeit.

– Emanzipation

Dieser Begriff von Freiheit in einer klassenlosen Gesellschaft wird in der modernen Sprachschöpfung oft definiert als Endzustand des Emanzipationsprozesses. Emanzipation bedeutet hier, daß man sich von hemmenden und bremsenden Systemfesseln befreit und seine Freiheit wahrnehmen kann. Der Begriff der Emanzipation hat nicht wie der der Freiheit die Wechselseitigkeit mit der Verantwortung. Die emanzipatorische Freiheit ist die Freiheit von allen Systemfesseln; durch die Schaffung des idealen Systems entfällt die Möglichkeit und der Zwang zur Übervorteilung und Unterdrückung des Menschen. Da die idealen Existenzbedingungen herrschen und das Sein das Bewußtsein bestimmt, kann der Mensch aufgrund seines idealen Bewußtseins nicht mehr fehlerhaft handeln, so daß er auch nicht mehr zur Verantwortung zu ziehen ist.

– Erkenntnisfähige Elite

Da das Sein das Bewußtsein bestimmt, können die Menschen, die in der jetzt bestehenden gesellschaftlichen Ordnung, in diesem System leben, in der Regel nur systemimmanent denken. Diejenigen, die die Menschen aus ihrem systembedingten Denken, aus ihrer Lethargie, herausholen können, müssen »system-abstrakt« denken können. Das bedeutet für die Sozialisten, daß eine erkenntnisfähige Elite erforderlich ist, die systemab-strakt, unabhängig von den konkreten Seinsbedingungen, den ken kann und die alle anderen aus diesem konkreten Unter-drückungssystem, aus ihren »dunklen Existenzbedingungen« herausführen kann.

Konsequenen für das politische Handeln der Unionsparteien

Aus diesem Menschenbild und der daraus abgeleiteten Aufgabe der Politik lassen sich exakte Konsequenzen für das politi-sche Handeln ableiten.

– Gewaltenteilung (Machtverteilung + Machtausgleich)

Wir sind der Auffassung, daß unterschiedlich bedeutsame Machtpotentiale in Staat und Gesellschaft bestehen. Nachdem der einzelne Mensch dem anderen insbesondere dann schaden kann, wenn er viel mehr Macht hat als andere, ist es die normale und ganz logische Konsequenz, daß die Macht, die im Staat und in der Gesellschaft insgesamt vorhanden ist, mög-lichst weit verteilt sein und möglichst effektiv kontrolliert wer-den muß. Wir wollen keine staatliche oder gesellschaftliche Machtkonzentration, wir wollen die einzelne Person vor der Macht anderer und vor der Allmacht des Staates schützen. Da-her müssen politische und wirtschaftliche Macht möglichst weit verteilt sein.

Dieser Machtverteilung dient u. a. die sogenannte klassische Gewaltenteilung (Exekutive, Legislative, Judikative), aber auch der Föderalismus im Staat, weil dieser Föderalismus Funk-tionen, Kompetenzen, Macht und Verantwortung zwischen staatlichen Organisationseinheiten unterschiedlicher Ebenen aufteilt.

– Subsidiaritätsprinzip

Dieses Machtverteilungsprinzip kommt auch zum Ausdruck im Begriff der Subsidiarität. Subsidiarität bedeutet, daß der Staat keine Aufgaben auf sich übertragen soll, wenn sie von den Einzelnen, von den Familien, von den gesellschaftlichen Gruppen wahrgenommen werden können. Übernahme von Aufgaben bedeutet automatisch Übernahme von Macht. Das Subsidiaritätsprinzip (Thomas von Aquin, Enzyklika Quadragesima anno) bedeutet, daß der Staat sich – abgesehen von den ihm a priori zustehenden Aufgaben – von Kompetenzen und Funktionen freihalten muß, soweit das nur irgendwie möglich ist. Erst dann, wenn Aufgaben von Einzelnen oder gesellschaftlichen Gruppen nicht mehr wahrgenommen werden können und die Aufgabenerfüllung im Interesse der Gesamtheit notwendig und erforderlich ist, muß der Staat diese Aufgaben übernehmen.

Der zweite Aspekt des Subsidiaritätsprinzips: Diese staatlichen Aufgaben müssen möglichst »weit unten« angesiedelt sein (Bayer. Verfassung: »Allzuständigkeit der Gemeinden«). Erst wenn eine untere staatliche Einheit Aufgaben nicht mehr wahrnehmen kann, werden sie auf die höhere Einheit verlagert (Kreis, Bezirk, Land, Bund). Die politische Diskussion über Kompetenzverteilungen, die sich z. Z. in der Öffentlichkeit abspielt, läuft insofern vom Prinzip her bereits falsch. Wir müssen uns nicht überlegen, was in die Bundeskompetenz abgegeben werden kann; wir müssen umgekehrt prüfen, welche Aufgaben vom Bund auf die Länder, von den Ländern auf die Landkreise oder die Gemeinden übertragen werden können.

– Koalitionsfreiheit – Verbandsmacht –
Gemeinwohlverpflichtung

Wir gehen davon aus, daß jeder aufgrund seiner Freiheit tun und lassen kann, was er will, so lange er sich im Rahmen der Gesetze bewegt, d. h., jeder kann einem frei gewählten Broterwerb nachgehen, jeder kann einen Beruf wählen, der ihm gefällt, der ihm seinen Broterwerb sichert. Der Staat kann nicht einfach einzelne Berufsgruppen verbieten.

Die Freiheit des Einzelnen bedeutet auch, daß der Einzelne sich mit anderen zusammenschließen kann zu Gruppen, Gesellschaften oder Verbänden. Er hat die Freiheit zur Koalition. Es ist selbstvertändlich, daß sich die Gruppen auch am staatlichen und gesellschaftlichen Leben beteiligen. Diese Gruppen (seien es Lehrer-, Arbeiter-, Bauern-, Juristen-, Handwerker- oder Unternehmerverbände etc.) müssen ihre gruppenspezifischen Funktionen haben und ausüben können.

Auch bei den gesellschaftlichen Gruppen betonten wir den Machtausgleich. Wir erleben z. Z. die Tatsache, daß einzelne gesellschaftliche Gruppen im Staat sehr viel mehr Macht haben als andere, daß die Macht anderer Gruppen mit ihrer eigenen nicht vergleichbar ist und daß die Macht dieser gesellschaftlichen Gruppen weit in die Macht des Staates hineinreicht.

Einzelne Gruppen im Staat haben Funktionen, die für alle Bürger dieses Staates Auswirkungen haben, z. B. die Tarifvertragsparteien. Regeln Arbeitgeber und Arbeitnehmer unter sich die Löhne, die Arbeitgeber am Markt die Höhe der Preise, so trifft das jeden Einzelnen. Diese Entscheidungen haben Auswirkungen auf die Gesamtbevölkerung. Geht man davon aus, daß die Tarifhoheit bei diesen Gruppen bleiben soll, so ist allerdings zu bemerken, daß diese Gruppen in den Fragen des sozialen Friedens dem Gemeinwohl verpflichtet sind.

Die Wahrnehmung dieser Gemeinwohlverpflichtung kann andererseits dann nicht mehr funktionieren, wenn beteiligte Gruppen ihre Funktion nicht mehr in ihrem vorgegebenen Aufgabenbereich sehen, sondern einen Allzuständigkeitsanspruch erheben, wie das z. Zt. die Gewerkschaften tun. Diese gesellschaftlichen Gruppen mit besonderer Macht müßten folgende Voraussetzungen erfüllen:

– Ein Mindestmaß an demokratischen Strukturen innerhalb der Verbände
– eine gewisse Offenheit aller Entscheidungsvorgänge und
– eine Offenlegung der Finanzen. Falls das nicht auf freiwilliger Basis realisierbar ist, sind rechtliche Regelungen ähnlich wie beim Parteiengesetz erforderlich.

Konsequenzen für das politische Handen der Sozialisten

Die Konsequenzen aus dem Menschenbild und aus der Aufgabe der Politik stellen sich für den Sozialisten völlig anders dar. Wenn die Systemänderung Aufgabe der Politik ist, dann muß der politisch verantwortlich Handelnde die Ausgangslage analysieren, die Zielsetzung definieren und die Strategie, die zu einer möglichst schnellen Durchsetzung der Ziele führt, konkretisieren.

Da die Mehrheit der Bevölkerung jedoch systemimmanent denkt – weil das Sein das Bewußtsein bestimmt –, ist es notwendig, in einem ersten Schritt dieser Mehrheit ihre Abhängigkeit und ihre Situation bewußt zu machen. Die Sozialisten verstehen sich dabei als die erkenntnisfähige Elite, die um die Abhängigkeiten und um die Schlechtigkeit dieses Systems weiß und die in der Lage ist, den Abhängigen ihre Situation zu verdeutlichen.

– Doppelstrategie

Aus dieser Überlegung heraus wurde von den Jungsozialisten die Doppelstrategie entwickelt: Die Sozialisten verdeutlichten der Bevölkerung ihre Situation. Die betroffenen Teile der Bevölkerung wirken zusammen mit den Sozialisten auf die SPD ein, damit die SPD der gegebenen Zielsetzung – Hinführung zum Sozialismus nähergebracht wird in Politik und Programm. Diese Umsetzung hat automatisch eine politische Rückwirkung auf Teile der Bevölkerung, so daß in einem gegenseitigen Vorantreiben der Prozeß der allmählichen Sozialisierung gefördert werden kann. Adressaten dieser Mobilisierungsstrategie waren die sogenannten Abhängigen: Schüler, Studenten, Mieter, Arbeiter etc.

Um im Juso-Jargon zu bleiben: Die Systemimmanenz des Denkens war bei den Betroffenen so gewaltig, daß sie das, was die Jungsozialisten eigentlich wollten, meistens gar nicht verstanden. Deshalb mußte die Doppelstrategie à la Juso – insbesondere mit der jusoeigenen verbalen Verbrämung – scheitern.

Eine andere Strategie war notwendig. Die Grundüberlegung geht vom Willen zur Systemänderung aus. Gewalt als Mittel der Systemänderung wird abgelehnt. Systemänderung soll sich demokratisch vollziehen. Darin liegt übrigens der Unterschied zu den Kommunisten: Kommunisten wie Sozialisten sind sich in der Zielsetzung einig. Beide wollen den Marxismus, das Paradies auf Erden, realisieren; die Kommunisten mit Gewalt, die Sozialisten ohne Gewalt – auf demokratischem Wege: Demokratie verengt sich beim »demokratischen Sozialismus« zur bloßen Methode.

– Die Rolle der Gewerkschaften nach dem Verständnis der Sozialisten: Konzentration von Macht

Der methodische Ansatz: Es muß eine Gruppe geben, die die unterdrückten Schichten am ehesten repräsentiert, die zwar systemimmanent arbeitet, langfristig und potentiell aber die Systemänderung = »Interessenwahrnehmung für die Unterdrückten« vollziehen kann. Diese Gruppe muß aktuell und kurzfristig dazu weder in der Lage noch bereit sein. Nach Meinung der Sozialisten kommen am ehesten die Gewerkschaften für systemverändernde Zielsetzungen in Betracht.

Die Hauptaufgabe unseres Staates und unserer Gesellschaft besteht nach Meinung der Sozialisten darin, die Macht der Unterdrücker und Ausbeuter, sprich der Arbeitgeber und Besitzenden, abzubauen zugunsten der Macht der Gruppe, die die Machtlosen und Unterdrückten vertritt. Machtsteuerung ist dann gut, wenn Macht von anderen Gruppen abgebaut werden kann. Machtkonzentration ist dann gut, wenn sie der eigenen Gruppe oder der Vertretung der eigenen Gruppe zufällt. Reformen haben daher Machtkonzentration und Machtverschiebung zu bewirken zugunsten der Gruppe, die als Träger des Sozialisierungsprozesses mittel- oder langfristig in Betracht kommt. Das ist Inhalt der sozialistischen Reformpolitik und das sind die konkreten Absichten, die von den Sozialisten bei ihrer Reformpolitik verfolgt werden, denn; die sozialistische Idealgesellschaft ist dann verwirklicht, wenn Macht bei allen anderen gesellschaftlichen Gruppen total abgebaut, bei der Klasse der Lohnabhängigen total konzentriert ist.

Beispiele für die Unterschiede

– Mitbestimmung – mehr Rechte für die Person oder mehr
Macht für den Verband?

Anfang der Fünfziger Jahre wurde das Betriebsverfassungsgesetz von der CDU/CSU eingeführt und durchgesetzt. Dieses
Betriebsverfassungsgesetz bringt dem einzelnen Arbeitnehmer
sowie der Arbeitnehmerorganisation in den Betrieben, sprich
der Belegschaft, starke Mitbestimmungs- und Mitwirkungsrech-
te. Weil Mitbestimmung und Mitwirkung nur personenbezogen
sein kann, ist es unbedingt notwendig, diesen Mitbestimmungs-
ansatz für den einzelnen Arbeitnehmer in seinem Betrieb, an
seinem Arbeitsplatz zu sehen. Selbstverständlich müssen Arbeit-
nehmerinteressen, insbesondere, soweit sie Kontroll- und Infor-
mationsfunktionen für den gesamten Betrieb betreffen, auch in
den Leitungsgremien des Betriebes, das heißt im Aufsichtsrat,
angesiedelt sein. Die Mitbestimmungsregelungen der CDU/CSU
zielten immer darauf auf, die einzelne Person zu beteiligen, die
Macht, die auch in einem Unternehmen vorhanden ist, zu
streuen und weit zu verteilen, die Kontrolle der Macht möglichst effektiv und die Handhabung durchschaubar zu machen
– entsprechend unseren Grundsätzen.

Das Thema Mitbestimmung wurde von den Sozialisten in
eine völlig andere Richtung gelenkt. Mitbestimmung wurde
vom DGB gleichgesetzt mit der sogenannten paritätischen Mitbestimmung, mit der gleichen starken Besetzung der Aufsichts-
räte durch Anteilseigner und Arbeitnehmer bzw. DGB-Vertre-
ter. Während früher diese Absichten mit Worten wie Partnerschaft, Harmonie im Betrieb und Kontrolle der Macht etc. propagiert wurden, spricht der DGB in seinem Referentenmaterial
zur Mitbestimmung aus dem Jahre 1974 eine ganz andere Sprache. Dort heißt es: »Wer von Partnerschaft redet, betreibt das
Geschäft der Herrschenden, Harmonie ist etwas für den Ge-
sangsverein. Es geht vielmehr um Machtfragen. Wir wollen den
Fuß in der Tür haben. Für uns ist Mitbestimmung ein Mittel
zum Zweck. Wir wollen mit ihr andere Ziele erreichen«.

Konkreter Ansatz ist also nicht die Partizipation der einzelnen Person, sondern die Konzentration der Macht und die Ver-

schiebung von wirtschaftlicher Macht zugunsten der gewerkschaftlichen Organistionen.

– Vermögensbildung – Streuung oder Konzentration von
Kapital und Macht?

Die Unionsparteien und ihre Jugendorganisationen waren und
sind der Auffassung, daß Vermögen individuell verfügbar sein
muß. Wir meinen, daß Eigentum den Freiheitsspielraum erweitert, weil es einen abgesicherten persönlichen Bereich gewährleisten kann und Verfügungsrechte vermittelt, in deren Wahrnehmung Gestaltungsfreiheit zum Ausdruck kommt. Die einzelne
Person soll sich auch am Produktivkapital beteiligen. Es gibt
eine Reihe von Gesetzentwürfen der Union, die auf diese Zielsetzung gerichtet sind.

Die Jungsozialisten waren entsprechend ihrer Zielsetzung,
Eigentum am Produktivkapital aufzuheben, lange Zeit gegen
eigentumsbildende Maßnahmen. Sie sind der Auffassung –
und das entspricht der Logik ihres eigenen Denkens –, daß
dann, wenn eine kapitalistische Eigentumsordnung abgeschafft
werden soll, nicht vorher ein Volk von Kleinkapitalisten aufgebaut werden darf. Diese Grundauffassung wurde beibehalten
bis zur Vorlage eines Vermögensbildungsmodells der SPD, das
allerdings mit Vermögensbildung nur den Namen gemein hat.
Konkreter Inhalt des Modells ist, daß die Betriebe ab einer gewissen Größenordnung bis zu 10 Prozent ihres Gewinnes an
einen zentralen Fonds abführen. Dort werden auf diese Weise
jährlich mehrere Milliarden Mark angesammelt. Verfügungsberechtigt über ihre Einlagen in diesem Fonds sind nicht die Arbeitnehmer selbst, sondern gewählte Arbeitnehmervertreter, im
Ergebnis die Gewerkschaften. Das bedeutet, daß frei verfügbare Beträge in einer nach ein paar Jahren immensen Größenordnung zur Disposition einer einzelnen Gruppe stehen. Durch
diese Reform findet Machtkonzentration und die Verschiebung
der Macht zugunsten einer Gruppe statt, die potentiell und
langfristig als Träger des Sozialisierungsprozesses in Betracht
kommt. Auf dieses »Vermögensbildungsmodell« konnten sich
die Jusos gerne einlassen.

- Mittelstandspolitik – Ausbau oder Abbau einer
  breiten Eigentumsstreuung?

Im Jahre 1974 haben zirka 8000 mittelständische Betriebe
Konkurs angemeldet bzw. Vergleichsverfahren beantragt. Im
Jahre 1975 waren es zirka 9200. Das ist ein äußerst bedenkli-
cher Vorgang, nicht nur, weil er größtenteils auf eine verfehlte
Wirtschafts- und Finanzpolitik von seiten des Bundes zurück-
zuführen ist, sondern insbesondere deshalb, weil damit die breite Eigentumsstreuung, die breite Machtverteilung in der Wirtschaft stark beeinträchtigt wird.

Im Gegensatz dazu ist das für die Sozialisten ein durchaus
akzeptabler Prozeß. Es entspricht dem alten Marx'schen Lehrsatz, daß die Großen die Kleinen auffressen und am Schluß nur
noch wenige Große übrig bleiben. Damit verbessert sich die
politische Ausgangslage für diejenigen, die den Sozialismus wollen, weil sich die Konfliktsituation für die Veränderung der
wirtschaftlichen Ordnung viel besser darstellt.

Investitionslenkung – zentralisierte oder konkurrierende und
andere Entscheidungskompetenz

Ein frappierendes Beispiel für die Weiterführung der Diskussion über die Machtkonzentration und -verschiebung zugunsten des potentiellen Trägers der Sozialisierung ist die Diskussion um die Investitionslenkung. Eine wirtschaftliche Ordnung
mit einer sehr stark dezentralisierten Entscheidungskompetenz
über Investitionen und wirtschaftliche Vorgänge bringt zweifelsohne die optimale Versorgung an Gütern und Dienstleistungen für die Menschen. Die soziale Marktwirtschaft ist trotz Un-
zulänglichkeiten in einzelnen Bereichen die beste Wirtschaftsordnung, die man sich derzeit vorstellen kann. Sie hat neben der
Effektivität einen wesentlichen Vorzug, nämlich die hervorra-
gend organisierte Machtverteilung und damit die dezentralisier-
te Investitionsentscheidung. Das Prinzip der Machtstreuung
muß auch in wirtschaftlichen Bereichen Anwendung finden,
weil eine zu starke Konzentration der wirtschaftlichen Macht
sich in unkontrollierbare politische Macht verwandeln könnte.

Die von den Sozialisten angestrebte Investitionslenkung verbessert weder die tatsächlichen noch die wirtschaftlichen Umstände, noch führt sie zu einer Verbesserung der Versorgung mit Gütern und Dienstleistungen. Investitionslenkung bedeutet lediglich die Komprimierung aller Investitionsentscheidungen auf eine Stelle und damit eine eminente Machtkonzentration. Die Machtverschiebung zugunsten eines Gremiums, wie es die SPD vorschlägt, käme zweifelsohne den Gewerkschaften zugute.

– Bilanz

Absicht der Unionsparteien war und ist es, die Personalität, die Rechte des Einzelnen, zu stärken, ihm seine Verantwortlichkeit zu verdeutlichen, seine Möglichkeiten zu erweitern, ihm eigenes Verfügungsrecht, mehr Mitsprache zu geben, die Gewaltenteilung auszubauen und die Machtkontrolle möglichst effektiv zu gestalten. Zielsetzung bei den »Reformvorstellungen« der Sozialisten ist es dagegen, vorhandene oder zu schaffende Macht zu konzentrieren und diese Machtkonzentration zugunsten einer Gruppe im Staat, nämlich zugunsten der Gewerkschaften, die nach Meinung der Sozialisten mittel- und langfristig als Träger des Sozialisierungsprozesses in Betracht kommen, zu verschieben. Die Macht muß der Vertretung der Arbeiterklasse zugeschoben werden, ihre Macht muß ausgebaut und gestärkt, die der anderen Gruppen gebremst und gebrochen werden. Gut ist, was der Vertretung der Arbeiterklasse nützt.

Wenn dieses Ziel, die völlige Entmachtung aller anderen Klassen und Gruppen und der Übergang aller gesellschaftlichen, wirtschaftlichen und politischen Macht auf eine Klasse erreicht ist, dann ist der Sozialismus realisiert, dann ist das Unterdrückungs- und Ausbeutungssystem abgebaut, dann herrscht allgemeine Gleichheit, durch den Wegfall der Unterdrückung Freiheit und damit die gesamtgesellschaftliche Gerechtigkeit, dann ist der paradiesische Zustand erreicht. Das ist der demokratische Weg der SPD zum Sozialismus. Demokratie degeneriert zum Mittel zum Zweck. So lange der Staat sich jedoch nicht einseitig zur Klasse der Abhängigen schlägt, ist er ein Machtinstrument der Ausbeuter, der herrschenden Klasse, weil er vorgegebene Strukturen erhält.

Diese einzelnen Beispiele ließen sich erweitern zum Beispiel auf die Schulpolitik, das Bodenrecht oder andere Themenbereiche, in denen von Sozialisten lautstark »Reformen« gefordert wurden.

– Einstellung zu Reformen

Ein weiterer Unterschied wird deutlich: Wenn wir Reformen fordern, dann wollen wir gegebene Zustände verbessern. Wenn die Sozialisten Reformen fordern, dann wollen sie gegebene Zustände verändern. Angestrebte Veränderungen richten sich nicht danach, ob dadurch die bestehende Situation konkret verbessert wird, sondern danach, ob man dadurch dem langfristig gesetzten Ziel »Sozialismus« ein Stück näher kommt. Deshalb: »Reform um der Reform willen«. Wenn Reformen aufgrund der aktuellen politischen Situation nicht notwendig oder nicht nützlich sind, dann werden Zustände »problematisiert«, die Bevölkerung irritiert, Fragen hochgespielt, emporgejubelt, um daraus die Notwendigkeit ableiten zu können, Schritte in Richtung des unter Verschluß gehaltenen Langzeitzieles in der Bevölkerung durchzusetzen.

Uns wirft man dagegen eine gewisse Reformskepsis vor. Für diesen Vorwurf sollten wir dankbar sein. Jede Reform kann Machtverhältnisse verschieben und damit Machtgleichgewichte stören. Gegenüber der Verschiebung von Macht sollte man durchaus skeptisch sein. Skepsis gegenüber Reformen spricht daher für eine gesunde politische Einstellung. Allerdings sollten wir den Blick für notwendige Veränderungen in der Gesellschaft im Interesse des Gleichgewichts und der Ausgewogenheit von Macht erhalten. Diskussionsansatzpunkte sind zum Beispiel die Verbandsmacht, eine vernünftige Definition des Sozialstaatengedankens der Abbau der Überlastung und Überladung des Staates mit Kompetenzen und Aufgaben – also die notwendige Entsozialisierung.

Gemeinwohlbestimmung und Realisierung nach den
Vorstellungen der C-Parteien

Die Parlamente haben das Gemeinwohl zu bestimmen. Diese

Gemeinwohlbestimmung ist die eigentliche Frage der Politik. Natürlich gibt es darüber unterschiedliche Vorstellungen, die einem zeitlichen und sozialen Wandel unterworfen sind. Die Gemeinwohldefinition kann deshalb nur im Rahmen einer pluralen Meinungsbildung zustande kommen, das heißt, alle Gruppen, alle Personen müssen ihre Vorstellungen, ihre Forderungen, ihr Wollen, ihre Absichten artikulieren können. Es müssen aber auch die Gruppen berücksichtigt werden, die ihre Vorstellungen nicht artikulieren können. Der Staat muß letztlich im Rahmen seiner Kompetenzen entscheiden, wie er das Gemeinwohl verwirklicht.

Dieser Meinungsbildungsprozeß kann nur bei realtiv guter politischer Stabilität vernünftig vonstatten gehen. Das heißt: Wir wollen kein politisches Reizklima. Wir haben den Verteilungskampf. Dieser Verteilungskampf wird und muß immer stattfinden, weil eine Gesellschaft nicht konfliktfrei leben kann; er soll jedoch stets in geordneten Bahnen ablaufen. Die Gruppen und Verbände müssen ihre spezifischen Funktionen haben und behalten. Sie sollen ihren Willen entsprechend ihren Aufgaben zum Ausdruck bringen. Diesem Auftrag widerspräche eine durchgängige Politisierung oder Demokratisierung im Sinne der Sozialisten, weil mit der totalen Politisierung der spezielle Gruppenzweck beseitigt würde.

Gemeinwohlbestimmung und Realisierung nach den Vorstellungen der Sozialisten

Die Sozialisten dagegen gehen davon aus, daß das Gemeinwohl vorgegeben ist. Sie gehen von einer utopischen Gemeinwohlvorstellung aus, die durch die Systemänderung realisiert werden soll. Das von ihnen definierte Interesse der Arbeiterklasse ist die Gemeinwohlvorstellung, auf die der Staat hinzuarbeiten hat. Das Gemeinwohl existiert à priori, ihm sind alle politischen Entscheidungen unterworfen.

Die Veränderung des politischen Systems zum Sozialismus kann nur geschehen, indem die Interessen einer einzigen Gruppe durchgesetzt werden, daher: Machtkonzentration und Verschiebung dieser Macht zugunsten der einen Gruppe durch permanente Reformen mit der Zielsetzung der Veränderung der bestehenden staatlichen und gesellschaftlichen Ordnung. Dienlich dafür ist ein entsprechendes Reizklima, eine Verschärfung des Verteilungskampfes (weil man damit dem Arbeitnehmer seine Situation bewußter machen kann), wilde Streiks, Mieterstreiks, Politisierung, Ideologisierung und Demagogisierung. Neid als politisches Reizmittel tut dabei gute Dienste. Die sogenannte psycho-soziale Vergiftung, mit der weite Kreise der Bevölkerung gegen die bestehende Ordnung aufgeputscht werden, ist ein durchaus erfolgversprechendes Mittel. Das Freund-Feind-Verhältnis zwischen politischen Parteien ist ein natürliches Ergebnis der Überlegungen, die aus dem gesellschaftlichen Bild der Sozialisten entspringen.

Die »Gemeinsamkeit der Demokraten«

Die »Gemeinsamkeit der Demokraten« existiert zwischen uns und den Sozialisten nur noch in einem Punkt: in der Ablehnung der Gewalt als Mittel der Politik. Ansonsten haben wir weder in den Grundsätzen, noch in der Zielsetzung, den politischen Reformvorstellungen und den Methoden Gemeinsamkeiten mit den Sozialisten. Nicht wir haben die Gemeinsamkeiten aufgegeben, sondern die Sozialisten.

Die Diskrepanz zwischen »alten Sozialdemokraten« und Sozialisten ist viel größer als die Differenz zwischen CDU/CSU-Anhängern und den »alten Sozialdemokraten«. Diese These wird von Sozialisten oder Sozialdemokraten oft bestritten – sie ist jedoch richtig. Die »alten Sozialdemokraten« haben ebenfalls das Menschenbild, das wir vertreten, das reale, empirische oder historische Menschenbild. Sie wollen bei der Gestaltung der konkreten Lebensverhältnisse bestimmte Alternativen durchsetzen, mehr die Arbeitnehmerseite in bestimmten Bereichen berücksichtigt sehen. Mit Systemveränderung à la Juso hat das überhaupt nichts zu tun. Deshalb stehen uns die »alten Sozialdemokraten« sehr viel näher als den Sozialisten in der eigenen Partei. Das reale, christliche oder historische Menschenbild erlaubt verschiedene Lösungsmöglichkeiten von politischen Fragen. Ein derartiges Menschenbild ist jedoch in keiner Weise vereinbar mit dem idealisierten Menschenbild der Sozialisten. Wir stehen mit den alten Sozialdemokraten auf einer breiten gemeinsamen Basis, auf der die Sozialisten keinen Platz haben, da sie auf einer völlig anderen politischen Ebene stehen.

Implikationen:
Meinungsfreiheit und Toleranz

Wir haben einen Grundstock an Werten, den man verteidigen muß. Wir haben aufgrund dieser breiten Basis an Werten und aufgrund unseres Menschenbildes im Rahmen eines sehr weiten verfassungsrechtlich vorgegebenen Entscheidungsspielraumes ein umfassendes Spektrum von Möglichkeiten und viele Alternativen für die Lösung von politischen Problemen. Wir suchen nicht politische Probleme, wir wollen erkennbare Probleme vorab bereinigen und vorhandene Probleme lösen. Unsere Aufgabe ist es, durch freie Meinungsäußerung, durch Diskussion der Probleme die nach Möglichkeit beste Lösung zu suchen und durchzusetzen, aber auch Mehrheitsbeschlüsse zu akzeptieren, wenngleich sie nicht unseren Vorstellungen entsprechen. Das heißt Diskussion über die Inhalte der Politik, das heißt Toleranz gegenüber anderen Meinungen und Mehrheitsentscheidungen.

Der Sozialist dagegen hat eine vorgegebene Zielsetzung. Für ihn handelt es sich nicht um die Wertigkeit des Zieles, sondern nur um die optimale Strategie, die zu diesem Ziel führt. Diskussionen über den Inhalt des politischen Zieles finden daher nicht statt. Toleranz gibt es nur gegenüber denen, die nach dem besten Weg der Realisierung der Zielsetzung suchen, nicht aber gegenüber anderen, die das verhindern wollen.

– Konsequenz der »Systemänderung«

Das System der Sozialisten könnte theoretisch funktionieren. Die Macht ist auf eine einzige Gruppe konzentriert, die Gruppe der Werktätigen, die als einzige Klasse im Staat besteht. Die gesellschaftliche, wirtschaftliche, politische, militärische und alle sonstige Macht liegt bei dieser Gruppe. Die Vertretung dieser Gruppe hat das Machtmonopol, sie braucht aufgrund ihrer monistischen Struktur andere Interessen nicht zu berücksichtigen.

Machtverteilung, Machtkontrolle, Machtstreuung finden nicht statt. Nach der sozialistischen Ideologie ist diese Machtverteilung dann nicht mehr notwendig, weil Macht bei der Arbeiterklasse wegen allgemeiner Freiheit, Gleichheit und Gerechtigkeit nicht zugunsten anderer ausgeübt werden kann.

Dieses System würde dann funktionieren, wenn durch die Veränderung der konkreten Verhältnisse tatsächlich das entstehen würde, was der Ideologie nach vorgegeben ist, nämlich der gute Mensch. Da aber erfahrungsgemäß nicht das Sein das Bewußtsein bestimmt und auch durch die Veränderung konkreter Verhältnisse die Menschen nicht Engel werden, ist in diesem System der totalen Machtkonzentration die Gefahr gegeben, daß dann, wenn nur ein einziger aus dem Idealbild ausbricht, er ohne Beschränkung und Kontrolle die gesamte Macht nutzen kann zum Schaden aller anderen und damit – wie in allen sozialistischen oder kommunistischen Staaten – Terror, Unterdrückung, Zwang, Ausbeutung, Unfreiheit herrschen, was die totale Entwürdigung des Menschen bedeutet.

– Dissidenten in der UdSSR

Wir wundern uns, wenn in der UdSSR Dissidenten, also Leute, die mit der Ideologie und dem System nicht übereinstimmen, in Irrenhäuser gesteckt werden. Diese Tatsache sollte eigentlich niemanden überraschen. Wenn das Sein das Bewußtsein bestimmt und per definitionem die Verhältnisse dort, also die konkreten Bedingungen des Seins, ideal, optimal sind, dann müßte auch das Bewußtsein aller Leute staatsbejahend, kommunismusbejahend, ideal und optimal sein. Derjenige, der nicht dieses Bewußtsein hat, weicht vom allgemeinen Bewußtsein, das er haben müßte, ab; er ist also »verrückt«, weil Sein und Bewußtsein sich nicht decken. Wenn aber einer »verrückt« ist, dann muß er in ein Irrenhaus. So Solschenizyn, so andere sowjetische Dissidenten. Derartige Vorgänge sind für den Sozialisten logisch und in sich schlüssig, so daß man sich darüber nicht zu wundern braucht.

– Affinitäten in der praktischen Politik

Wenn der DGB die Erschießung von fünf Terroristen in Spanien – sie hatten aus dem Hinterhalt Polizisten umgebracht – anprangert, daneben aber zu Stacheldraht, Mauer und Schießbefehlen in der DDR, zur Todesstrafe wegen Steuerhinterziehung in der UdSSR etc. schweigt, stößt dieses Verhalten seltsamerweise kaum auf Kritik. Liegt das nur daran, daß in Spanien Vertreter eines Systems gehandelt haben, das die Sozialisten ablehnen? Das System, das in der DDR und in der UdSSR herrscht, nimmt zweifelsohne viel weniger Rücksicht auf Menschenrecht und Menschenwürde. Enthält sich der DGB der Kritik an DDR und UdSSR deshalb, weil das dortige System dem Idealbild einer sozialistischen Gesellschaftsordnung viel näher steht als sogenannte »rechte Diktaturen«? Ein verblüffender Tatbestand zeigt sich dabei: Das Bewußtsein der Bevölkerung, nämlich ein derartiges Verhalten des DGB bereits als selbstverständlich hinzunehmen, weist darauf hin, daß praktisch seine sozialistisch-ideologische Fixierung als gegeben akzeptiert wird.

– Zum Solidaritätsbegriff

Die Sozialisten führen ebenso wie die SPD und die Gewerkschaften den Begriff der Solidarität sehr oft und sehr gerne im Munde. Bei uns ist er weniger gebräuchlich, allerdings um so mehr notwendig. Wenn die Sozialisten von Solidarität reden, dann meinen sei die Solidarität der sogenannten Arbeiterklasse und der sie führenden Schichten, dann meinen sie die Solidarität einer Gruppe, die automatisch ein Contra, ein Feindbild hat, nämlich alle anderen Gruppen oder die bestehende Staats- und Gesellschaftsordnung.

Wenn wir von Solidarität reden, dann meinen wir nicht nur eine Gruppe, sondern alle Gruppen im Staate. Alle Gruppen im Staate müssen Rücksicht nehmen aufeinander, insbesondere auf diejenigen, die behindert und benachteiligt sind, die der sozialen Fürsorge der Mitbürger und des Staates bedürfen. Solidarität verstehen wir nicht gruppenspezifisch, sondern gesamtgesellschaftlich. Diesen Solidaritätsbegriff sollten wir verstärkt ins Bewußtsein bringen und pflegen.

Die Notwendigkeit, politische Fragen nach unseren Grundsätzen zu behandeln

Wir haben drei *Prinzipien*, nämlich die Personalität, die Solidarität und die Subsidiarität, die grundlegend sind für unsere staatliche und gesellschaftliche Ordnung. Diese Prinzipien sollten wir verdeutlichen und konkretisieren in der aktuellen Politik.

Die Sozialisten haben drei *Denkansätze*, nämlich Kapital, Arbeit, Grund und Boden. Diese drei Denkansätze sind die Katalysatoren sozialistischen Politikverständnisses. Sie schlagen sich in konkreten Reformthesen der Sozialisten nieder, zum Beispiel Arbeit – paritätische Mitbestimmung als Einstieg zur Überparität, Kapital – Vermögensbildung à la SPD, Grund und Boden – sozialistisches Bodenrecht.

Wir müssen unsere Grundsatzbezogenheit verstärkt ins Bewußtsein bringen. Wir haben in den letzten Jahren einen politischen Fehler gemacht, nämlich uns die einzelnen Themen von der anderen Seite aufzwängen zu lassen. Wir haben diskutiert über die paritätische Mitbestimmung und versucht, irgendwelche Alternativlösungen anzubieten. Dasselbe war der Fall beim Bodenrecht. Wir haben geredet von der Vermögensbildung, die zweifelsohne ein geistiger Ansatzpunkt von uns ist, die uns die Sozialisten durch linguistische Guerillataktik aus der Hand genommen haben.

Wir haben über den Wortgebrauch und die politischen Begriffe teilweise Denkansätze der Sozialisten übernommen und dabei alternierende Entwicklungen angestrebt, uns dabei aber etwas von unseren eigenen Grundsätzen entfernt. Daher tun wir uns z. Z. etwas schwer, das eigene Koordinatensystem der politischen Wertordnung zu verdeutlichen. Statt von Personalität, von der Verantwortung des Einzelnen für sich, für seine Familie, von Familienpolitik, von der Gestaltung des eigenen Bereiches zu reden, haben wir uns andere Themen aufzwängen lassen. Statt von der Solidarität mit denjenigen, die der Hilfe der Gemeinschaft tatsächlich bedürfen, zu sprechen, haben wir im Chor mit den anderen versucht, jedes nur erdenkliche Opfer, das irgendwie Objekt staatlicher Hilfeleistung werden könnte, für uns zu konsumieren. Jetzt sehen wir die Notwendigkeit,

über die Beschränkung der Tätigkeit des Staates, über ein ver-
nünftiges Sozialstaatsverständnis zu diskutieren. Statt uns darüber Gedanken zu machen, welche Bereiche die Gesellschaft
selbst behalten könnte und welche der Staat übernehmen muß,
haben wir dazu beigetragen, jeden Menschen nach Möglichkeit
der Betreuung, Fürsorge, Obhut und damit der Macht und dem
Einfluß des Staates zu unterwerfen.

Es ist unabdingbar notwendig, die prinzipiellen politischen
Fragen zur Diskussion zu stellen. Wir wollen nicht nur 1976,
wir wollen nicht nur 1986, wir wollen auch 1996 und im Jahre
2006 in einer staatlichen und gesellschaftlichen Ordnung leben,
die in etwa der heutigen entspricht.

Wir haben eine konkrete politische Aufgabe: Wir müssen uns
der jetzigen Situation unseres Staates, unserer Gesellschaft bewußt werden. Wie weit sind wir in der politischen Praxis schon
weg von unseren tragenden Prinzipien? Wodurch ist diese Entwicklung gekommen? Was waren unsere Fehler? Was müssen
wir tun, damit wir das allgemeine Bewußtsein der Bevölkerung
wieder auf eine vernünftige politische Wertordnung hinführen
können? Jeglicher »sozialistische Spuk« erledigt sich dann automatisch.

Es geht letztlich um die Frage: Freiheit und Selbstverantwortung oder Sozialismus und Entmündigung des Bürgers. Es ist
erforderlich, die Diskussion um die politischen Grundsatzfragen
zu führen, um die Funktion und Aufgaben des Staates, die Einschränkung staatlicher Tätigkeit, um die Neuformulierung des
Sozialstaatsgedankens, um Machtkontrolle und Machtgleichge-
wicht in Staat und Gesellschaft und um die Bewahrung der
Freiheit des Bürgers.

Edmund Stoiber
Alternative oder Variante?
Anmerkungen zur politischen
Auseinandersetzung.

Wird Europa sozialistisch?

Am Ende des vergangenen Jahres lief etwas unbeachtet eine
interessante politische Statistik durch einige europäische Zeitungen. Sie schlüsselte auf, daß in den 15 europäischen Staaten, in
denen demokratisch gewählt wird, zwar in zehn die Sozialdemokraten die stärkste Partei stellen, aber die Gesamtzahl dieser europäischen Wähler mehrheitlich eindeutig zu den sogenannten konservativ-bürgerlichen Parteien tendieren. Addiert
man nämlich die bei den letzten Parlamentswahlen abgegebe-
nen Stimmen zu einem fiktiven europäischen Gesamtergebnis, so
haben die »konservativ-bürgerlichen« Parteien einen Vor-
sprung vor den Sozialdemokraten von 6Prozent! Die Entwicklung der vergangenen 40 Jahre zeigt zwar einen Aufwärtstrend
für die Sozialdemokraten an, der jedoch äußerst langsam ist. So
errechnet die Statistik für die Sozialdemokraten in den letzten
20 Jahren einen Zuwachs von 1,7 Prozent, während sie für die
sog. konservativ-bürgerlichen Parteien einen Verlust von 1,1
Prozent und interessanterweise für die kommunistischen Parteien einen Verlust von 3,1 Prozent nachweist[1].
Natürlich ist hier ein vergröberter Raster bei der politischen
Eingruppierung der Parteien angewandt. Dennoch zeigt eine
solche rechnerische Darstellung auch deutlich auf, daß der
Kampf in Europa gegen den Sozialismus bei weitem noch nicht
entschieden ist. Mit Sicherheit ist dieser Kampf nicht so aus-
sichtslos wie ihn der US-Außenminister Kissinger mit seiner
trübsinnigen Bemerkung, wonach Europa in 10 Jahren wohl
marxistisch sei, bewertet hat.
Vor entscheidender Bedeutung in dieser epochalen Auseinandersetzung ist selbstverständlich der Weg, den die Bundes-

republik geht. Das ergibt sich allein schon auf Grund ihrer politischen Bedeutung der wirtschaftlichen Stärke und der geografischen Lage! Dieser übernationale Aspekt unserer innenpolitischen Auseinandersetzung sollte viel mehr in den Vordergrund gerückt werden. Schließlich kann sich kein Land, das seine freiheitliche Verfassung ernst nimmt, auf Dauer geistigen Einflüssen entziehen. Das verhindert schon das Zeitalter der Informatik, an dessen Anfang wir erst stehen. Sicherlich hat jedes Land gerade auch im politischen Kampf seine nationalen Eigenheiten, die nicht gering geschätzt werden dürfen. Aber in jedem Land Westeuropas mit seinen pluralistischen Gesellschaftsordnungen lassen sich die politischen Gegenpole auf immer denselben Grundgegensatz zurückführen: auf der einen Seite wird der Mensch mit seinen Freiheiten und Rechten, aber auch mit seinen Schwächen und Pflichten in den Mittelpunkt des politischen Handelns gestellt, auf der anderen Seite das zum Dogma erhobene Zwangssystem des Kollektivs. Mit den Begriffen »Links«, »Rechts« oder »Mitte« läßt sich in diesem Zusammenhang zunächst nur wenig ausdrücken.

Deshalb ist es von grundlegender Bedeutung, die grundsätzlichen politischen Trends in Westeuropa mit besonderer Berücksichtigung der Bundesrepublik zu begreifen, denn nur dann werden die Ausformungen des Grundgegensatzes klar. Wenn ich dabei die Begriffe »Links« und »Rechts« verwende, so meine ich damit nicht offizielle Parteiideologien, sondern die angesprochenen politischen Trends. Der »linke Trend« ist dabei in der Ausgestaltung nicht identisch mit dem Marxismus oder Neomarxismus, aber da er objektiv die Wurzel mit ihm gemeinsam hat, führt er letztlich in der politischen Realität zu ihm und damit zum System des Kollektivs.

Die politischen Grundmuster

Die Mehrheit der Menschen erlebt die natürlichen und gesellschaftlichen Bedingungen ihres Daseins als ungerecht. Die aus der Biologie und Verhaltensforschung bekannten Grundphänomene der »Hackordnung«, der »Leistungshierarchie«, der »Rollenzuteilung« werden erlebt und von der Mehrheit als

71

bedrückend wahrgenommen. Schon die Unterschiede in Talent, Durchsetzungsvermögen und unterstützenden äußeren Bedingungen werden im Bewußtsein zwar erkannt und anerkannt, sie lösen aber zugleich die Sehnsucht nach einer Überwindung dieser erfahrenen Ungleichheit aus. Für eine Reihe von Menschen wird die täglich erfahrene illegitime »Herrschaft von Menschen über Menschen«, die Anmaßung von Amt und Macht ohne sachliche Begründung, die Überbetonung von »Rängen« gegenüber der Erwartung, menschenwürdig behandelt und geachtet zu werden, zu einem politischen Problem. Diese Gruppe hofft auf eine Befreiung des Menschen durch »linke Politik«, in deren Zielvorstellung nicht der Rang, die Funktion, das Amt, der Besitz den Menschen ausmacht, sondern der Mensch in seiner natürlichen Würde Geltung erhält. Die Überwindung struktureller Ungleichheit wird zum treibenden Motiv.

Diese Überwindung wird in der christlichen Lehre für die Zeit nach dem Tode verheißen. Mit der geistigen Säkularisierung wurde sie zu einem politischen Motiv. Im »linken« Gedankengut verbindet sich deshalb »Veränderung«, »Reform«, »Fortschritt« mit dem Urbedürfnis der Erlösung. Dieser Erlösungsgedanke kann in den verschiedensten Bereichen verfolgt werden, so z. B. im Bereich der Wissenschaft und Technik und der Psychologie (Marcuse, Mitscherlich, Horkheimer) durch Verabsolutierung des Grundsatzes »der Mensch ist das Produkt seiner Umwelt«. Selbstverständlich glaubt man an eine Erlösung durch die Änderung des Wirtschaftssystems, etwa durch ein Gemeineigentum an den Produktionsmitteln, durch die Entmachtung der Mächtigen, durch den Wohlfahrtsstaat anstelle der Leistungsgesellschaft, durch den Abbau staatlicher Autorität (Trennung von Staat und Gesellschaft), durch die Negierung historischer Werte und Erfahrungen usw.

»Rechte« Positionen stützen sich meist auf die Vorstellung, daß bestimmte Ordnungen auf Naturgesetzlichkeit beruhen und nicht aufgehoben werden können. Dazu gehört insbesondere das »Gesetz von der Ungleichheit des Menschen«. Die Geschichte bestätigt, daß dieses Gesetz nicht aufgehoben werden kann. Alle Versuche, besonders auch in jüngster Zeit, Gesellschaftsformen der Gleichheit zu etablieren, hätten in grausamen Despotismus gemündet. Die Tradition gäbe entscheidende Aufschlüsse über die Grundmuster menschlicher Gesellschaften. Die natürlichen Bedingungen für die menschliche Kreatur seien letztlich unaufhebbar. Eine »Erlösung« könne nur im metaphysischen Bereich gedacht werden, nicht aber ein »Paradies auf Erden«. Diese natürlichen Bedingungen wären u. a. Geburt und Tod, geschlechtliche Bestimmungen als Mann oder Frau, Notwendigkeit der sozialen Organisation, Rangordnungen innerhalb dieser Organisationen, das Prinzip von Wettbewerb, Kampf und Verteidigung, Auslese. Danach ist es nicht Aufgabe der Politik, die »Grundmuster« der gesellschaftlichen Organisationen zu überwinden, sondern sie so optimal zu gestalten, daß auch die Schwächeren in ihrer Würde und ihrem Lebensanspruch gesichert sind. Dabei wird aber nicht bestritten, daß es immer Stärkere und Schwächere geben wird. Aber die Tüchtigkeit der »Starken« ist auch der Vorteil des »Schwachen«.

Auch diese »rechte« Position beruft sich auf die Wissenschaften, die Verhaltensforschung, die Psychologie (C.G. Jung), die Biologie (Ardrey) etc. Sie bejaht die Notwendigkeit von Macht, von Ordnung (Der Mensch ist von Natur sündhaft), von Tabus. Die Basis dieser Position ist also u. a. eine stärkere Berufung auf naturgesetzliche Grundmuster des menschlichen Verhaltens, zu denen u. a. das Führungsprinzip, das Leistungsprinzip und die Notwendigkeiten fester Ordnungen als Grundlage der Freiheit gehören. Eine der wichtigsten Erkenntnisse ist die von der Ungleichheit der Menschen und der Verantwortung der Stärkeren für die Schwächeren.

Das Prinzip der Auslese kommt allen zugute, das Prinzip der Gleichheit drückt das Gesamtniveau. Eine Erlösung von den natürlichen Grundbedeutungen des Daseins ist nur im metaphysischen Raum denkbar.

Gefahren des »Zeitgeistes«

Schlußfolgerung aus dieser das Problem veranschaulichenden Darstellung kann sicher nicht sein, die Identität der so aufgezeigten linken Position mit der SPD und der rechten Position mit der CSU festzustellen. Dies würde zumindest der geschichtlichen Entwicklung der CSU nicht gerecht. Aber es ist nicht verkehrt, die mit »rechts« dargelegte Position dem Kern der Wertordnung, auf die die CSU aufbaut, zuzurechnen, während die mit »links« dargelegte Position ihre Wurzel im Marxismus hat, was von vielen Anhängern dieser Position gar nicht bewußt erfaßt wird.

In der gerade getroffenen Bemerkung liegt eine der Ursachen, warum die Sozialisten, die sehr wohl ihre Wurzel im Marxismus haben, in der geistigen Auseinandersetzung in den letzten Jahren an Boden gewonnen haben. Eben, weil die Unionsparteien in ihrer Gesamtheit vergessen hatten oder vergessen wollten, die Wurzel ihrer Wertordnung im Gegensatz zur Wertordnung der Sozialisten herauszustellen, zu erläutern und damit den Sozialisten die verheerende Möglichkeit boten, alle diejenigen zu sich zu ziehen, die mit den politischen und gesellschaftlichen Gegebenheiten nicht zufrieden waren, weil sie Erlösung versprechen konnten, ohne fürchten zu müssen, auf die Realitäten hingewiesen zu werden. Wenn man die Zeit der bahnbrechenden Gründung der Unionsparteien, die geistigen Kontroversen darum mit dem unbeweglichen Zustand nach Abschluß des wirtschaftlichen und sozialen Wiederaufbaues vergleicht, so ist eine geistige Trägheit der Union, auf die sich verändernde politische Situationen zu reagieren, unverkennbar. Wenn der Wert der Freiheit nur noch unter wirtschaftlichen Gesichtspunkten gesehen wird, dann liegt es auf der Hand, daß dieser Wert, nachdem der alles bewegende wirtschaftliche Wiederaufbau beendet war, als eine sich leerende Hülse angesehen wird. Die ungelösten gesellschaftspolitischen Fragen der Zukunft – stellvertretend für viele sei hier die Mitbestimmung, die Vermögensbildung oder die Raumordnung genannt –, waren politisch zum Sprengsatz für die Unionsparteien selbst geworden, obwohl sie allein es waren, die in der sozialen Marktwirtschaft den dritten Weg zwischen Kapitalismus und Sozialismus als Grundlage eines neu zu beschreitenden Weges gelegt hatten. In einem Erosionsprozeß gerieten Ordnungsprinzipien wie die Ehe, die Autorität, die Leistung, der Markt, die Familie nicht nur in ihrer Ausgestaltung, sondern in ihrer Substanz in der politischen Diskussion ins Wanken.

Begünstigt durch die geordneten wirtschaftlichen Verhältnisse und die mehr oder wenig gewollte Geschichtslosigkeit und

Identitätslosigkeit der jungen Generation mit historischen Werten, vorbereitet durch sprachliche Veränderungen, die sozialistische Wortschöpfungen als richtungsweisend, mit einzig positiven Anstrich in die Gedankenwelt selbst der Unionsparteien lenkten, begann Marx in den Köpfen vieler eine Art Heilsverkünder zu werden. Eine Entwicklung, die nach der Wahl Konrad Adenauers zum Kanzler abgewendet werden konnte, feierte mit der Wahl Willy Brandt's zum Kanzler eine erschreckende Neugeburt.

Der »Zeitgeist« und Resignation beherrschten politisch auch weite Teile der Union. Weniger die Tatsache war bedrückend, daß auch hier die paritätische Mitbestimmung oder der staatliche Anspruch auf vollständige Erziehung unserer Kinder oder das Recht auf Arbeit gegenüber dem Staat Befürworter fand, als vielmehr die Tatsache, daß nicht allseits innerhalb der Union erkannt wurde, daß nur der harte und unbeugsame Widerstand in den grundlegenden politischen Weichenstellungen – wie z. B. zu Beginn der Bundesrepublik Deutschland – das Abgleiten in den Sozialismus verhindern kann. Anpassung mit Zeitverzögerungseffekt an die von den Sozialisten vorgegebenen Maxime wäre nur dann verständlich, wenn die Union keine geistigen, sondern nur pragmatische Wurzeln besäße. Das kann jedoch ernsthaft von niemand behauptet werden. Andernfalls kann Anpassung nur Unkenntnis der Grundlagen der Union bedeuten, oder aber das Abfinden mit der Oppositionsrolle in diesem Lande. Das wäre der Verzicht, die Politik in diesem Lande gestalten zu wollen. Mehrheiten sind in der politischen Auseinandersetzung langfristig nicht durch Anpassung zu gewinnen, nicht durch irgendeine Variante des Sozialismus, sondern allein durch den Kampf für die Ziele der Union, die sichtbar und klar, für jedermann verständlich, im Gegensatz zu den langfristigen Zielen der Sozialisten stehen müssen.

Die Anpassung an einen linken Trend ist vielfältig; aber sie läßt sich immer wieder daran erkennen, ob die jeweilige politische Position im Gedankenansatz mit unseren Grundsätzen vereinbar ist oder nicht bzw. auf dem Gedankenansatz der Sozialisten beruht.

Ein Beispiel

Als Beispiel möchte ich hier stellvertretend für viele ähnliche Fälle die auch in den Unionsparteien zum Teil erhobene Forderung herausgreifen, ein Recht auf Arbeit im Grundgesetz zu verankern. Diese Forderung hat nur dann einen realen Bezug, wenn der Staat den Arbeitsplatz für jeden garantieren kann, wenn also ein Dritter dazu verpflichtet werden kann. Dies ist aber grundsätzlich in einer marktwirtschaftlichen Ordnung, in der frei vereinbarte Arbeitsverträge Grundlage eines Arbeitsverhältnisses sind, nicht möglich. Der Staat – soweit er nicht selbst Arbeitgeber ist – kann auf den Arbeitsbereich nicht den rechtlichen Einfluß haben, daß er dem Arbeitgeber vorschreiben kann, wen er anstellt. Ein so verstandenes, gesetzlich fixiertes Recht wäre systemwidrig, da es den Ordnungsprinzipien, auf die nach unserer Vorstellung eine Gesellschaft aufgebaut sein soll, widerspricht.

Natürlich hat jeder Mensch ein moralisches Recht auf Arbeit, wie er ein Recht auf Liebe oder ein »Recht auf Glück auf dieser Erde« hat. Der Staat muß die Voraussetzungen schaffen, daß der Bürger diese Ansprüche nach seiner Leistungsfähigkeit verwirklichen kann, aber der Staat kann ihm diese Ansprüche nicht realisieren. Wer mehr fordert als etwa nur dieses moralische Recht[2], aus dem durchaus staatliche Maßnahmen abgeleitet werden können, der wandelt bewußt oder unbewußt auf unseren Vorstellungen zuwiderlaufenden Ordnungsprinzipien.

In der sozialistischen Gesellschaftsordnung ist das natürlich anders. Hier ist der Staat, zumindest über seine Durchgriffsmöglichkeiten, unmittelbar oder mittelbar Arbeitgeber. Würde im marktwirtschaftlichen System für den Staat ein solcher Einfluß manifestiert werden, würde das marktwirtschaftliche System seine Eigenheit in der Substanz verlieren.

Diese Gegenüberstellung kann nicht mit dem Hinweis entkräftet werden, die Schulausbildung als Vorstufe zum Beruf würde ja auch vom Staat gewährt werden, oder etwa mit dem Hinweis auf das Schwerbeschädigtengesetz, das die Arbeitgeber unter bestimmten Voraussetzungen verpflichtet, Behinderte oder Schwerbeschädigte in bestimmter Anzahl als Personal anzustellen. Während letzteres gerade ein typischer Ausfluß des

Dritten Weges zwischen Kapitalismus und Sozialismus, nämlich der Sozialen Marktwirtschaft ist, betrifft der Hinweis auf
die öffentlichen Schulen gerade die eben genannten Voraussetzungen, die der Staat schaffen muß, damit der einzelne seine
persönlichen Lebensumstände, also auch die Erlernung eines
Berufes, seinen Bedürfnissen und Fähigkeiten entsprechend gestalten kann.

Staatlich verordnete Freiheit?

Gerade die Umwandlung privater Ansprüche in öffentliche Ansprüche ist methodisch auch ein Weg der Sozialisten, gesellschaftliche Veränderungen grundlegender Art zu erreichen.
Denn damit erhält man weiteren direkten, öffentlichen Einfluß.
Die Kehrseite eines falschen Sozialverständnisses ist doch, daß
dem Bürger zugunsten von genormten Sicherheiten die Verantwortung für seine Lebensumstände über ein vertretbares Maß
abgenommen wird und damit ein Stück persönlicher Freiheit!
Risikobereitschaft ist eine wesentliche Voraussetzung, persönliche Freiheit ausüben zu können. Zur personalen Freiheit gehört
auch die »Chance des Scheiterns«. Wer die Risikobereitschaft
gezielt abbaut – leider kommt da die menschliche Bequemlichkeit zu Hilfe –, der baut damit auch ein Stück persönlicher
Freiheit ab.

Wer, wie die SPD, davon träumt, die Staatsquote am Bruttosozialprodukt, obwohl sie heute schon 47 Prozent beträgt, den
sogenannten »Staatskorridor«, zu erweitern, will doch damit
auch die persönliche Freiheit antasten. Wenn von einer verdien-
ten DM mehr als die Hälfte über Steuern, Versicherungsbeiträ-
ge, Sozialabgaben in öffentliche Kassen fließt – darunter sind
noch gar nicht die Gebühren für die Daseinsvorsorge gezählt –,
dann ist die Folge, daß die materiellen Voraussetzungen für die
Freiheitsentfaltung eingeschränkt werden. Die Forderung nach
einem erweiterten »Staatskorridor«, wie sie der SPD-Vorsitzen-
de Brandt erhoben hat, signalisiert letzten Endes ein Mehr an
genormten Leben! Jede Aufgabenverlagerung oder -mehrung zugunsten des Staates muß unter diesem Gesichtspunkt geprüft
werden. Wer z. B. den staatlichen Ganztagskindergarten zur

Regel erheben möchte, schafft damit möglicherweise für einige bessere Chancengerechtigkeit, aber er baut die elterliche Gewalt entscheidend ab. Wer für staatliche Lehrwerkstätten als Regelausbildung eintritt, der muß in Kauf nehmen, daß der staatliche Einfluß auf die Wirtschaft größer wird. Wer letztlich unter »Solidargemeinschaft« nur noch »Staat« versteht, nähert sich dem *sozialistischen Solidaritätsbegriff.*

Grundsatzhaltung und Wahlerfolg

Die Verdeutlichung der Alternative zum Sozialismus, die Warnung vor der Variante, der Anpassung, ist am klarsten zu hören von der hessischen und der bayerischen Union. Sind vor diesem Hintergrund die letzten Landtagswahlergebnisse Zufall? Sieht man nicht nur die Ergebnisse der letzten Landtagswahlen, sondern auch die Wahlkämpfe, wo alle Einzelbereiche der Politik auf ihren grundsätzlichen Gehalt untersucht und überzeugend dargestellt wurden, sieht man die dadurch erreichte Mobilisierung der Wähler – dann spricht bei Einbeziehung der Wahlergebnisse in diesen Regionen »prima facie« alles für die klare Alternativstellung.

Damit aber keine falschen Vorstellungen entstehen, sei deutlich gemacht, daß der Gewinn der Mehrheit nicht allein das Motiv für politisches Handeln sein kann. Das überragende politische Ziel der Mehrheitsgewinnung darf nicht die eigene Wertsubstanz zerstören. Wenn Mehrheiten durch Anpassung des eigenen Standortes an den Standort des politischen Gegners gewonnen werden, dann ist politisch ja im Grunde nichts erreicht worden. Es wäre naiv zu glauben, man würde dann bei Bedarf wieder zu dem selbst verschütteten Standort zurückkehren können. Es gibt in diesem Zusammenhang ein einleuchtendes Beispiel: das der DC-Democrazia Cristiana) in Italien. Nicht die Übernahme einzelner sozialistischer Forderungen, sondern die Hinbewegung des eigenen Standpunktes auf den Standort der Sozialisten hin hat die innere Substanz dieser Partei so geschwächt, daß es fraglich erscheint, ob sie jemals wieder zu ihrem geistigen Ausgangspunkt zurückfindet. Fanfani, der Verantwortliche für diesen Weg, hat dies wohl am Ende seiner politischen Laufbahn eingesehen, aber er konnte die Erneuerung nicht mehr zum Ziel der DC erheben.

Das einzig wirklich ernstzunehmende Argument, das gegen eine feste, nicht flexible Grundhaltung spricht, ist, daß die Mehrheit der Bevölkerung diesen Standort nicht teilt, daß durch ein unerschütterliches Festhalten an Prinzipien zwar eine geistige Geschlossenheit und Disziplin erreicht wird, aber nur auf Kosten einer zahlenmäßigen Schrumpfung und damit letztlich auf Kosten der Schrumpfung der Einflußsphäre. Als Beispiel könnte man in diesem Zusammenhang die Gründung der CDU und der CSU heranziehen, wo es ja gerade gelungen ist, auf Kosten einer gewissen Öffnung des »erzkonservativen katholischen« Standortes eine Verbreiterung des politischen Spektrums zu erreichen. Wird hier aber wirklich Vergleichbares miteinander in Beziehung gesetzt? Ich glaube nicht. Natürlich führt die Verengung des politischen Standortes zu einer Geschlossenheit, allerdings auf Kosten der Breite. In einer politischen Landschaft mit vielen Parteien ist das prinzipiell für eine inhaltliche Richtung auch nicht unbedingt schädlich, weil ja eine Reihe von politischen Parteien gewissermaßen gleiche Wurzeln mit unterschiedlichen Ästen besitzen und dadurch die Koalitionsmöglichkeit besteht. In einer Parteienlandschaft mit nur zwei Parteien muß der gemeinsame Nenner der Partei wesentlich weiter gezogen sein, um ein innerparteiliches Miteinander zu ermöglichen. Eine Auflösung des Nenners zugunsten der grundsätzlich anderen politischen Richtung muß aber das Ende einer politischen Richtung sein. Es ist hier nicht zu untersuchen, ob das Parteigefüge in der Bundesrepublik Deutschland noch ausreichend ist, ob der gemeinsame Nenner in der Union auf Dauer tragfähig ist. Er muß es letztlich sein, wenn die politischen Auffassungen auf zwei Standorte, nämlich Freiheit gegen Sozialismus zusammenschmelzen.

Die Rolle des Ahlener Programms

Haben aber nicht die Unionsparteien, besonders die CDU, in Teilbereichen auch im Grundsatz einen gemeinsamen Nenner mit den Sozialisten? Ist nicht der Erosionsprozeß der Auflö-

sung des eigenen Standpunktes in den Unionsparteien von Anfang an gelegt und nur durch ein starres Festhalten wichtiger
Parteigruppierungen in der Union an der sogenannten »Rechten
Position« die Verschmelzung »Rechter« und »Linker« Positionen zu einem gemäßigten »Linken« Standort zumindest in der
gesellschaftspolitischen Programmatik widernatürlich verhindert worden? In Anbetracht des ersten Grundsatzprogrammes
der CSU von 1946, besonders aber in Anbetracht des Ahlener
Wirtschaftsprogrammes für Nordrhein-Westfalen vom 3. Februar 1947 eine berechtigte Frage. Es wird ja heute noch behauptet, die katholische Soziallehre werde nur durch das Ahlener Programm zutreffend formuliert, ja dieses Programm sei
unmittelbarer Ausfluß der katholischen Soziallehre und habe
damit auch heute noch für die Union Gültigkeit. Wenn diese
Behauptung zuträfe, müßte in der Tat die oben gestellten Fragen mit einem deutlichen Ja beantwortet werden, denn eine
fiktive Verwirklichung des Ahlener Programmes würde letztlich in die Wirklichkeit des Sozialismus führen, da die geistige
Ausgangspositionen sich zweifellos teilweise decken. Daß die
Behauptung aber nicht zutrifft, folgt schließlich aus dem Bruch,
den die CDU einleitend mit ihren Düsseldorfer Leitsätzen vom
15. Juli 1949 und den nachfolgenden Programmen, mit dem
Ahlener Programm vollzogen hat. Wer heute noch glaubt, die
Christliche Soziallehre würde durch das Ahlener Programm
besser verwirklicht werden als durch den dritten Weg, die soziale Marktwirtschaft, wie sie insbesondere im Berliner Programm[3] so treffend formuliert ist, der unterliegt einem gewaltigen Irrtum. Die Auffassung im Jahre 1947, daß durch Forderungen, wie sie im Ahlener Programm enthalten sind, die
Christliche Soziallehre ihre politische Zielsetzung und Realisierung zugleich finde, ist zu respektieren. Aber hoher Lebensstandard, eine große persönliche Freiheit, sozialer Ausgleich im vorher nicht gekanntem Ausmaß, sozialer Friede und Lebenschan-
cen sind im hohen Maße allein in der Gesellschaftsordnung,
wie sie die soziale Marktwirtschaft prägt, in der Vergangenheit
verwirklicht worden und auch in Zukunft zu verwirklichen und
nicht durch das Ahlener Programm oder auch durch das Godes-
berger Programm der SPD[4]. Der Ausgangspunkt des Ahlener
Programms ist durch die geschichtliche Entwicklung der letzten

dreißig Jahre widerlegt. Das gleiche gilt auch für das oben er-
wähnte erste Grundsatzprogramm der CSU von Eichstätt 1946.
Damals noch galt ein modifizierter Morgenthau-Plan, damals
gab es noch keinen Marshall-Plan, damals existierte noch kein
organisch zusammengeschlossener Westen; damals bestand eine
zerbombte Industrielandschaft und damals bestand eine starke
Abhängigkeit gegenüber der Besatzungsmacht England, wo gerade die Labour Party die Wahlen gewonnen hatte. Vor diesem
Hintergrund bleibt das Ahlener Programm verständlich. Aber
wenn wir dieses Programm aus seiner Entstehungsgeschichte
verstehen können, heißt das nicht, daß wir es für unsere Politik
von heute übernehmen wollen und können. Im Grunde ist diese
geschichtliche Auseinandersetzung in der Union durch Konrad
Adenauer gegen J. Kaiser u. K. Arnold, die aus bestimmten
Gründen ein neutrales Deutschland mit weitgehenden Soziali-
sierungstendenzen wollten, entschieden worden[5]. Wer sich heute noch materiell auf die zentralen Aussagen des Ahlener Programms stützen möchte, der negiert nicht nur Geschichte, sondern der bewegt sich auf einer geistigen Grundhaltung, auf
einem Standort, der faktisch in den Sozialismus durch Anpassung mündet.

Grundkonsens und parteipolitische Strategie

Es muß abschließend nochmals festgehalten werden, daß die
Taktik, die politische Strategie zur Mehrheitsgewinnung nicht
den Standort bestimmen darf, sondern sich dies umgekehrt darstellen muß. Nur dann kann ein Abgleiten in die Anpassung an
fremde Grundlagen vermieden werden. Die nur tagespolitisch
motivierte Entscheidung, die durchaus im bestimmten Umfang
ihre Berechtigung besitzt, darf nie das Ziel an sich sein, denn sie
kann die Verdeutlichung der grundsätzlich widersprechenden
politischen Auffassungen in der Bundesrepublik nicht immer
bewirken. Franz-Josef Strauß ist – wohl unbestritten von
Freund und Feind – ein personifiziertes Beispiel, wie stark eine
Persönlichkeit sein muß, grundlagenverändernden Zeitströmen
zu widerstehen. Nur der Erfolg hat ihm – spätestens nach
einer Wahl – immer wieder recht gegeben.

Deshalb darf auch die wirtschaftliche Talfahrt oder der wirtschaftliche Anstieg nicht Ursache sein, den Standort entscheidend zu verändern, sondern allenfalls Ursache, Schwerpunkte verändert herauszustellen. Rückt z. B. die Union in Zeiten wirtschaftlichen Niedergangs weitere soziale Leistungen der Allgemeinheit fördernd in den Vordergrund, würde sie zwar dem Auftrag gerecht, ein Mehr an sozialem Ausgleich zu schaffen, nicht aber dem wichtigeren Auftrag, das Erreichte für den sozialen Frieden zu sichern. Es ist ein in der Vergangenheit deutlich bewiesenes Merkmal sozialistischer Politik, sich bei Forderungen niemals um die Haushaltslage, um die finanzielle Machbarkeit zu kümmern. Sozialisten kümmern sich nur um die politische Durchsetzbarkeit. Wir stellen uns, gleichgültig ob bewußt oder unbewußt, auf die gleiche Stufe, wenn wir Forderungen zur Verbesserung der sozialen Marktwirtschaft erheben und deren Realisierung vorgaukeln, obwohl wir wissen, daß sie auf unabsehbare Zeit nicht einlösbar sind.

Deshalb ist es innerhalb der Union notwendiger denn je, die Grundsatzdiskussion nie abreißen zu lassen, da nur auf diese Weise ein klares Standortbewußtsein weiter zu entwickeln ist. Wenn in einer parlamentarischen Demokratie ein Grundkonsens über die zentralen politischen Fragen auch in den verschiedenen Parteien unstreitig vorhanden ist, wie das nach Godesberg auf seiten der SPD zumindest verbal einige Jahre in der Bundesrepublik der Fall war, ist ein ausgeprägtes Grundlagenbewußtsein, nicht von entscheidender Bedeutung. In einer politischen Landschaft jedoch, in der der Grundkonsens sehr in Frage gestellt ist, weil eine starke Parteiengruppierung die bestehende Gesellschaftsordnung versteckt und offen zu einer sozialistischen verändern möchte, tut Grundsatzhaltung, Kontrastkurs not. Nichts ist fataler, als die in vielen Details lauernde und schleichende Anpassung, die über eine sozialistische Variante zuerst zögernd, dann aber umso schneller zum Sozialismus in unserem Lande führt! Dies muß die Union klar vor Augen haben. Dafür will die CSU sorgen.

Anmerkungen

1 Vgl. »Die Welt« 29. 12. 1975 Nr. 301 S. 4
2 Vgl. z. B. das Grundsatzprogramm der CSU vom 13./14. Dez. 1968 — Arbeit, Wirtschaft, Finanzen —
3 Vgl. Abschnitt III des »Berliner Programms, 2. Fassung«, das auf dem 18. CDU-Bundesparteitag vom 25. bis 27. Januar 1971 in Düsseldorf verabschiedet wurde
4 Prof. Dr. Karl Steinbuch »Von der Ideologie zur Wirklichkeit«. Grundsatzreferat auf dem Parteitag der CSU am 12./13. September 1975. Zitiert aus: »Arbeit für Deutschland« Dokumentation zum Parteitag, Seite 81
5 Prof. Dr. Hans Maier zum 100. Geburtstag Konrad Adenauers im »Münchner Merkur« vom 3./4. Januar 1976, S. 3

Kurt Faltlhauser
Entstaatlichung.
Eine Grundsatzfrage verlangt
politische Entscheidungen.

Der Begriff »Entstaatlichung« ist in den letzten zwei Jahren zu einem politischen Schlagwort mit dem typischen Merkmal neuer Schlagworte geworden: Füllhorn zu sein für alle möglichen Inhalte und Erwartungen, dienstbar zu sein für die unterschiedlichsten Ziele.

Der schillernde Charakter, die ungenaue Definition, die mangelnde Abgrenzbarkeit eines solchen Wortes mag Wissenschaftler irritieren – für eine politische Partei ist dies nicht notwendigerweise Ärgernis, sondern Chance. Die Chance nämlich, dem zunächst ungenauen, indifferenten, politisch keiner Seite zurechenbaren Begriff die eigenen Inhalte, Grenzen und Assoziationen einzufüllen. Die Sozialdemokraten haben diese Art von Begriffsstrategie wiederholt mit Erfolg vorexerziert. Beispiele: »Lebensqualität«, »Friedenssicherung«. Der Begriff »Entstaatlichung« ist seinerseits in ganz besonderer Weise geeignet, als verbaler Sammelplatz zu dienen für eine Vielzahl zentraler Sachaussagen und Zielvorhaben aus dem Programm und der praktischen Politik der Unionsparteien. Es gibt gegenwärtig wenig politische Begriffe, in denen sich die Alternative der Union zu den Sozialisten deutlicher bündeln ließe, als in dem Wort »Entstaatlichung«.

Warum Entstaatlichung?

»Entstaatlichung« ist nicht gleichbedeutend mit »Reprivatisierung«. Die vordergründige Frage, ob die Müllabfuhr von einem privaten Unternehmer billiger oder besser bewerkstelligt werden kann als vom städtischen Werkreferat, ist es beileibe nicht wert, in den Mittelpunkt politischer Auseinandersetzungen gerückt zu werden. Das Wort Entstaatlichung zielt vielmehr über die Orientierung an Wirtschaftlichkeits- und Sparsamkeitsmaßstäben hinaus auf die Bestimmung des Verhältnisses des einzelnen Menschen und von gesellschaftlichen Gruppen zum Staat.

Was bewegt, was besorgt die Union, wenn sie in der politischen Auseinandersetzung heute von »Entstaatlichung« spricht?

a) Es ist zunächst das sich wandelnde Verständnis der *Menschen* unseres Landes von ihren Rechten, ihren Pflichten, ihren Gestaltungsmöglichkeiten und ihrer Eigenverantwortung in der Gesellschaft, die uns besorgt, wenn wir von »Entstaatlichung« sprechen. Bewegend an der Frage der Entstaatlichung ist für uns nicht der Preisvergleich einer Tonnenleerung, sondern der Preis, den der einzelne an mehr Reglementierung, mehr verordneter Vorsorge, mehr Abhängigkeit durch zunehmende staatliche Organisationsgewalt bezahlen muß. Die Menschen wollen heute mehr staatliche Leistung in allen Bereichen ihrer Existenz. Durch eilfertige Bereitstellung und Einklagbarkeit dieser Leistungen wird jedoch zunehmend Spontaneität, Leistungswille, Selbstverantwortung, Risikofreudigkeit und Anerkennung persönlicher Schuld beim Bürger zurückgedrängt.

b) Weiter gilt unsere Sorge der *Wirtschaftsordnung.* Das Wechselspiel von Anspruch und Anspruchserfüllung hat den Staatsanteil am Bruttosozialprodukt beängstigend ausgeweitet. Während im Zeitraum von 1965 bis 1970 dieser Anteil praktisch konstant war, erhöhte er sich von 1970 bis 1975 von 37,5 Prozent auf 47 Prozent.
1879 hat Adolph Wagner das »Gesetz der wachsenden Ausdehnung der öffentlichen, insbesondere der Staatstätigkeit« formuliert. Die Entwicklung des Staatsanteils in den letzten 100 Jahren zeigt jedoch, daß die Ausdehnung des Staatsanteils nicht notwendigerweise automatisch erfolgt, sondern immer das Ergebnis politischer Entscheidungen ist. Wenn nun der Staatsanteil gerade in der Zeit der Sozialliberalen Koalition in besonders starkem Maße gestiegen ist, so ist das das Ergebnis von politischen Entscheidungen, die eine Veränderung unserer Wirtschaftsordnung »auf leisen Sohlen« zum

Ziel haben. »Hier geht eine absolute und relative, auf das Volumen der Gesamtwirtschaft bezogene Zunahme der wirtschaftlichen Tätigkeit von Staat und Gemeinden vor sich, und zwar als ein allmählicher Prozeß, den der Zeitgenosse im allgemeinen nicht alltäglich verspürt, obgleich er sich Tag für Tag vollzieht[1].«

c) Unsere Sorge gilt darüber hinaus dem *Gestaltungsspielraum für politische Änderungen*. Gelegentlich wird darauf hingewiesen, daß sich Entstaatlichungsbemühungen »nicht lohnen«, da die haushaltsmäßigen Entlastungen durch Privatisierungen, wenn überhaupt, kaum ins Gewicht fallen könnten.

Sicherlich: kurzfristig ist die Entstaatlichung kein Wundermittel öffentlicher Haushalte. Hier müssen wir jedoch langfristiger denken. Unsere Sorge git der langfristigen Beweglichkeit der Haushalte. Bei statischer (nicht dynamischer) Betrachtungsweise der Haushalte bleibt den Parlamenten nur noch ein echter Gestaltungsspielraum von etwa fünf Prozent. Unter der Annahme, daß die Nettoneuverschuldung in den nächsten Jahren ähnliche Größenordnungen aufweist wie 1975 und 1976, dürfte z. B. in Bayern dieser Restspielraum im Jahre 1980 bereits durch den Schuldendienst aufgesaugt sein.

Unser Hauptaugenmerk muß also auf die Beweglichkeit der Haushalte gerichtet sein. Politische Priorität werden in Zukunft nicht einzelne Reformen, sondern die Erhaltung der Reformfähigkeit haben müssen. Da bürokratische Problemlösungen Haushaltsmittel in der Regel langfristig binden, irreversible Fixkosten schaffen und organisatorische Neuordnungen behindern ist das Ziel der Erhaltung der Reformfähigkeit gleichbedeutend mit der Abwehr der Zunahme von Bürokratien.

d) Nicht zuletzt ist das Wort Entstaatlichung für uns Stichwort für die Sorge um die Zukunft unserer *politischen Ordnung*. Eine Fülle von Fragen stellt sich:
Tritt bei zunehmender Bürokratisierung die Frage nach der Legitimation der Lenker dieser Bürokratien nicht zunehmend in den Hintergrund? Sind bürokratisierte Herrschaftssyste-

me nicht zunehmend austauschbar? Heißt Zunahme an Staat und Bürokratie nicht notwendigerweise Abnahme an Partizipationsmöglichkeiten des Bürgers? Heißt Ausdehnung der Bürokratie nicht Einengung des Spielraumes für Änderung und Anpassung an sich wandelnde Verhältnisse? Wird durch immer mehr und immer größere Bürokratie nicht die Transparenz staatlichen Handelns für den Bürger verwischt? Wird darüber hinaus die Kontrollierbarkeit dieser Bürokratien durch die Bürgervertreter in den Parlamenten zunehmend unmöglich gemacht? Und: Ist immer mehr Staat nicht das Ergebnis eines einseitig orientierten demokratischen Wettbewerbes?

Diese Fragen werden hier nicht eingehend beantwortet werden können. Aber sie machen deutlich, um was es geht, wenn von »Entstaatlichung« die Rede ist. Entstaatlichung umfaßt die Regeln, Prinzipien und Proportionen, nach denen die einzelnen Teile der Gesamtmechanik unserer Staatsordnung an der Gestaltung unserer politischen Wirklichkeit teilhaben.

Wir fassen unter dem Begriff Entstaatlichung deshalb vor allem vier Teilbereiche zusammen:

a) Die Privatisierung staatlicher Einrichtungen insbesondere dort, wo der Staat Produkte und Dienstleistung anbietet, die von der privaten Wirtschaft ebenso angeboten werden oder angeboten werden können.

b) Die Anwendung marktwirtschaftlicher Organisationsprinzipien, soweit dies im Bereich des Staates möglich und nützlich ist.

c) Den Abbau engmaschiger Reglementierungen des Bürgers durch Gesetze und andere Normierungen.

d) Die Zurückführung des Sozialstaats-Gedankens von wohlfahrtsstaatlichen Utopien auf die Prinzipien des Grundgesetzes.

Im folgenden sollen diese vier Bereiche genauer erläutert werden.

Privatisierung

Gegen überproportionaler Expansion der öffentlichen Wirtschaft gibt es grundsätzlich vier Möglichkeiten des politischen Reagierens:

- Man kann das Wachstum der öffentlichen Wirtschaft als gesellschafts- und wirtschaftsordnungspolitisch erwünscht akzeptieren und darüber hinaus diese Entwicklung politisch fördern. Dies ist die Politik der SPD.
- Zweitens ist es möglich, neue Ansprüche abzuwehren und bestehende Leistungen (output) abzubauen. Diese Konsequenz ist im Rahmen des demokratischen Wettbewerbs gegenwärtig die wohl politisch am schwersten durchzusetzende. Die kurzsichtige Finanzpolitik von SPD und FDP in Bonn wird jedoch auch diese Konsequenz bald erzwingen.
- Die dritte Möglichkeit ist die Erstellung der öffentlichen Leistung zu geringeren Kosten, d. h.: Rationalisierung.
- Die vierte Möglichkeit ist die Übertragung von bisher von der öffentlichen Hand wahrgenommen und finanzierten Aufgaben auf private Institutionen.

Realistische Ansatzpunkte für die Union sind nur die Rationalisierung und die Privatisierung. Allerdings ist Privatisierung ebenso wenig ein Ersatz für Rationalisierung wie Rationalisierung kein Ersatz für Privatisierung ist.

Denn wesentliches Element privatwirtschaftlicher Organisation ist der automatische Rationalisierungsdruck durch Wettbewerb. Bester Maßstab für den Erfolg von Rationalisierung ist der Markterfolg. Der administrierte Rationalisierungsdruck in den Verwaltungen kann sich nicht des Marktrisikos bedienen. Es kann deshalb von der Annahme ausgegangen werden, daß Rationalisierung bei privatwirtschaftlicher Organisation erfolgreicher und schneller erfolgen kann, als bei bürokratischer Organisation.

Die Möglichkeit der Reprivatisierung staatlicher Einrichtungen dort, wo der Staat Produkte und Dienstleistungen anbietet, die von der privaten Wirtschaft ebenso angeboten werden oder angeboten werden können, leigen zweifellos vornehmlich im kommunalen Bereich. Besonders plastische Beispiele sind inzwischen landläufig: Der Nahverkehr durch Linien-Taxis (Stuttgart-Degerloch); der private Stadtomnibus-Verkehr (Delmenhorst); die private Müllabfuhr (Neuß als Beispiel für mehr als 50 Prozent aller Kommunen); der private Schlachthof (Köln). Zu diesen Beispielen können und werden in nächster Zukunft eine Fülle weiterer treten. Die Pflege städtischer Grünanlagen wird an private Träger ebenso übertragen werden, wie das Waschen von Dienstkleidung und von Vorhängen aus Beamtenstuben. Gebäudereinigungen werden ebenso wie Friedhofsverwaltungen, Begräbnisanstalten und Markthallen privatwirtschaftlich organisiert werden. Die Details mögen insbesondere unter Kommunalpolitikern noch kontrovers diskutiert werden. Im Prinzip besteht jedoch bei jenen, die die marktwirtschaftliche Ordnung bejahen, zunehmend Einigkeit in der Forderung nach mehr Privatisierung[2]. Besonders bedeutsames Zeichen hierfür war das Gutachten vom Juli 1975 des wissenschaftlichen Beirates beim Bundesminister der Finanzen, der in der Privatisierung eine realistische Möglichkeit sah, die staatlichen Ausgabenexplosionen zu bremsen und zwar »ohne Aufgabe oder Einschränkung der mit den öffentlichen Ausgaben angestrebten Ziele«.

Grenzen der Privatisierung

Der Versuch, für Privatisierungen gültige Kriterien zu finden, ist bisher noch nicht gelungen. Üblicherweise werden zwei Grenzen für »wuchernde Privatisierungsideen« genannt: Zum einen sollen hoheitliche Aufgaben nicht in private Hände gelegt werden können; zum anderen soll dort, wo es den »Grundbedarf des Bürgers« zu decken gilt, keine Privatisierung vorgenommen werden können.

So einleuchtend diese Abgrenzungen zunächst sein mögen, so sehr sind sie in jedem Fall praktikabel.

So hat das Deutsche Recht den »beliehenen Unternehmer« herausgebildet, über den sehr wohl hoheitliche Aufgaben erledigt werden. Der Notar nimmt Amtsgeschäfte wahr, der Schornsteinfeger erledigt Aufgaben des Brand- und Umweltschutzes, dem Technischen Überwachungsverein sind bedeutsame Aufgaben im Bereich der Verkehrssicherheit übertragen. Die Aussage, daß privatwirtschaftliche Organisationen nur außerhalb hoheitlicher Aufgaben möglich sind, kann angesichts dieser Beispiele nur bei grober Betrachtungsweise gelten.

Ähnlich unscharf ist die Abgrenzung, Privatisierung dürfe dort nicht greifen, wo die lebensnotwendige Grundversorgung der Bevölkerung betroffen ist. Der Bund der Steuerzahler weist mit Recht darauf hin, daß auch das Brötchenbacken zur Grundversorgung der Bevölkerung gehört und stellt ironisch die Frage, ob deshalb alle Bäcker Beamte werden sollten[3].

In den nächsten Jahren sollten deshalb alle Bereiche der staatlichen Leistungsverwaltung auf die Möglichkeit der (Re-) Privatisierung ernsthaft – ernsthafter als bisher – untersucht werden.

Die Bayerische Gemeindeordnung hat hierzu in Art. 75 Abs. 1 die richtigen Leitlinien vorgegeben:

»Die Gemeinde darf wirtschaftliche Unternehmen nur errichten, übernehmen oder erweitern, wenn ... der Zweck nicht ebensogut und wirtschaftlich durch einen anderen erfüllt wird oder erfüllt werden kann.« Und Absatz 2 verdeutlicht: »Gemeindliche Unternehmen dürfen keine wesentliche Schädigung und keine Aufsaugung selbständiger Betriebe in Landwirtschaft, Handel, Gewerbe und Industrie bewirken.«

Wirtschaftlichkeit und Privatisierung

In entsprechende Untersuchungen müssen sowohl die rentablen als auch die »unrentablen Verwaltungsbereiche einbezogen werden. Denn wie sehr Rentabilität ein Ergebnis des Zufalls sein kann, zeigen z. B. die ungeheuren Kostenunterschiede von kommunalen Dienstleistungseinrichtungen mit gleichem quantitativen und qualitativen Aufgabenvolumen auf.

Auch dort, wo politische Vorgaben verbieten, eine Leistung zu kostendeckenden Preisen anzubieten, muß deshalb nicht sofort diese Leistung vom Staat selbst angeboten werden. Der Staat könnte auch dem privaten Leistungsträger direkte staatliche Zuweisungen gewähren. Als Äquivalent hierfür müßte sich der private Träger staatlicher Aufsicht im Rahmen vorgegebener Maßstäbe unterwerfen.

Privatisierung ist nicht primär an der Frage des finanziellen Erfolgs zu messen. Dieser finanzielle Erfolg ist den Zufälligkeiten guter oder schlechter Organisation, guter oder schlechter Lage am Absatzmarkt und der jeweiligen Kostensituation unterworfen. Wenn wir die Frage der Aufteilung zwischen privatem und staatlichem Sektor anhand von Wirtschaftlichkeitserwägungen beantworten, werden wir die Tendenz des wachsenden Staatsanteils eher vergrößern. Dieses Kriterium kann ein Einfallstor zur Zerstörung unserer marktwirtschaftlichen Ordnung sein. Wie ungeeignet das Wirtschaftlichkeitskriterium zur Abgrenzung für staatliche und private Aufgabenerledigung ist, kann eine kleine Episode illustrieren:

Im Rahmen von Gesprächen mit der Bayerischen Staatsregierung über einen Antrag zur Reprivatisierung staatlicher Drucktätigkeit wies ein hoher Ministerialbeamter zunächst darauf hin, daß seiner Auffassung nach die staatlichen Druckereien billiger und schneller (im übrigen auch besser!) drucken würden. Gleichzeitig deutete er auf Art. 7 der Bayerischen Haushaltsordnung mit dem Hinweis, der Rechnungshof würde eine Verteuerung der Drucksachen durch Vergabe an Private rügen.

Der Beamte vergaß dabei jedoch, daß der Bayerische Staat ohnehin nur etwa 10 bis 15 Prozent seiner gesamten Druckaufträge in eigener Regie erledigt. Die Konsequenz der Überlegungen des Beamten wäre die, daß der Staat alle Drucksachen ausschließlich in seinem Bereich erstellen müßte, um einer Rechnungshofrüge zu entgehen. Zu dieser von keiner Seite gewünschten Konsequenz führt das ausschließlich angewandte Kriterium der Wirtschaftlichkeit.

Gerade im Bereich der Privatisierung sind vonseiten der Verwaltung starke Widerstände zu erwarten. Die bisherige Erfahrung, auch mit der Verwaltung des Freistaates Bayern, hat dies bestätigt. Es ist nur zu verständlich, daß die Verwaltung einmal gewonnene Aufgaben nicht mehr abgeben will. Politische Aufgabe wird es sein, einerseits der Verwaltung klarzumachen, daß Bestrebungen der Privatisierung nicht ein Angriff auf die Existenz von Beamten ist und auch nicht den Vorwurf von Inkompetenz und Faulheit beinhaltet. Es muß vielmehr deutlich werden, daß es bei der Privatisierung nicht um die Personen der Beamten, sondern um Organisationsprinzipien und darüber hinaus um ordnungspolitische Grundsatzfragen geht. Beamte sind ebenso fleißig oder faul, ebenso kompetent oder inkompetent, wie die Menschen in der »freien Wirtschaft«. »Die Menschen müssen wir hinnehmen; die Institutionen sind es, die wir gestalten können[4].«

Marktwirtschaftliche Organisationsprinzipien

Wolfram Engels betont, daß Entstaatlichung vorrangig heißt: Anwendung privatwirtschaftlicher Organisationsprinzipien. Tatsächlich gibt es auf diesem Gebiet einen viel breiteren Gestaltungsraum als etwa bei der Privatisierung. Die Anwendung von privatwirtschaftlichen Organisationsprinzipien im staatlichen Bereich zielt insbesondere auf drei Teilbereiche:

- Die Schaffung von mehr marktgleichen oder marktähnlichen Vorgängen im staatlichen Bereich;
- die Dezentralisierung und die Zurechenbarkeit der Verantwortung;
- die Finanzierung der Leistungen der öffentlichen Hand durch die jeweiligen Nutznießer (Äquivalenzprinzip).

- Marktmechanismen:

Erst vor kurzer Zeit stellte der Münchner Verkehrsverbund (MVV) fest, daß die Auslastung der Züge zu bestimmten Zeiten einer rentablen Betriebsgestaltung in besonderer Weise entgegensteht. Die Schlußfolgerung des MVV: Die Zugfolge wurde vermindert, das Leistungsangebot für die Kunden verringert.

Der MVV ist zwar formal privatwirtschaftlich organisiert, hat sich jedoch in seiner Unternehmenspraxis nur schrittweise (etwa in der Form seiner Werbung) den Maximen privatwirtschaftlicher Unternehmenspolitik genähert. Sonst hätte er überlegen müssen, sein Leistungsangebot in dem kritischen Bereich durch eine Erhöhung der Zugfolge zu verbessern. Wenn nämlich das Produkt eines privatwirtschaftlichen Unternehmens heute rückgängige Markterfolge aufzuweisen hat, wird das Unternehmen versuchen, das Produkt entweder zu verbilligen oder seine Qualität zu erhöhen. Die öffentliche Hand tut in der Regel das Gegenteil. Besonders »vorbildlich« ist hierbei die Post: sie verringert ständig ihr Leistungsangebot und verteuert gleichzeitig den Rest ihrer Leistungen. Das Ganze läuft dann regelmäßig unter dem Stichwort »Rationalisierung«.

Mehr Markt im Bereich der öffentlichen Dienstleistungen würde auch dadurch hergestellt, daß man die Dienstleistung indirekt über die Nutznießer finanziert. Engels gibt z. B. zu erwägen, den Studenten einen geldwerten Anrechtsschein für Universitäten in die Hand zu drücken, um auf diese Weise die Universitäten zu motivieren, mehr Studenten zu wünschen, anstatt wie heute den Erfolg in der Reduzierung der Studentenzahl zu sehen. Auch die Wiedereinführung des an der Hörerzahl orientierten Hörergeldes wäre ein Stück Markt, das mithelfen könnte, den numerus clausus abzubauen!

– Dezentralisation und Zurechenbarkeit der Verantwortung:

In der freien Wirtschaft sind in den letzten 15 Jahren starke Bestrebungen der Dezentralisation der Aufgabenerledigung, der Entscheidung und der Verantwortung festzustellen. Man geht dort von der Erkenntnis aus, daß Dezentralisation ein entscheidender Hebel für die Motivation aller am Arbeitsprozeß Beteiligten ist.

Ganz im Gegensatz zur freien Wirtschaft wird im staatlichen Bereich der Zentralisierungsprozeß fast unvermindert fortgesetzt. Bemerkenswerte Ausnahme in diesem Bereich ist zwar die Funktionalreform in Bayern, durch die eine Fülle von Aufgaben der öffentlichen Hand weiter nach unten verlagert werden. Paradoxerweise hat sich trotz der Zunahme der Aufgaben der öffentlichen Hand eine verstärkte Zentralisierung der Entscheidungsgewalt ergeben. Das Ergebnis: Steigende Personalkosten, wachsende Immobilität, zeitliche Verzögerung und größere Bürgerdistanz.

Die Verwaltungen scheinen nach wie vor in der Zentralisierung ein Wundermittel für Rationalisierungseffekte zu sehen. Beispiele: Als selbstverständlich wird angenommen, daß die Zentralisation der EDV Rationalisierungseffekte bringt – obwohl nicht wenige Fachleute das Gegenteil sagen. Mit Überzeugung wird behauptet, daß die Zusammenlegung von Finanzämtern Rationalisierungseffekte erbringt. Dabei wird nicht berücksichtigt, daß Rationalisierung bedeutet: Verbesserung der Input-Output-Relationen. Der Output – das ist das, was beim Bürger »ankommt«. Beim Beispiel des Finanzamtes haben diese Rationalisierungsmaßnahmen den Output mit Sicherheit verschlechtert: das neue Finanzamt ist schlechter erreichbar, bürgerferner, beim Bürger kommt also weniger Dienstleistung an.

Deshalb ist es unsere Aufgabe, Dezentralisation als marktwirtschaftliches Prinzip im staatlichen Bereich durchzusetzen: regionale Dezentralisation; Dezentralisation der Entscheidungsgewalt und Dezentralisation der Verantwortung.

– Finanzierung durch Nutznießer:

Staatliche Leistungen werden in der Regel nicht über die Preise, sondern zumindest teilweise über Steuern, nicht kostendeckende Gebühren oder durch Verschuldung finanziert. Dadurch ist immer schwerer ein Zusammenhang zwischen Leistung und Gegenleistung herzustellen. Diese Relation wird in der Regel anonym bleiben müssen. Es gibt aber eine Vielzahl von staatlichen Leistungsangeboten, in denen die Leistungen des Staates klar zurechenbar und dementsprechend punktuell zahlbar sind. Dies gilt für das Schwimmbad ebenso wie für die Oper, für die U-Bahn ebenso wie für die Straßenbenutzung durch Kraftfahrzeuge.

Bei den öffentlichen Betrieben und Anstalten soll grundsätzlich eine Vollkostendeckung einschließlich der Abschreibung und Kapitalverzinsung angestrebt werden. Dies ist in der Tendenz erreichbar durch eine weitgehende Durchsetzung des Äquivalenzprinzipes. Die Aufgabe der sozialen Umverteilung ist nicht durch Null-Tarife zu bewältigen, sondern durch direkte Transferzahlungen.

In den letzten Jahren ist der Staat verstärkt dazu übergegangen, die Unternehmen zur Internalisierung von deren externen Kosten – insbesondere im Umweltschutzbereich – zu zwingen. Konsequenterweise sollte der Staat diesen Weg beim einzelnen Bürger fortsetzen, wo es unter Beachtung sozialer Grundsätze vertretbar ist.

Abbau von Reglementierungen

Unsere Maßstäbe für den Nachweis politischen Erfolges sind schief. Wir messen ihn an der Elle verausgabter Steuergelder und an der Zahl der Gesetze und Verordnungen. Sicherlich: unser Rechtsstaat erzwingt immer neue allgemein gültige Normierungen. Müssen aber wir Politiker jeden bei uns angemahnten Mißstand, jede Ungerechtigkeit, jeden ungeregelten Freiraum gleich in den verallgemeinernden und dadurch notwendigerweise vergröbernden Raster von Paragraphen gießen? Wir sehen uns folgendem permanenten Kreislauf gegenüber: Bürgeranspruch – Anspruchsformulierung durch Politiker – Wettbewerb der Politiker um das Anspruchsniveau – Gewährung der Ansprüche durch staatliche Institutionen – dadurch Anreiz für neue Ansprüche beim Bürger. Diesen Kreislauf mag man Fortschritt in einer dynamischen Gesellschaft nennen. Der Kreislauf zeugt jedoch zunehmend Garantien, Zusagen und Leistungen des Staates, die dieser schon bald nicht mehr zu erfüllen in der Lage ist.

Gerade auf diesen verhängnisvollen Kreislauf, auf den Wettbewerb der politischen Parteien und Mandatsträger hat Franz Josef Strauß in Sonthofen mit einer seiner Kernthesen gezielt. Die unheilvolle Kette von neuen und immer weiteren Ansprüchen der Bürger, der den mehrheitssuchenden Wettlauf der Politiker um die Anspruchserfüllung auslöst, kann in unserer Zeit nur dadurch wirksam unterbrochen werden, wenn den Bürgern das Ausmaß der finanziellen und strukturellen Krise, die dadurch ausgelöst ist, noch deutlicher vor Augen geführt wird. Franz Josef Strauß hat in Sonthofen also gewissermaßen »Entstaatlichung« durch mehr Bescheidenheit, Realität, Reduzierung des Anspruchsniveaus und »Privatisierung« der Leistung und des Risikos gefordert.

Das Bestreben, alles durch Gesetze, Satzungen und Verordnungen zu regeln, scheint mir ein wichtiges Indiz für zunehmende Flucht aus der Verantwortung bei Politikern, bei Beamten und bei den Bürgern zu sein: Politiker sehen durch die Normierung ihre Verantwortung abgehakt, indem sie den gedruckten Beweis vorlegen können, daß »etwas geschieht«, daß man »tätig geworden« ist. Die Staatsdiener werden durch verallgemeinernde Normen der Notwendigkeit enthoben, im Einzelfall die Last der Entscheidungen zu tragen und zu verantworten. Schließlich ist für den einzelnen Bürger die permanente Forderung nach der allgemein gültigen Regelung in jedem Detailbereich Spiegelbild zunehmender persönlicher Verunsicherung, Zeichen abnehmender Risikobereitschaft und verkümmernden persönlichen Gestaltungswillens.

Der Bürger ärgert sich zwar im Einzelfall über die kleinlichen Reglementierungen, die ihm das Alltagsleben einengen (z. B. Redeverbot in Taxis). Die gleichen Bürger fordern jedoch selbst bei jedem Mißstand den Staat auf, »Abhilfe zu schaffen« durch Normierung. Dies führt dann zu beklagenswerten Ergebnissen, wie sie zum Beispiel bei der Verrechtlichung des Schulbetriebs zu beobachten sind.

Bürger, Beamte und Politiker haben über die Lösung eines Einzelproblems hinaus zu wenig die immer verwirrender werdende Verflechtung von Gesetzen und Verordnungen vor Augen. Das Ergebnis dieser mangelnden Übersicht ist ein Anwachsen der Gesetzesproduktion, die mit einem quantitativen Vergleich zu veranschaulichen ist: 1950 füllten die Bundesgesetzte »nur« 1100 Seiten des Bundesgesetzblattes, 1974 waren es schon 3000 Seiten! Das Bundessteuerblatt weist für den Zeitraum 1969 bis 1973 die stolze Zahl von 116 neuen Steuergesetzen mit insgesamt 1519 Paragraphen aus. Hinzu kommen im gleichen Zeitraum 139 Verordnungen, 232 Richtlinien und Grundlagen-Erlasse sowie 4290 Seiten mit Urteilen des Bundesfinanzhofes[5].

Die Schlußfolgerung aus dieser Misere zieht besonders klar die Junge Union Oberbayern in ihrem Beschluß zur »Entsozialisierung« vom November 1975:

»Dieser Teufelskreis kann nur vom Parlament unterbrochen werden. Deshalb sind folgende Forderungen zu erheben:
- Bei jeder neuen gesetzlichen Regelung muß die tatsächliche Notwendigkeit der Regelung überprüft werden.
- In jedem Gesetz muß die Zahl der Ermächtigungen zum Verordnungserlaß auf das absolut notwendige Minimum beschränkt werden. Bestehende gesetzliche Regelungen sind unter diesem Aspekt zu überprüfen.
- Änderungen von gesetzlichen Regelungen sind unter Berei-

nigung aller bestehenden Vorschriften durchzuführen. Das Parlament ist nicht nur das Gesetzgebungs-, sondern muß auch ein Gesetzbeseitigungs-Organ sein, wenn die Gesetze nicht mehr erforderlich sind.« – Dem ist nichts hinzuzufügen.

Korrektur des Sozialstaatsverständnisses

Ein System sozialer Sicherungen und Förderungen, die nach dem Gießkannenprinzip konstruiert sind, haben in den letzten Jahren die Anzeichen dafür verstärkt, daß unser Sozialstaatsprinzip zunehmend von wohlfahrtsstaatlichem Denken überlagert wird, in welchem Initiative, Selbstverantwortung, Leistungsbereitschaft und Risikofreudigkeit verloren gehen. Die garantierte Vorsorge durch öffentlich-wirtschaftliche Einrichtungen hat die Bereitschaft zu freiwilligem, nicht erwerbswirtschaftlichem Engagement unserer Bürger für den Nächsten verkümmern lassen. Die nachbarschaftliche Hilfe, die Solidarität in überschaubaren Gemeinschaften und die Problembewältigung im eigenen Familienverband – dies alles ist verkümmert unter dem immer wieder verkündeten Hinweis auf den Anspruch des Einzelnen gegenüber dem Staat auf Sicherung und Fürsorge. Gemeinwirtschaftliche Gesinnung ist wohlfahrtsstaatlicher Erwartungshaltung gewichen. An die Stelle eigener Vorsorge tritt staatliche Versorgung. Behördenbescheide ersetzen persönliche Entscheidungen. Eigenes Handeln wird unterlassen in Erwartung von Behandlung.

Deshalb ist es notwendig, wieder zurückzufinden zur »Hilfe zur Selbsthilfe«. Bei den Versicherungen muß es das Ziel sein, die Versichertengemeinschaft mit dem gesamten Risiko zu belasten. Offene oder versteckte Zuweisungen der öffentlichen Hand aus Scheu vor Beitragserhebungen sind grundsätzlich nicht zu rechtfertigen. Das Bewußtsein der Versicherten, daß sie auch für überflüssige und unnötige Leistungen durch höhere Beiträge aufkommen müssen, muß gestärkt werden.

So problematisch der Gedanke der Selbstbeteiligung im Gesundheitsbereich ist – nur durch diesen vernünftig ausgestalteten Gedanken ist die weitere Inflationierung der Arztkosten und der Krankenhauskosten zu vermeiden. Franz Heubl betonte schon in seiner Haushaltsrede 1975: »In dem Maß, in dem der Volkswohlstand zunimmt, wird die Frage der Selbstbeteiligung im weitesten Sinne neu diskutiert werden müssen. Die kostenlose Leistungsgewährung hat bisher ihren guten Sinn, nämlich den, sozialen und psychologischen Sperren der verschiedendsten Art entgegenzuwirken. Wenn aber Bildung oder Heilbehandlung zum selbstverständlichen Lebensstandard gehören, sind Anreize dieser Art nicht mehr notwendig. Wenn der Sozialetat praktisch nicht mehr erhöht werden kann, so bleibt nur die Wahl, entweder das Ende der Sozialpolitik unter Zementierung aller chronistischen Besitzstände und aller vorhandenen und neuer entstehenden Ungerechtigkeiten hinzunehmen oder über die bestehende Art der Umverteilung kritisch nachzudenken[6].«

Das weitgehend ausgeprägte Anspruchsdenken gegenüber dem Staat ist ein beängstigendes Indiz dafür, daß wir auf dem besten Weg sind, den »betreuten Bürger« zu schaffen. Den Bürger, dem man mit der Eigenverantwortung für seine Lebensrisiken auch einen Gutteil des Gestaltungswillens für Bereiche abgenommen hat, die über den Gartenzaun seiner persönlichen Behaglichkeit hinausgehen. Der »betreute Mensch« wird vielleicht noch zum Nörgeln fähig sein, nicht mehr aber zur Selbstbeteiligung im weitesten Sinne und zur freiwilligen Mitverantwortung. Der Weg zur Selbstverwirklichung des Einzelnen wird durch das Abstumpfen des Selbstgestaltungswillens schwieriger und steiniger.

Der Bürger, der in all seinen Lebensbereichen durch Gesetze, Verordnungen, Verwaltungsakte reglementiert und eingeengt ist, der sich einer undurchsichtigen und für ihn nicht mehr verstehbaren bürokratischen Maschinerie gegenübersieht und der schließlich durch kollektive Sicherungssysteme vor allen denkbaren Risiken bewahrt wird – der ist ein Untertan ganz neuer Art. Untertan nicht durch die Gewalt der Unterjochung, sondern durch die Fesselung allseitiger Abhängigkeiten, durch die Einschläferung normierter Betreuung.

Der betreute Untertan mag notwendige Gestaltungsmasse für eine Gesellschaft sein, in der Bedürfnisse, Aktionsspielraum und Zukunftsperspektiven geplant und zentral vorgegeben sind. Diese von den Kommunisten praktizierte und von den

Sozialisten angestrebte Gesellschaftsform ist aber nicht die Gesellschaft der Union.

SPD schafft mehr Staat

Die Suche nach den Grenzen der Kompetenz des Staates, die Kritik an wuchernder Bürokratie ist nicht neu. Auch die Frage nach der richtigen Aufgabenverteilung zwischen Staat und Privatsektor ist bei dynamischem Verständnis der Marktwirtschaft in den vergangenen Jahrzehnten immer wieder neu gestellt worden. Die politische Aktualität dieser Frage ist jedoch auch durch die Tatsache gegeben, daß die SPD über eine konsequente Ausweitung des Staatsanteils am Bruttosozialprodukt unser Wirtschaftssystem Schritt für Schritt zu transformieren trachtet.

Die SPD liefert sowohl durch die Praxis ihrer Politik als auch durch ihre Programmatik den Beweis, daß sie mehr Staat will und mehr Staat verwirklicht.

Die SPD hat in ihrem »Orientierungsrahmen '85« unter dem Kapitel: »Die Rolle des Staates« einen bemerkenswerten Abschnitt aufgenommen: »Ohne gesellschaftliche Strukturreformen, die die Fähigkeiten und Bereitschaft der Gesellschaft zur Selbstregulierung und zur Selbsthilfe nutzen und stärken, droht uns eine Entwicklung, in der wachsende, lähmende soziale Konflikte nur durch den Staat reguliert werden können, der zur Durchsetzung seiner Ziele eines wachsenden Apparates bedarf. Einem zunehmenden Versorgungsdenken und abnehmender Fähigkeit zu solidarischer Selbsthilfe stünde eine abnehmende Leistungsfähigkeit des Staatsapparates gegenüber.«

Dies ist ein Bekenntnis, das isoliert betrachtet Zustimmung herausfordert. Aber diese Sätze stehen sowohl im Widerspruch zu anderen Aussagen des »Orientierungsrahmens« als auch im Widerspruch zur praktischen Politik der SPD. Im Orientierungsrahmen fordert die SPD nämlich an vielen Stellen mehr Instrumentarien, mehr Gestaltungsmöglichkeiten des Staates. Das Mannheimer Papier stellt den Mangel an »Möglichkeiten der politischen Steuerung« fest, will die staatlichen »Handlungskapazitäten« durch »politische Aufklärungsarbeit und strukturelle Reformen« erweitern, fordert mehr Planung, Plankontrolle und Ausbau staatlicher Institutionen zur Lenkung. Scheinbar gegen mehr Bürokratie, gibt die SPD im nächsten Atemzug den Startschuß für neue Aufgabenausweitungen der öffentlichen Hand.

Dem entspricht die praktische Politik der Sozialdemokraten auf allen Ebenen. Beispiel auf der kommunalen Ebene: Die SPD vermittelt mit Steuergeldern trotz höchst geringem Erfolg Wohnungen und will durch diese Einrichtung einen ganzen Berufsstand ausrotten. Beispiel auf Landesebene: Die SPD will lieber staatliche Kindergärten als die der freien Träger. Beispiel auf Bundesebene: Die SPD will die Berufsausbildung voll verstaatlichen, damit Deutschland ordentliche Meister bekommt.

Die Jungsozialisten geben zu dieser politischen Praxis an vielen Stellen ihrer programmatischen Aussagen den theoretischen Rahmen. So forderte die Bundeskonferenz der Jusos 1975: »Das sog. Subsidiaritätsprinzip, d. h. der Vorrang der Tätigkeit privater gemeinnütziger Organisationen (sog. freie Träger) gegenüber dem Einsatz staatlicher Mittel muß aufgehoben werden zugunsten einer staatlichen Planungsverantwortung.«

Die Sozialdemokraten gehen, getreu ihren sozialistischen Vorbildern, von einer Vorstellung vom Menschen aus, der, mangelhaft informiert, sich seiner wahren Bedürfnisse, seines richtigen Weges in eine glorreiche Zukunft nicht bewußt ist und deshalb der Aufklärung und Betreuung bedarf. SPD-Arbeitsverteilung deshalb in der Praxis: die Aufklärung besorgt die Partei, die Betreuung der Staat. Die konservativ-liberalen Kaschierungen des »Orientierungsrahmen '85« können nicht darüber hinwegtäuschen, daß die SPD eine Ausweitung staatlicher Tätigkeit nicht nur duldet, sondern bewußt fördert zur schrittweisen Transformation unserer Wirtschaftsordnung.

Die Grundsätze der Union

Die Union will einen starken Staat.

»Da für die CSU die Möglichkeit der individuellen Selbstentfaltung des Bürgers und die Gültigkeit der Grundrechte unantastbar sind, weiß sie, daß ein schwacher Staat das Gegenteil eines liberalen Staates ist. Nur ein starker Staat, rechtsstaatlichen Prinzipien verpflichtet und mit Autorität ausgestattet, besitzt die notwendige Handlungsfähigkeit und Kraft, die Freiheit des einzelnen Bürgers zu sichern und für soziale Gerechtigkeit zu sorgen[7].«

Aber: ein starker Staat ist kein allzuständiger Staat. Die aktiv ordnende (und nicht lediglich nachtwächterhaft schützende) Funktion des Staates wird nicht durch einen Bauchladen von Dienstleistungsaufgaben gestärkt. Das Gegenteil ist der Fall: die vermeintliche Allzuständigkeit des Staates schwächt die Ordnungsfunktionen des Staates durch finanziellen Aderlaß, durch Zuständigkeitsüberlagerungen und durch Vernebelung der Prioritäten. Der Staat muß sich entschlacken, Gestaltungsspielraum an den Einzelnen und an gesellschaftliche Gruppen zurückgeben, um selbst an Gestaltungskraft zurückzugewinnen. Hierzu muß der Maßstab der Subsidiarität wieder verstärkt zur Aufgabenverteilung angewandt werden. Das neue CSU-Grundsatzprogramm sagt hierzu: »Das Prinzip der Subsidiarität hat die Aufgabe, zwischen den Ansprüchen und Interessen des Einzelnen und denen der Gesellschaft zu vermitteln. In der Wertung der CSU sind deshalb Sinn und Ziel der staatlichen Daseinsvorsorge nicht das immer weitere Auswuchern anonymer bürokratischer Apparaturen, sondern die Hilfe zur Selbsthilfe und die ständige Erweiterung des Spielraumes selbstverantwortlicher Alternativentscheidungen«.

Wesentliches Mittel, dieses Prinzip der Subsidiarität in unserem Land wieder durchgehend erkennbar zu machen, ist die Entstaatlichung. Der Grundsatz ist klar. Er verlangt jetzt politische Entscheidungen.

Anmerkungen

1 Karl Oettle, wachsende Ansprüche an die Aufgabenerfüllung von Staat und Gemeinden in: Der langfristige Kredit, November 1972
2 Im Prinzip bejaht sogar der Deutsche Städtetag die Privatisierung in seinem Gutachten, das im April 1976 vorgestellt wurde.
3 Entstaatlichung, Broschüre herausgegeben vom Bund der Steuerzahler, November 1975
4 Wolfram Engels, Was soll und kann der Staat noch leisten? Reden, Thesen und Ergebnisse auf den 5. Bad Kreuznacher Gesprächen 1975, S. 90
5 Vergl. hierzu Willi Haubrichs, in: Was soll und kann der Staat noch leisten? a.a.O., S. 106
6 Franz Heubl, Haushaltsreden 1975/76, gehalten am 19. März 1975
7 CSU-Grundsatzprogramm 1976

Politik
für Bayern

Gustl Lang

Freistaat oder Verwaltungsprovinz.
Ist der Föderalismus am Ende?

Ist der Föderalismus wirklich am Ende? Ist dem so selbstbewußt und anspruchsvoll sich gebärdenden bayerischen Löwen
unter dem weitausholenden Flügelschlag des so habgierig sich
plusternden Bundesadlers die Kraft zu respektheischendem
Brüllen abhanden gekommen? Ist das Wappentier des »Freistaates« Bayern gar nur ein Gummitier?

Dies ist doch wohl der Kern der Frage, zu deren Beantwortung ich aufgefordert bin. Und die mit dieser Aufforderung
zwangsläufig einhergehenden Notwendigkeit, über die Dinge
längere Zeit nachzudenken, den Entwicklungen auf den Grund
zu gehen und eine Analyse der tatsächlichen Gegebenheiten zu
versuchen, führen zu dem Ergebnis: von der Eigenstaatlichkeit
der Länder bzw. deren Parlamente ist von dem, was einstens
in gutem Glauben niedergeschrieben worden ist, in der Tat nicht
mehr viel übrig geblieben. Relativ leicht ist es noch, sich im
Nachhinein die Sünden einzugestehen, die zur Aushöhlung des
Förderalismus ursprünglicher Prägung beigetragen haben. Weit
schwieriger gestaltet sich das Unterfangen, Mittel und Wege zu
beschreiben, wie der wünschenswerte Zustand wieder herzustellen ist. Die Gefahr liegt nahe, hier der Resignation anheimzu-
fallen. Wer will schon eine Revolution unter dem Anspruch auf
Wiedereinsetzung des »Freistaates Bayern« in seine ange-
stammten Rechte riskieren?

»Kooperativer Föderalismus« heißt die Losung, unter der die
Anbeter eines bundesdeutschen Zentralismus angetreten sind.
Diese Zauberformel soll verdecken, daß sich bei der Aufgaben-
teilung zwischen Bund und Ländern und in den Bundesländern
die Entscheidungsebenen gravierend verlagert haben; zuungunsten der Länder und innerhalb der Länder zuungunsten deren
Parlamente. Die Staatsregierungen treffen heute ohne Rücksicht

auf die Volksvertretungen wichtige Absprachen mit der Bundesregierung und den übrigen Ländern, sie beschicken Planungsgremien diverser Art und Bedeutung.

Immerhin existieren bereits mehr als 200 Bund-Länder-Gremien, die in Form von Ausschüssen, Arbeitsgemeinschaften, Arbeitskreisen, Kommissionen – oder wie immer sie genannt werden mögen – alle möglichen Zuständigkeitsbereiche koordinieren: sie können sich beispielsweise mit allen Gesetz- und Verordnungsentwürfen der Bundesministerien befassen, die Belange der Länder berühren, Modellgesetzentwürfe für Bund und Länder diskutieren. Es sind Institutionen unter ihnen, die im politischen Alltag einen nachhaltigen Einfluß gewonnen haben, ohne daß sie sich politisch zu verantworten haben (vgl. Wissenschaftsrat, Bildungsrat, Rat der Wirtschaftssachverständigen usw.).

Den Parlamenten, namentlich den Länderparlamenten, in einem weit geringeren Umfang auch den Bundestag, sind durch diese Entwicklung die Ein- und Mitwirkungsmöglichkeiten zunehmend verloren gegangen. Schon wird davon gesprochen, daß die Länderparlamente »weitgehend zu Statisten degradiert« werden, nachdem der Planungsprozeß weniger von den Parlamenten als von den Exekutiven der Länder vorgenommen wird.

Wenn wir dies nicht wollen, dann dürfen wir nicht länger schweigen und untätig bleiben, dann müssen wir den Kurs korrigieren. Wenn wir nicht wollen, daß unser Land die eigene Staatlichkeit verliert und zu einer gleichgeschalteten Verwaltungsprovinz degradiert wird, dann dürfen wir die Kompetenzverluste der Länderparlamente nicht resignierend hinnehmen. Mit der Macht der Länderparlamente steht und fällt der Förderalismus. Wenn wir den Kurs nicht korrigieren, wird den Länderparlamenten im Gesetzgebungsbereich und im Bereich des Haushaltsrechts jede Eigeninitiative auf länger Sicht total eingeschnürt. Die Macht verlagert sich dann immer mehr auf die Exekutive, die über den »Kooperativen Föderalismus« – gewollt oder ungewollt – den Weg dafür bereitet, daß die Länder zu reinen Verwaltungsprovinzen herabsinken.

Kurskorrektur – das bedeutet in erster Linie Auftrag an uns. Wir müssen den richtigen Standort bestimmen und für das gesetzte Ziel den richtigen Weg suchen.

Kurskorrektur – das bedeutet aber auch Mut zur harten Kompromißlosigkeit auch dann, wenn einmal behauptet wird, dies gehe zu Lasten der anstehenden Sachprobleme.

Wer diesen Weg nicht gehen kann, schreitet den Weg der Selbstaufgabe fort, den Weg von der Eigenstaatlichkeit zur Verwaltungsprovinz.

Die Einschränkung der Länderkompetenzen

Die unbestreitbaren zentralisierenden Tendenzen des Bundes in der Entwicklung der bundesstaatlichen Struktur wird unter anderem an folgenden Beispielen deutlich:

– Kompetenzverlagerung

In erster Linie ist in diesem Zusammenhang der Gesichtspunkt der Kompetenzverlagerung zu nennen. So haben etwa von den über 30 Änderungen des Grundgesetzes die meisten dem Bund neue Kompetenzen für die Gesetzgebung auf politisch bedeutsamen Gebieten gebracht. Vor allem in den letzten Jahren waren sie eine wesentliche Ursache für die Verschiebung der Balance zuungunsten der Gliedstaaten. Der Bund hat seine konkurrierende Gesetzgebungszuständigkeit auf die Gebiete der Besoldung und Versorgung im öffentlichen Dienst, der Luftreinhaltung, der Lärmbekämpfung, der wirtschaftlichen Sicherung der Krankenhausversorgung, der Ausbildungsförderung und des Waffenrechts – um nur einen Teil zu nennen – erstrecken können. Im Zusammenhang mit dem Stabilitätsgesetz wurde der Grundsatz der Unabhängigkeit der Haushaltswirtschaften von Bund und Ländern eingeschränkt. Der Bund kann über konjunkturelle Maßnahmen erheblichen Einfluß auf die Gestaltung der Länderhaushalte nehmen. Am gravierendsten für das Gleichgewicht zwischen Bund und Ländern wirkte sich jedoch die Zweite Finanzreform im Jahre 1969 aus, die mit den Gemeinwirtschaftsaufgaben dem Bund einen erheblichen Machtzuwachs brachte.

Entsprechend wurde der politische Aktionsradius der Länder,

insbesondere der Länderparlamente, beschnitten. Diese Änderungen haben zu einer Verschiebung der Gewichte geführt. An die Stelle der eigenständigen Landesgesetzgebung ist zum großen Teil die Regelung durch Verordnung auf Grund bundesgesetzlicher Ermächtigung getreten. Ferner ist eine Verlagerung des politischen Einflusses auf die Landesregierungen auch dadurch eingetreten, daß der Bundesrat seine Zustimmung zu diesen Grundgesetzänderungen weitgehend davon abhängig gemacht hat, daß die Inanspruchnahme dieser neuen Kompetenzen nur durch Zustimmungsgesetze möglich ist.

Über die Abstimmung im Bundesrat ist zwar zunächst der Einfluß der Landesregierungen gestiegen, nicht aber der der Länderparlamente. Diese haben verfassungsrechtlich keine Möglichkeit, das Regierungsvotum festzulegen.

– Erosion der Länderkompetenzen

Neben diesen ausdrücklich vorgesehenen und überschaubaren neuen Befugnissen im Bereich der Gesetzgebung hat der Bund im Lauf der Jahre auch eine Vielzahl subtilerer Möglichkeiten zur Einflußnahme auf die Länder und zur Beschneidung der eigenverantwortlichen Entscheidung ihrer Parlamente gefunden.

Diskussionen des Bundestages über Fragen, die in die ausschließliche Gesetzgebungszuständigkeit der Länder fallen, wie die großen Anfragen zur Studienreform, zur Wissenschaftsförderung und Wissenschaftsplanung, die Sicherheitsdebatte und die Sportdebatte formen die öffentliche Meinung in bestimmter Richtung und schaffen Sachzwänge für die Länder.

Auch Sachverständigengremien, die von Bund und Ländern auf Bundesebene eingesetzt werden und nicht der parlamentarischen Kontrolle unterliegen, wie Wissenschaftsrat, Bildungsrat, Konjunkturrat und Sachverständigenrat zur Begutachtung der gesamtwirtschaftlichen Lage wirken zentralisierend. Sie haben maßgeblichen Einfluß auf die öffentliche Meinung und auf diesem Weg auf die politische Entscheidung in den Ländern, ohne daß sie dafür politische Verantwortung tragen.

Schließlich fördert auch die Entwicklung der Europäischen Gemeinschaft die Machtverschiebung im Bund-Länder-Verhältnis. Nach der jetzigen Struktur der Gemeinschaft sind die Länder in ihr nicht vertreten. Auf Gebieten, die innerstaatlich ihrer ausschließlichen Gesetzgebungshoheit unterliegen, haben sie allenfalls begrenzte Mitspracherechte.

Die »Erosion der Länderkompetenzen« wird schließlich auch durch eine extensive Auslegung der in den Kompetenznormen verwendeten Begriffe und durch eine Expansion der von ihnen erfaßten Lebensbereiche begünstigt. Dies gilt vor allem hinsichtlich des sozialstaatlichen Bereichs, der sich immer mehr ausdehnt und in dem mit Rücksicht auf den Gerechtigkeitsgedanken immer mehr einheitliche Regelungen, also Bundesgesetze gefordert werden. In diesen Zusammenhang gehört auch das Phänomen der »Bündelung« von Kompetenzen- z. B. beim Umweltschutz – um eine Materie zu regeln, die im Grundgesetz nicht bei den Bundeskompetenzen erwähnt wird und an die der Grundgesetzgeber nicht dachte. Schließlich darf hier noch auf die beliebte Übung des Bundes hingewiesen werden, von den sogenannten »ungeschriebenen Zuständigkeiten« – z. B. »Natur der Sache« – ausgiebigen Gebrauch zu machen.

– Mitarbeit der Länder bei der Gesetzgebung

Die weitaus überwiegende Zahl der Entwürfe zu Bundesgesetzen stammt heute von der Bundesregierung, die den Apparat ihrer großen Ministerien zur Verfügung hat, um entsprechende Vorarbeiten durchführen zu können. Zwar wirken bei diesen Vorarbeiten im Vorfeld des Gesetzgebungsverfahrens die einzelnen Länder bereits maßgeblich mit. Die meisten Gesetze werden von den Ländern ausgeführt. Nicht zuletzt deshalb verfügen auch die Länder über viel umfangreichere praktische Erfahrungen auf den einzelnen Sachgebieten als der Bund. Daneben verfügen sie aber auch über eine Fülle hervorragender Sachkenner, die eine Vielzahl wertvollster Beiträge für das Gesetzgebungsverfahren des Bundes, angefangen bei der Erarbeitung der Grundkonzeptionen bis zur abschließenden rechtssystematischen und rechtstechnischen Ausgestaltung der Entwürfe, leisten.

So wichtig und wirksam diese Mitarbeit der Länder im Vorfeld der Bundesgesetzgebung für die Verwirklichung ihrer politischen Rolle ist, sie leidet doch an der Schwäche, daß der Bund in diesem Stadium noch nicht verpflichtet ist, die Länder zu beteiligen. Der Bund kann die Länder anhören, muß es aber nicht und er kann die Vorschläge der Länder übergehen. Wenn man, wie so oft, allzuviel allzuschnell erreichen will – oder muß –, bleibt für eine gründliche Beteiligung der Länder im Vorfeld der Gesetzgebung kaum Zeit. Oft sind auch die von der Bundesregierung gesetzten Fristen für eine Äußerung derart knapp bemessen, daß man sich des Eindrucks kaum erwehren kann, diese »Beteiligung« solle lediglich eine gewisse Alibifunktion haben. Eine Mitwirkung der Länderparlamente ist nahezu völlig ausgeschlossen.

Die Aufgaben des Bundesrats

Angesichts dieser Möglichkeiten für den Bund bleibt ausschlaggebend für die Möglichkeiten der Länder, ihre politischen Vorstellungen in das Gesetzgebungsverfahren hineinzutragen und sie notfalls durchzusetzen, die Frage, ob es sich bei dem konkreten Gesetzgebungsverfahren um ein sogenanntes »Einspruchsgesetz« oder um ein »Zustimmungsgesetz« handelt. Denn davon hängt es ab, ob der Bundesrat ein vom Bundestag beschlossenes Gesetz an seinem Votum endgültig scheitern lassen kann. Die Machtstellung des Bundesrats und damit die politische Einflußmöglichkeit der Länder beruht also auf dem im Grundgesetz unterschiedlich angelegten Grad der Mitwirkung. Zustimmungsbedürftig sind nur die Gesetze, bei denen dies das Grundgesetz ausdrücklich vorsieht. Die einschlägigen Bestimmungen des Grundgesetzes machen überdies deutlich, daß alle diejenigen Gesetze der Zustimmung des Bundesrats bedürfen, die den Bestand und den Aufgabenbereich der Länder berühren. Diese Zustimmungserfordernisse bieten damit einen Schutzwall für die Eigenstaatlichkeit der Länder und gegen die Zentralisierungstendenzen, die den vom Grundgesetz gewollten ausgewogenen politischen Einfluß der Länder auch auf Bundesebene bedrohen. Der Bundesrat hat sich daher immer bemüht, über das Zustimmungserfordernis die im Grundgesetz vorgesehenen Einflußmöglichkeiten der Länder zu erhalten, um wenigstens damit der unbestreitbaren Ausdehnung des Bundeseinflusses ein gewisses Gewicht entgegensetzen zu können. Als der Bundesrat nach seiner Konstituierung seine Mitwirkung am Gesetzgebungsprozeß aufnahm, wurden etwa 10 Prozent aller vom Bundestag verabschiedeten Gesetzesbeschlüsse für zustimmungsbedürftig angesehen. Bis zu der bekannten, die Zustimmungsbedürftigkeit einschränkenden Entscheidung des Bundesverfassungsgerichts vom 25. Juni 1974 in dem Normenkontrollverfahren über das Vierte Rentenversicherungs-Änderungsgesetz (BVerfGE 37, 363ff.) war die Zahl der als zustimmungsbedürftig behandelten Gesetzentwürfe und -beschlüsse auf etwa 60 Prozent gestiegen. Diese Entwicklung beruhte allerdings auf einer etwas unbefriedigenden Rechtslage:

Ein Gesetz, das den Ländern Ausgaben in Milliardenhöhe auferlegt, bedarf nicht schon deswegen der Zustimmung des Bundesrats, wohl aber eines, das in das Verwaltungsverfahren eingreift, und sei es nur dadurch, daß es ein bestimmtes Formular vorschreibt. In der Gesetzgebungspraxis der Bundesrepublik hat gerade dieser Fall eines Eingriffs des Bundes in die Einrichtung der Landesbehörden oder in das von diesen angewandte Verfahren zahlenmäßig eine außerordentliche Bedeutung erlangt. Während das Grundgesetz den Grundsatz aufstellt, daß die Länder die Einrichtung ihrer Behörden und das Verwaltungsverfahren bei der Ausführung von Bundesgesetze selbst regeln, haben Bundesregierung und Bundestag die Regel fast zur Ausnahme gemacht. Aus diesem Grunde ist der Anteil der zustimmungsbedürftigen Gesetze teilweise bis auf 60 Prozent angestiegen. Bundesregierung und Bundestag haben damit – vielleicht ungewollt – den Bundesrat und damit auch die Einflußmöglichkeiten der Länder in einem nicht vorher bestimmen Maß aufgewertet.

Allerdings ist auch insofern der Einfluß der Länder über den Bundesrat nicht ungefährdet. Aus dem Grundgesetz kann kein Gebot an den Bundesgesetzgeber abgeleitet werden, materielle Vorschriften, die der Zustimmung nicht bedürfen, mit den zu ihrer Durchführung notwendig oder zweckmäßig erachteten zustimmungsbedürftigen formellen Vorschriften zusammenzufassen. Ob insoweit der Dispositionsbefugnis des Bundestages verfassungsrechtliche Grenzen gezogen sind, wie der Bundesrat meint, hat das Bundesverfassungsgericht in BVerfGE 24, 199ff.

dahingestellt sein lassen. Regierung und Bundestag haben es damit weitgehend in der Hand, ob sie einen Gesetzentwurf zustimmungsbedürftig machen wollen oder nicht. Der Einfluß der Länder über den Bundesrat ist also – überspitzt ausgedrückt – im Einzelfall nur so stark, wie der Bund es zuläßt.

Kooperativer Förderalismus

Eine Zauberformel, die erstmals mit dem 1966 vorgelegten Gutachten der sogenannten Troeger-Kommission für die Finanzreform in die deutsche Rechtssprache trat und mit der versucht wurde, ein neues Bild des Föderalismus zu zeichnen, ist der Begriff des »kooperativen Föderalismus«, der ein Prinzip der Koordination und des Zusammenwirkens von Bund, Ländern und Gemeinden bedeutet, wo die Sachaufgaben eine abgestimmte Zusammenarbeit aller Ebenen erfordern.

Die Frage ist nur, inwieweit Koordination und Kompromißbereitschaft mit dem Bund Instrumente zur Stärkung des Föderalismus sind und wann sie sich gegen die Eigenstaatlichkeit der Länder kehren oder sogar Art. 79 Abs. 3 des Grundgesetzes verletzen. Die Grenzen liegen, vereinfachend gesprochen, dort, wo der Aufbau in Bund und Ländern aufgeweicht und die parlamentarische Verantwortung des einzelnen Landes aufgehoben würde. Nach welchen Kriterien die Trennlinie zwischen zulässig und unzulässig zu ziehen ist, ist in der Wissenschaft allerdings noch umstritten. Das anläßlich der großen Finanzreform in das Grundgesetz eingefügte Institut der Gemeinschaftsaufgaben dürfte die Grenze, in der Kooperation den Förderalismus stärkt, bereits überschritten haben.

Nach Art. 91 a des Grundgesetzes wirkt der Bund auf den Gebieten des Aus- und Neubaus von Hochschulen, wie der Verbesserung der regionalen Wirtschaftsstruktur, der Agrarstruktur und des Küstenschutzes bei der Erfüllung der Aufgaben der Länder mit, wenn diese für die Gesamtheit bedeutsam sind und die Mitwirkung des Bundes zur Verbesserung der Lebensverhältnisse erforderlich ist. Der Bund trägt die Hälfte bzw. bei der Verbesserung der Agrarstruktur und des Küstenschutzes mindestens die Hälfte der Kosten. Bei der Planung dieser gemeinschaftlich finanzierten Aufgaben wirkt der Bund mit und beansprucht in den Planungsausschüssen die Hälfte der Stimmen.

Das Institut der Gemeinschaftsaufgaben wurde als verfassungsrechtliche Institutionalisierung des kooperativen Föderalismus teilweise stürmisch begrüßt. Man hat jedoch in der Zwischenzeit erkannt, daß die Gemeinschaftsaufgaben nichts anderes sind als eine Sanktionierung und rechtliche Ordnung des bis dahin in einer grauen Zone des Verfassungsrechts wuchernden Dotationssystems des Bundes. Mit ihrer unzureichenden Finanzausstattung waren die Länder in den Fünfziger Jahren bald auf die Zuwendungen des Bundes angewiesen. Dieser gewährte den Ländern zu einzelnen Aufgaben Dotationen, verbunden mit Auflagen, in welcher Höhe Komplementärleistungen zu erbringen waren, um in den Genuß der Bundesmittel zu kommen. Damit wurde in die Finanzverantwortung der Länder eingegriffen. Da es gegenüber der Öffentlichkeit kaum zu verantworten war, Mittel des Bundes unbeansprucht zu lassen, beeinträchtigte dieses System auch die Freiheit der Länder, in ihrem Aufgabenbereich Prioritäten nach eigener Entscheidung zu setzen. Die Mängel des Instituts der Gemeinschaftsaufgabe entsprechen denen des Dotationssystems.

Es führt über eine Mischfinanzierung zu einer Mischverwaltung und Mischverantwortung[1]. Es trägt zur ständigen Expansion öffentlicher Aufgaben bei und erfordert darüber hinaus einen großen schwerfälligen Verwaltungsapparat, der die Planungen durchführt. Ähnliche Vorwürfe sind auch gegenüber der Investitionshilfekompetenz des Bundes in Art. 104 a Abs. 4 des Grundgesetzes zu erheben. Die Länder haben deshalb in der Enquêtekommission zur Verfassungsreform bereits 1971 die Beseitigung der Gemeinschaftsaufgaben gefordert.

Der Weg in die Verwaltungsprovinz

Wie sehr wir auf dem besten Wege sind, Verwaltungsprovinz zu werden, zeigen folgende weitere Beispiele:

Bei dem von der Bundesregierung eingebrachten Energieeinsparungsgesetz will der Bund auch die bisher in der Landesbauordnung enthaltenen und sich bestens bewährten Regelung über den Mindestwärmeschutz bei Bauwerken bundeseinheitlich festlegen. Damit laufen die landesrechtlichen Regelungen der Bayer. Bauordnung leer. In Bayern wurden zum Beispiel sofort nach der Energiekrise die bestehenden Vorschriften über den Wärmeschutz bei Bauwerken der neuen Situation angepaßt.

Beim *Sprengstoffrecht* ist den Ländern nur ein unbedeutender Randbereich geblieben. Trotzdem drängt der Bund auf Vollkompetenz und nimmt dabei auch eine Grundgesetzänderung in Kauf. Wenn man bedenkt, daß es sich hierbei fast ausschließlich um die Regelung des Erwerbs und die Aufbewahrung von losem Ladungspulver für das Schießen mit Vorderladern und Böllern handelt, die aus traditionellen Gründen vom Landesrecht erfaßt wurden, zeigt sich, daß der Bund auch für ihn unbedeutende Randbereiche einebnen will.

Der Bund bereitet seit langen Jahren ein Verwaltungsverfahrensgesetz vor.

Seine gravierendste Auswirkung ist, daß es die Länder bei der Ausführung von Bundesrecht ebenfalls anwenden müßten. Das bedeutet weitgehende Aufgabe eigenständiger Landesverfahrensregelungen, weil eine Genehmigung z. B. die Baugenehmigung (der Bundes- und Landesrecht zugrunde liegt – BBauG und BayBO) sinnvoller Weise nur nach einem Verwaltungsrecht erteilt werden kann. Bisher wurden diese Genehmigungen ausschließlich nach einem praktikablen Landesverfahrensrecht erteilt. Das Bundesrecht ist in einigen Vorschriften wenig praktikabel und wird im Vollzug sicher erheblichen Ärger für Bürger und Verwaltung bereiten.

Schließlich versucht der Bund nicht nur, durch Schaffung neuer Gesetze Kompetenzen an sich zu ziehen, sondern auch in den Verwaltungsablauf selbst einzugreifen. Ein Musterbeispiel hierfür ist das Städtebauförderungsgesetz.

Der Bund will in jeder Einzelheit mitreden. Über die Hingabe von Finanzmitteln in Verbindung mit Art. 104 a GG versuchte er auch in die Details einer Stadtsanierung letztlich über Berichtspflichten der Länder, Mittelvergabe usw. hineinzuwirken.

Bayern hat deswegen Verfassungsklage erhoben. Das Bundesverfassungsgericht hat die Klage zugrundeliegende Auffassung weitgehend bestätigt.

Das Urteil des BVerfG hat insoweit die Stellung der Länder

verbessert und dem Bund Grenzen gesteckt. Bayern wurde in dieser Klage von keinem Land besonders unterstützt. Dieses Urteil, das Bayern erstritten hat, wird heute von allen übrigen Bundesländern begrüßt.

Ergebnis dieser Entwicklung

Fassen wir diese Übersicht zusammen, so ergibt sich:

Obwohl das Grundgesetz von einer relativ strengen Trennung und Zuordnung von Aufgabenbereichen der einzelnen staatlichen Ebenen ausgeht, hat sich Mitte der 50er Jahre eine Vermischung von Aufgaben, Finanzierung und Verantwortung zwischen Bund und Ländern angebahnt und im Verlauf der Entwicklung immer mehr durchgesetzt.

Daneben ist durch Kompetenzverschiebungen im Gesetzgebungsbereich, durch die große Finanzreform und die Entwicklung des »kooperativen Föderalismus« eine erhebliche Verschiebung der Machtbalance eingetreten. Dies hat zusammen mit der mittelfristigen Finanzplanung und den zahlreichen Planungsgremien in Bund und Ländern zu einer fortschreitenden Entmachtung der Länder, insbesondere der Länderparlamente geführt. Die Staatsregierung – Exekutive – wirkt noch an den verlorengegangenen Kompetenzen über den Bundesrat mit, beschickt die Planungsgremien und gestaltet die komplizierten Planungen auf Landesebene.

Die Länderparlamente sind dagegen weitgehendst zu Statisten degradiert. Sie können weder auf die Planungen einwirken, noch das Abstimmungsverhalten der Staatsregierung im Bundesrat beeinflussen.

Unsere Aufgaben

Dieser fortschreitenden Entwicklung vom Freistaat zur gleichgeschalteten Verwaltungsprovinz muß mit allen Kräften entgegengewirkt werden.

Die Enquete-Kommission für Verfassungsreform auf Bund- und Länderebene und die jeweiligen Ausschüsse und Arbeitsgruppen der Parlamente befassen sich derzeit mit den Fragen der Weiterentwicklung unseres föderativen Systems. Diese Gremien erarbeiten Vorschläge, um die durch Zuständigkeitsverlagerungen auf den Bund aus dem Gleichgewicht geratene Machtbalance zwischen Bund und Ländern wieder auf die Gleichlage zu bringen. Unser Ziel ist eine Stärkung der Länderparlamente, weil es uns darum geht, die freiheitssichernde Funktion des Föderalismus zu erhalten und zu stärken.

Stärkung der Länderparlamente, das bedeutet mehr substantielle Gesetzgebungskompetenz für diese – Parlamente.

Die schwierigen Verhandlungen um die ersten Ergebnisse dieser Kommissionen sollten uns nicht entmutigen, sondern erst recht Ansporn sein, in der eigenen Fraktion, im Ausschuß für Bundesangelegenheiten und auch im Plenum selbst die Probleme der Zuständigkeitsverlagerungen zwischen Bund und Ländern aufzugreifen und Entscheidungen vorzubereiten. Im Bundestag wurden wiederholt Diskussionen über Fragen geführt, die an sich ausschließlich in die Kompetenz der Länder fallen. Gerade dadurch aber wurde die öffentliche Meinung in bestimmter Richtung beeinflußt. Dies haben wir bisher versäumt. Wir sind nämlich genau umgekehrt verfahren und haben ganz bewußt große Aussprachen über Bundesangelegenheiten im Parlament vermieden. Begründet wurde dies damit, daß die Staatsregierung aus der Verfassungslage heraus sowieso nicht gebunden werden konnte, ein bestimmtes Votum im Bundesrat abzugeben.

Die intern in der Regierungsfraktion geführte Meinungsbildung, natürlich auch die von der Fraktion eingeholten Gutachten – so z. B. zum Grundvertrag, zur KSZE, zu den Abmachungen mit Polen usw. – sind wichtig, jedoch nicht ausreichend. Rein formale Zustimmungen zu Staatsverträgen ohne echte Mitwirkungsmöglichkeiten des Parlaments sind auf die Dauer untragbar. Hier stellen sich für uns neue Aufgaben. Dabei kommt es mit Sicherheit nicht nur darauf an, daß wir uns neu besinnen. Wir müssen auch rein organisatorisch durch den Aufbau eines wissenschaftlichen Dienstes im Parlament die rein technischen Voraussetzungen dafür schaffen, daß die einzelnen Ausschüsse und fachkundigen Abgeordneten optimal arbeiten können.

Unsere Aufgabe ist es, das förderative System lebensfähig zu erhalten, für eine sich weiter entwickelnde und weiter entfaltende Zeit praktikabel zu gestalten. Dabei müssen die Ziele, die man dem Föderalismus zuschreibt, allseits angestrebt und aktiviert werden: Ein Mehr an demokratischer Partizipation, Kontrolle und Öffentlichkeit; Einschränkung und Ausbalancierung staatlicher Macht zugunsten freier Entfaltungsmöglichkeit des Individuums; Stabilisierung der demokratischen Ordnung. Die föderalistische Staatsform muß zu einer Lebensform für ihre Bürger werden.

Und schließlich:

Ein stabiler, gesunder Föderalismus verlangt nicht nur Kompromißbereitschaft zur Lösung der anstehenden Sachaufgaben, er setzt auch ein Gleichgewicht der Glieder voraus. Erst in einer Balance zwischen Bund und Länder ist ein Nachgeben im Einzelfall ohne Substanzverlust möglich.

In einem Bundesstaat, in dem bei jedem Nachgeben die Gefahr besteht, daß er in einen dezentralisierten Einheitsstaat umschlägt, gibt es nur die Selbstaufgabe des schwächeren Teiles oder harte Kompromißlosigkeit auch dann, wenn einmal behauptet wird, dies gehe zu Lasten der anstehenden Sachprobleme. Unser Ziel im Auge behaltend, müssen wir auch den Mut zur Kompromißlosigkeit haben.

Die Kurskorrektur ist notwendig: Es gilt die Gewichte der Länderparlamente zu stärken.

Gelingt es uns nicht, den bisherigen Kurs zu ändern, dann ist das Ende des Föderalismus nur eine Frage der Zeit.

Anmerkung

1 Vgl. dazu: Ronellenfitsch, Die Mischverwaltung im Bundesstaat, Berlin 1975

Hans Zehetmair
Zuviel oder zuwenig?
Zu den Problemen
der aktuellen Bildungspolitik.

Im bildungspolitischen Bereich ist es derzeit nicht en vogue, von Reformen zu sprechen. Was in der jüngsten Vergangenheit noch als richtungsweisende Reformpolitik angepriesen wurde, ist heute vielfach bereits verdächtig, zum Teil ad absurdum geführt oder hat sich als undurchführbar erwiesen.

Kritiker wie Verantwortliche der gegenwärtigen Bildungspolitik bevorzugen es, von »Kurskorrektur« zu sprechen – das klingt weniger absolut, soll wohl zum einen kaschieren, daß man in der Vergangenheit (Reform-) Forderungen stellte, die man heute, da zum Teil verwirklicht, schon wieder gern modifiziert sähe, soll zum andern aber allzu große Erwartungen der Öffentlichkeit dämpfen.

Äußerer Anlaß dazu, die bildungspolitische Landschaft neu zu überdenken, war gewiß die finanz- und wirtschaftspolitische Lage, die gerade die expansionsgewohnten Kulturhaushalte am stärksten in Mitleidenschaft zog. Aber auch unabhängig davon ist es an der Zeit zu überlegen, welcher »Kurs« denn eigentlich der »Korrektur« bedarf.

Die Bestandsaufnahme hat einzusetzen beim vielgepriesenen Reformkurs der 6oer Jahre, der in Bewegung geriet, als Georg Picht die Öffentlichkeit mit seinem Schlagwort von der »Deutschen Bildungskatastrophe« (1964) in Aufruhr versetzte und Ralf Dahrendorf »Bildung als Bürgerrecht« verkündete, worunter die aufgeklärte Öffentlichkeit und wohl auch er das Recht auf Abitur und Hochschulstudium für jedermann verstanden.

Gegenüber der Bilanz dieser Reformpolitik, die die Bildungseinrichtungen für die Massen öffnen sollte, herrscht heute weitgehend Ratlosigkeit: die Bildungsexpansion, einseitig auf die akademische Laufbahn programmiert, hat unsere Hochschulen überschwemmt; ein adäquates Arbeitsplatzangebot steht nicht zur Verfügung. Der Numerus-clausus-geschädigte Abiturient orientiert sich in Berufszweige, die früher dem Schüler mit Mittlerer Reife offenstanden, und so geht es weiter: Für den Schüler ohne Hauptschulabschluß bleibt zunehmend nur Resignation.

Bildungspolitische Bestrebungen und Auswirkungen

Es ist klar erkennbar, daß die bildungspolitischen Bestrebungen der jüngsten Vergangenheit geprägt waren von einer quantitativen Bildungsexpanison. Immer wieder wurde betont, wie schlecht es im internationalen Vergleich um die Bundesrepublik bestellt sei: Wir hätten im wirtschaftlichen Bereich viel zu wenig Akademiker (H. Hamm-Brücher), eine These, die konform ging mit einem bildungspolitischen Axiom Pichts: »Die Zahl der Abiturienten bezeichnete das geistige Potential eines Volkes, und von dem geistigen Potential sind in der modernen Welt die Konkurrenzfähigkeit der Wirtschaft, die Höhe des Sozialprodukts und die politische Stellung abhängig« (Bildungskatastrophe (1964), S. 26). Diese wirklichkeitsfremde, berufs- und arbeitsweltfeindliche Behauptung korrespondierte mit einer – in ihrem Kern zutreffenden – sozialen Begründung für die Forderung nach mehr Akademikern: der Chancengleichheit der Kinder aller Schichten und aller Regionen Deutschlands, wobei man freilich unter Schaffung gleicher Chancen ausschließlich das Hinführen einer möglichst hohen Zahl von Schülern zu Abitur und Hochschulreife verstand. Wissenschaftlich einseitige Theorien konnten zur Stützung der Abiturienteneuphorie herangezogen werden. Das Kind als reines Produkt von Milieu und Edukation erschien als unbegrenzt bildbar, ein egalitärer Bildungsbegriff, wie ihn Heinrich Roth vertrat, ließ es den Bildungspolitikern notwendig erscheinen, ein neues Bewußtsein im Elternhaus zu wecken und eine neu orientierte Schulbildung zu erarbeiten. Die Änderung des Bewußtseins ist weitgehend gelungen – kaum jemand sieht die Notwendigkeit, daß die Schule ein erweitertes, der modernen Welt angepaßtes Wissen vermitteln muß, dafür ist fast allen Eltern klar, daß ein Kind, wenn schon nicht Abitur, so doch zumindest Mittlere Reife haben muß, wenn es im Leben einmal weiterkommen will. Schulbildung ist damit stärker denn je zu einer Sache des sozialen Prestige geworden.

Die Bildungsreformen haben keine echte Verbreiterung der Chancen geschaffen, sondern einen elitären und damit letztlich reaktionären Ausleseprozeß in Gang gesetzt. Dabei mutet es wie Ironie des Schicksals an, daß ausgerechnet die vermeintlich progressive Linke diesen Prozeß forcierte. Die Chancengleichheit bezieht sich damit immer noch nur auf eine zugegebenermaßen breiter gewordene Spitze, der Unterbau, das berufliche Schulwesen, als die Mehrheit zahlt die Zeche und ist von der vielzitierten Chancengleichheit weiter entfernt denn je.

Die Folgen des verfehlten Ansatzes in den sechziger Jahren sind es, die heute im Kreuzfeuer der Kritik stehen.

Eine Lawine gesetzgeberischer Maßnahmen hat Lehrer wie Eltern verunsichert. Um die Schularten, die Lehrpläne, die Lehrbücher den neuen Forderungen anzupassen, wurden zahllose Institutionen gegründet, die sich wissenschaftlich und gewissenhaft mit der Schule befaßten. Ebenso zahlreich waren die Experten und Arbeitskommissionen, die berufen wurden und einen heute kaum mehr überschaubaren Berg von Theorien und Mustern produzierten. Seit etwa 1965 reißen die Experimente nicht mehr ab, die oft weniger aus schulpraktischen denn aus ideologischen Gründen – meist überhastet – durchgezogen wurden, vor allem in Bundesländern, in denen die Kulturpolitik an einem Überhang ideologischer Prämissen leidet. So wurden die integrierten Schulformen wie die Gesamtschule als das Nonplusultra moderner Bildungspolitik propagiert – nicht weil sie die fundiertesten Kenntnisse vermitteln oder weil sie den Schüler maximal auf die Berufswelt einstellen, sondern weil sie die höchstmögliche Durchlässigkeit bis hin zum Abitur garantieren sollten – wieder zu beobachten die Ausrichtung auf die Universität als höchstes Bildungsziel.

Zahllose Änderungen der Stundentafeln und Lehrpläne stellten sich als Folge der modernen Curriculum-Forschung ein, einer Forschung, die nicht mehr die Inhalte als an sich oder aus sich vermittlungswürdige Themen darstellt, sondern jeden Stoff danach prüft, welche Qualifikationen sich der Schüler anhand dieses Gegenstands erwerben kann. Die Qualifikationen sind

mehr oder weniger ausgerichtet an dem Ideal der wissenschaftlichen Arbeitsfähigkeit. Jede neu hinzugewonnene Qualifikation äußert sich letztlich in einer Verhaltensänderung des Schülers – so die Theorie, die hier zugrundeliegt. Der Behavioris-
mus stand unzweifelhaft Pate, und damit die Ansicht, daß jedes
Kind im Grunde unbegrenzt bildbar sei, als Produkt äußerer
Einflüsse. Den bildungspolitischen Zielsetzungen einer quantitativen Expansion, deren Weg in die Einbahnstraße Abitur und
Akademiker führt, mußte zwangsläufig eine Nivellierung der
Bildungsansprüche des Gymnasiums nach unten und eine Nivellierung der Primarstufe nach oben erfolgen. Eine Überforderung des Schülers trat dabei auf beiden Ebenen ein – Überforderung des gerade eben in die Sekundarstufen an Realschule
und Gymnasium hineingerutschten Schülers, der den Anforderungen dort nicht gewachsen ist, eine Überforderung des Schülers an der Grundschule, der gewaltsam in die Wissenschaftlich-
keitstheorie und damit in die Befähigung zum höheren Bil-
dungsanspruch gedrängt wird. Der Numerus Clausus präsentiert sich damit als Sackgasse einer Bildungspolitik, die, von falschen Prämissen ausgehend, letztlich am Markt vorbei »produ-
ziert«, weil sie die Individualpflichtigkeit der Bildung, gegeben
durch Veranlagung und Fleiß, leugnet und eine differenzierte
Leistungsgesellschaft ablehnt.

Erzieherisches Defizit

Auch die Diskussion um den »Streß«, dem der Schüler in der
Schule von heute ausgesetzt ist, präsentiert sich als Folge ver-
fehlter Bildungsplanung, deren Einzelheiten und Auswirkungen auf den jungen Menschen zu untersuchen sind. Was auffällt,
ist primär das erzieherische Defizit. Die einseitige Ausrichtung
auf das Bildungsziel Abitur hatte eine Verwissenschaftlichung
der Schule zur Folge, die sich, im Sog der curricularen Forschun-
gen, nicht zuletzt für die Schüler sichtbar in einer Bücher-
schwemme niederschlug. Als Beispiel sei noch einmal die vielzi-
tierte und geschmähte Mengenlehre angeführt. Die Einführung
dieser Rechnungsart an der Grundschule resultierte nicht allein
aus isoliertem Fachegoismus. Die Mengenlehre soll doch in ge-

steigertem Umfang die Fähigkeiten des Schülers zu abstrakt-wissenschaftlichen Gedankenoperationen fördern und steigern. Dies ist ein Lernziel, das wieder die einseitige Ausrichtung des gesamten Bildungsweges am Fernziel Hochschulstudium, zumindest aber Gymnasium dokumentiert. Diese Verwissenschaftlichung der Schule, die eindeutig zu Lasten des jungen Menschen geht, kann in fast allen Fächern beobachtet werden. Man blättere nur einmal in Lehrbüchern, in Lehrerkommentaren, in curricularen Lehrplänen: neben einer einseitigen Gewichtung auf Wissensanhäufung wird immer wieder die hochtrabend-wissenschaftliche Diktion, die der kindlichen Begriffswelt in keiner Weise angemessene Fachterminologie auffallen.

Auch die Pädagogik geht zunehmend dazu über, sich als Wissenschaft zu verselbständigen, den Bezug zur Schule zu verlieren, in Sprache und Inhalt ein Eigenleben zu entfalten, und damit als Hilfsmittel für die Weitergabe von Wissen, Fertigkeiten und Haltungen zu versagen.

Hinzu kommt, daß die Schule einem zunehmenden Zwang zur Juridifizierung ausgesetzt ist. Nicht zuletzt verursacht durch den Druck der öffentlichen Meinung, ist man immer mehr dazu übergegangen, technologische Kriterien bei der Planung und Verwaltung der Schule anzusetzen, zuletzt sogar Entscheidungen pädagogischer Natur juristisch faßbar zu machen. Das drückt sich in Bayern etwa in vielen Details der Ausführungsbestimmungen zur Schulordnung mit ihrem Zwang zum Formalismus und Bürokratismus aus. Die Verpflichtung zur Objektivierbaren Notengebung hat unter anderem in der Grund- und Hauptschule zur Einführung zahlreicher Test geführt, über deren psychologischen Druck auf die Schüler kein Zweifel besteht. Die erzieherische Aufgabe der Schule leidet darunter; vor dem Wust von Neuerungen, Erlassen und Verordnungen verlieren viele Lehrer den Blick und Überblick gegenüber den Erziehungszielen.

Auslösendes Moment für die Unterbetonung des Erzieherischen ist zweifelsohne auch der Leistungsdruck, der vom Numerus Clausus ausgeht und die Schüler wie die Lehrer zur Produktion »passender« Noten zwingt, oft auf Kosten der Neigungsfächer, die, weil gut benotet, in einer Perversion der eigentlichen Intention gerade abgelegt werden, um sich auf weniger Belieb-

tes zu konzentrieren bzw. die, weil als sog. »schwere Fächer« verschrien, in der Kollegstufe nicht als Leistungskurs belegt werden. Dies ist, nebenbei gesagt, das Kernproblem der Kollegstufe in ihrer jetzigen Form, von dessen Bewältigung die spätere Studierfähigkeit entscheidend abhängt. Falsch verstandene erzieherische Intention dagegen scheint es zu sein, wenn in einigen Fächern gesellschaftswissenschaftliche Theorien überborden. Sie haben der Schule bereits den Vorwurf eingetragen, Tummelplatz ideologischer Missionstätigkeit zu werden. Emanzipatorische und antiautoritäre Erziehungsziele laufen Gefahr, wie Herbert Bath[1] richtig feststellt, zu einer »Erziehungsdiktatur[2]« auszuufern. Die moderne »Lernzieltheologie« (Bath[3]) treibt immer neue Blüten und schreckt selbst vor der Indoktrination der Schulkinder mit dem Fachjargon einer marxistisch-leninistisch orientierten Gesellschaftswissenschaft nicht zurück. Beispiel dafür sei ein Planungsentwurf der Stadt Nürnberg für die Gesamtschule Langwasser: Da sollte der Zehnjährige im Fach Geschichte/Sozialkunde in den Zusammenhang zwischen »Schule – Gesellschaft – Herrschaft« eingeführt werden. Im Fach Deutsch (ebenfalls 5./6. Kl.) sollte er lernen
– zu erkennen, daß das Leseverhalten von gesellschaftlichen, wirtschaftlichen, familialen usw. Funktionen beeinflußt wird;
– die Fähigkeit zu erwerben, die soziale Funktion der einzelnen Formen (Märchen, Sage, Fabel, Schwank) zu durchschauen
– rollenspezifische verbale Sozialisationsmuster als solche zu erkennen.
(Jedem wird hier schon an der Formulierung bewußt, daß so etwas für unsere Kinder belastend und entmutigend ist, vom unsinnigen Inhalt ganz zu schweigen.)
Die Jahrgangsskizze in Biologie sieht für den gleichen zehn- bis elfjährigen Schüler vor, daß er »soziale Äußerungsformen der Sexualität« in Beziehung setzen soll zur »gesamtgesellschaftlichen Struktur«. Das zehnjährige Kind soll dabei »die Beziehung beurteilen und danach handeln«. Auch die Beurteilung der »gesellschaftlichen Funktion der Prostitution« und der »Funktion von Sexualität bei der Diskriminierung von Minderheiten« bleibt ihm nicht erspart. Wenn diese das Kind total

verunsichernden Planspiele dank der Entscheidung des Bayer. Kultusministeriums aus dem Verkehr gezogen sind, so ändert das nichts an der Bedenklichkeit darüber, wie man Kinder belasten, ja traktieren wollte. In den Hessischen Rahmenrichtlinien für das Fach Deutsch von 1972 herrschen Lernzielangaben, wie Reflexion über Sprache zur Analyse »der Ausübung von Herrschaft«, von »schichtenspezifischen Sprechweisen«, »ideologischer Verschleierung«, »Manipulation« vor; daß dazu Texte (und mögen es sogar literarische Texte sein) nur nach marxistischer Literaturtheorie interpretiert werden können, versteht sich von selbst.

Was steht dieser ideologisch gefärbten Erziehungstheorie, die von ihren Anhängern in messianischem Sendungsbewußtsein verkündet wird, gegenüber? Es ist zum einen die »Erhabenheit« selbst der Erziehungswissenschaft, die aus falsch verstandenem Prestige einseitig der Wissenschaftlichkeit frönt, zum anderen – vielleicht als innere Ursache für die Flucht vor der Erziehung – die Orientierungslosigkeit unserer Zeit und Gesellschaft. So verbreitete die schier zahllose Produktion curricularer Modelle durch fast ebenso zahllose Institutsgruppen Unklarheit und Unsicherheit über Lernziele wie Lerninhalte: Alte Fächer wurden in Frage gestellt, neue drängten in die Schule, Unterrichtsstoffe wurden umgestaltet, den – oft divergierenden – Lernzielen angepaßt, stofflich verknappt oder gedehnt, wobei standespolitisches Prestigedenken und Fachegoismus uneingestandenermaßen oft eine dominierende Rolle spielten. Das Zusammenwirken von Fachwissenschaftlern, Verhaltensforschern, Psychologen und Pädagogen hat zwar zu manchen kritischen Analysen geführt, bis heute aber noch keine überzeugende Lösung aufgezeigt, die die von Robinson[4], einem der Propheten der Curriculumplanung, aufgestellten Kriterien für die Auswahl von Bildungsinhalten auch nur annähernd in Einklang brächte:

»1. die Bedeutung eines Gegenstandes im Gefüge der Wissenschaft, damit auch als Voraussetzung für weiteres Studium und weitere Ausbildung;

2. die Leistung eines Gegenstandes für Weltverstehen, d. h. für Orientierung innerhalb einer Kultur und für die Interpretation ihrer Phänomene;

3. die Funktion eines Gegenstandes in spezifischen Verwendungssituationen des privaten und öffentlichen Lebens.«

Diese Kriterien können dann nicht greifen, wenn über die »Bedingungen personaler und gesellschaftlicher Existenz« kein Konsens in der bestehenden Gesellschaft mehr vorherrscht und dadurch eine Disfunktion der bestehenden Bildungseinrichtungen droht.

Zurückgewinnung des Erzieherischen

Der Konsens in der bestehenden Gesellschaft über das Welt- und Menschenbild, das in der Schule vermittelt und »anerzogen« werden soll, ist, so altmodisch dies klingen mag, in der Bayerischen Verfassung formuliert. Die Erziehung des jungen Menschen zum mündigen Bürger, der sich einer jahrtausendealten Kultur verpflichtet fühlt und frei ist, eigene und neue Entscheidungen zu treffen, verlangt eine Wertorientierung an einem Menschenbild, das geprägt ist von der Freiheit des Individuums in einer Solidargemeinschaft. Das widerspricht einer ideologischen Zielsetzung auf sozialistisch-marxistischer Basis, weil dort ein Menschenbild propagiert wird, das auf die Bevormundung durch den Staat ausgerichtet ist.

Es war eine Zeitlang in der modernen Pädagogik Usus, diese Zielsetzung, wie sie der Artikel 131 der Bayerischen Verfassung bietet, als zu undifferenziert, verschwommen, als reaktionär, ja als den gesamtgesellschaftlichen Intentionen zuwiderlaufend zu diffamieren. Da es trotz aller Bemühungen nicht gelungen ist, moderne, anerkanntere Erziehungsziele zu formulieren, sollte darauf wieder verstärkt eingegangen werden. Entschiedener als bisher gilt es auch, die im Grundgesetz formulierten Grundrechte des Menschen als anerkannte Grundwerte zur Zielbestimmung heranzuziehen.

Daß diese Erziehung, wie in der Bayrischen Verfassung gefordert, in einer »christlichen Schule« zu geschehen hat, darf uns kein Diskussionspunkt werden. Im Gegenteil, die Besinnung darauf kann helfen, zu einer Vermenschlichung der Schule beizutragen, in der wieder mehr Wert gelegt wird auf kindgemäße Bildung als auf elitäre Wissenschaftlichkeit.

Trotz aller Lernzieltaxonomien ist die beste Garantie für eine dem Kind adäquate Bildung immer noch die gefestigte Lehrerpersönlichkeit, eine Tatsache, die auf den Radikalenerlaß der Ministerpräsidenten ein neues Licht werfen könnte. Der Satz Juvenals »maxima debetur puero reverentia« sollte uns zu der Besinnung zurückführen, daß es unsere Pflicht ist, das Kind durch die Erziehung zu einem optimalen Verhalten in der Welt auszustatten. Daß sich dabei die »Interpretation der Wirklichkeit mit Hilfe tradierter Formen und Gehalte vollzieht, widerspricht dieser Aufgabenbestimmung nicht, sondern ist in ihr impliziert«[5]. Es widerspricht aber der Sittlichkeit, die Schule und damit das Kind als Experimentierobjekt für gesellschaftspolitische Theorien zu mißbrauchen – und das beginnt schon damit, wenn man aus ideologischen Gründen die These austellt und ernsthaft verficht, 50 Prozent eines Geburtenjahrgangs müßte in Zukunft zum Abitur gebracht werden.

Auftrag für die Zukunft

Der Blick in die Vergangenheit wäre nicht vollständig, wenn man nicht das Eingeständnis machte, daß Politiker aller Richtungen Fehleinschätzungen der Grenzen und Aufgaben zukunftsorientierter Bildungspolitik aufgesessen sind. Das Trauma der Konservativen war es in den letzten Jahren, daß sie glaubten, sie müßten Modetrends oder Reformmodelle, die von anderer (vermeintlich progressiver) Seite in die Diskussion gebracht wurden, zumindest teilweise nachvollziehen. Das krampfhafte Bemühen um ein modernistisches Image führte in nicht wenigen Fällen zu falschen Reaktionen, weil die Übernahme anderer Gedankenmodelle bzw. das Weiterdenken in aufgezwungener Richtung unschwer als Attitüde entlarvt wurde und nicht selten zur Preisgabe eigener, im Grund realistischerer Positionen zwang.

Bezeichnend ist die derzeitige Situation: Das Verlangen der Öffentlichkeit nach einer Kurskorrektur führte zu hektischer Betriebsamkeit, die Bereiche der Bayerischen Bildungspolitik in die Diskussion mit einbezog, in denen eine Kurskorrektur am allerwenigsten notwendig ist. Bayern hat es in der Vergangenheit zum Glück weitgehend vermieden, jede Modetorheit, jeden Irrweg moderner Wissenschafts- und Reformgläubigkeit mitzuvollziehen. Das läßt uns die Freiheit nachzudenken, welche Positionen in unserer Bildungspolitik nachdrücklicher behauptet, welche mit größerem Einsatz gefördert und welche auch weiterhin abgelehnt werden sollten.

Die Analyse der Gefahren, denen unser Schulsystem ausgesetzt ist, muß dazu verpflichten, noch konsequenter als bisher für eine ideologiefreie, auf die menschlichen Wertnormen hin orientierte Erziehung und Bildung einzutreten. Immer mehr zeigt sich die eminent politische Dimension der Formulierung von Lernzielen und Lerninhalten. Es wäre ein nicht wiedergutzumachender Fehler, in sorgloser Zuversicht diese Aufgabe anonymen Gremien und Expertengruppen in toto zu überlassen – man unterschätzt zu leicht die Eigendynamik einer einmal in Gang gesetzten und gar noch bürokratisierten Wissenschaft, deren Eigenleben politisch kaum zu kontrollieren sein wird. Es ist freilich leicht, Einzelergebnisse der Bildungsforschung herauszugreifen und zitatweise zu präsentieren; was allmählich verlorengeht, ist der Überblick und die klare Erkenntnis, in welche Richtung die »Kurskorrektur« steuert. Es ist eingangs bereits darauf hingewiesen worden, in welche Sackgasse eine nur auf das Abitur abzielende Bildungsreform geführt hat.

Vergebens fordern die für die *berufliche Bildung* zuständigen Stellen seit Jahren eine Aufwertung ihrer Ansprüche, eine Ausdehnung der »Chancengleichheit« auch auf die Berufsbildung. Es gelingt nicht, der Öffentlichkeit klarzumachen, daß das Erlernen eines Berufes nicht der »letzte Ausweg« ist, wenn das Kind an »höherwertigen« Schulstufen gescheitert ist. Dies kann auch nicht gelingen, solange sich bildungspolitische Experten und Kommissionen immer nur damit beschäftigen, wie man dem Berufsschüler doch noch ermöglichen könnte, aus seinem »zweitrangigen« in einer »höherstehenden« Bildungsweg umzusteigen. Es soll hier keineswegs die Ansicht vertreten werden, daß höchstmögliche Durchlässigkeit aller Bildungswege oder der sog. zweite Bildungsweg abzulehnen seien – die Begründung, mit der dies angepriesen wird, soll angeprangert werden. Bildungspolitik hat zur Zeit die vorrangige Aufgabe, die soziale Funktion des beruflichen Bildungswegs zu verstärken und ihm in der Öffentlichkeit zu eigenständigem Ansehen zu verhelfen. Dies darf nicht geschehen durch eine weitgehende Institutionalisierung des Staates in diesem Bereich. Totale Verplanung und Verstattlichung als Allheilmittel ist einer der Irrwege ideologisch-sozialistischer Denkweisen. Eine vernünftige Einteilung des Unterrichts an den Berufsschulen, mehr und bessere Lehrkräfte erscheinen hier notwendig. Es muß darüberhinaus gelingen, die Eigenwertigkeit der Berufe hervorzuheben und über einen Prestigeabbau vom akademischen Bereich bis zu den sog. »qualifizierten« Berufen Sympathiezugewinne für das berufsbildende Schulwesen zu erzielen.

Mit dieser Hervorhebung des Berufsschulwesens darf aber keineswegs eine erneute Infragestellung des Abiturs impliziert sein. Es ist im Gegenteil anzustreben, das Niveau der Kollegstufe zu heben und ihr den Ruch der »Notenfabrik« zu nehmen.

Das Gymnasium darf auch nicht so umgestaltet werden, daß durch die Hintertür und auf Schleichwegen die Gesamtschule daraus wird. Bayern ist mit dem differenzierten Schulwesen bisher gut gefahren. Noch keine ehrlich durchgeführte Analyse hat erwiesen, daß die integrierte Gesamtschule das gerechtere Verfahren ist und die besseren Ergebnisse liefert, abgesehen von dem Aspekt, daß in einem Flächenstaat wie Bayern bei einer konsequent eingeführten Gesamtschulbildung die Schulwege und damit die Schülertransporte in einem unvertretbaren Rahmen expandieren würden. Dieses Thema sollte mit der bestimmten Erklärung des bayerischen Kultusministers vom Vorjahr endgültig abgeschlossen sein.

Zum Abschluß sei noch ein Thema angeschnitten, das bereits angesprochen wurde und dem gar nicht genug Bedeutung beigemessen werden kann: die Persönlichkeit des Erziehers. An ihr wird sich im Grund entscheiden, wie sich die Erziehung und Bildung eines jungen Menschen gestaltet. Das überzeugendste Curriculum versagt, wenn die vermittelnde Person versagt. In der aufwendigen Diskussion um Lehrinhalte und Lehrziele ist in der Vergangenheit oftmals die menschliche Komponente der Bildung in den Hintergrund geraten. Ihr hat unser Augenmerk in der Zukunft ohne Zweifel verstärkt zu gelten. Das Lehrfach als Ausweichstudium für Studenten, die in anderen Bereichen gescheitert sind, sollte der Vergangenheit angehören. Die Motivationen des Lehramtsanwärters für seinen Beruf kann zwar nicht geprüft werden, sollte aber in der Studienbe-ratung und in den vorbereitenden Praktiken verstärkte Aufmerksamkeit finden.

Das bayerische Lehrerbildungsgesetz vom 17. 7. 1974 ist so abgefaßt, daß es mit entsprechend sinnvollem Inhalt erfüllt werden kann. Es geht nicht zuerst darum, »Voraussetzungen für ein gemeinsames Berufsverständnis« der verschiedenen Lehrertypen zu schaffen, wie dies ein Lehrerverband akzentuierte, sondern darum auszulotsen, wie die Gewichtung zwischen Fachwissenschaft und Erziehungswissenschaft zu verteilen ist. Eine Verabsolutierung der »jungen« Wissenschaft wie Didaktik, von verschiedener Seite eingesetzt als Taktik in der Standespolitik, nicht als Erziehungshilfe, erweist sich als letztlich ungeeignetes Mittel, Probleme der Bildungspolitik zu lö-sen; der perfekteste Handwerker der Vermittlung von Wissen kann jeweils nur soviel vermitteln, wie er selbst weiß, und er wird, gerade bei kritischeren Jugendlichen, bald an die Grenzen seines Wissens stoßen, wenn er nicht fachlich fundiert ist.

Hier sei noch ein Wort zur Bildungspolitik in Bezug auf unser gesellschaftliches System erlaubt. Der Satz »Demokraten werden erzogen, nicht geboren« weist der Erziehung eine Schlüsselstelle in unserem Staatsaufbau zu. Die Demokratie kann in der Schule gefestigt, aber auch gefährdet werden. Auf Gefahren, die von manchen ideologisch überfrachteten Lernzielformulierungen ausgehen, wurde bereits hingewiesen. Unsere Schule müßte getragen sein von einem politischen Konsens über Grundwerte, die unabdingbarer Bestandteil jeglicher Erziehung sind, es müßte also klar sein, welche grundsätzlichen Erziehungsziele einer Bildungspolitik zugrundeliegen sollen. Der politische Konsens über das, was unter Demokratie zu fassen ist, scheint aber derzeit gefährdet. Das Demokratieverständnis von Unionsparteien und Sozialdemokraten entwickelt sich unterschiedlich; bezeichnend ist das häufig in der politischen Diskussion verwendete Schlagwort vom »demokratischen Sozialismus« – die SPD verwendet den Wortteil »Demokratie« bereits nicht mehr als Hauptwort, sondern als Adjektiv. Die Befürchtung ist nicht von der Hand zu weisen, daß daraus eines Tages ein »Epitheton ornans«, ein nur mehr schmückendes Beiwort wird. (Die FDP bleibt bei dieser Analyse außer Betracht, da »liberal« allein, ohne eine entsprechende Verwurzelung, zu wenig ist für eine gefestigte Haltung.)

Als christliche Partei, die sich einer kämpferischen Demokratie verschrieben hat, liegt es an uns, die Offensive in der Bildungspolitik wieder zurückzugewinnen. Das muß gelingen mit den Bestimmungen des Grundgesetzes, mit der Zielsetzung der Bayerischen Verfassung im Rücken. Es gilt, den Individualismus vor einer sozialistischen Uniformierung zu schützen, das Recht der Eltern auf eine freie Auswahl des Bildungsangebots für ihr Kind zu bewahren und die Rolle des Staates als eine die freie Erziehung unserer Kinder schützende und stützende Institution zu definieren. Es gilt, den Erzieher als eine bestimmende und Orientierungspunkte setzende Persönlichkeit neu aufzuwerten. Ziel all dieser Bemühungen ist es, eine Jugend heranzuziehen, die in kritischer Distanz Ja sagt zur pluralistischen Demokratie in Freiheit und Selbstverantwortung.

Anmerkungen

1 Herbert Bath, Emanzipation als Erziehungsziel? Bad Heilbronn, 1974
2 Herbert Bath, a.a.O., S. 96
3 Herbert Bath, a.a.O., S. 91
4 Paul B. Robinson, Bildungsreform als Revision des Curriculum, Neuenried 1970, S. 47
5 Paul B. Robinson, a.a.O., S. 13

Hans Spitzner
Soll und (nicht) Haben.
Finanzpolitik in
mageren Jahren.

Mag es die Bundesregierung auch nicht wahrhaben oder bewußt
mit großen publizistischen Kraftanstrengungen zu überspielen
versuchen, wir befinden uns trotz alledem derzeit in der
schlimmsten Rezession der Nachkriegszeit. An dieser Feststellung gibt es nichts zu rütteln. Die Fakten und Zahlen sprechen
für sich: Das Bruttosozialprodukt, das im Jahre 1974 noch um
0,4 Prozent zugenommen hat, ist im Jahre 1975 sogar um rd.
fünf Prozent gesunken. Auch die übrigen wirtschaftspolitischen
Indikatoren signalisieren das gleiche düstere Bild. So sank in
den Sommermonaten 1975 die gesamte industrielle Produktion
gegenüber dem Vorjahreszeitraum um insgesamt 12,5 Prozent,
wobei besonders der mit minus 18 Prozent zu Buche schlagende
Rückgang in der Produktionsgüterindustrie alarmierend wirkt.
Nicht minder unerfreulich sind die einschlägig bekannten Zahlen für den Arbeitsmarkt.

Keynes 1976

Die Finanzpolitiker stehen vor einer schwierigen Situation:
Einerseits führt die Rezession über sinkende Steuereinnahmen zu eklatanten Haushaltsverschlechterungen, andererseits
aber gebietet die rückläufige Konjunktur gleichzeitig nachhal-
tige Ankurbelungsmaßnahmen aus Steuermitteln. Eine völlig
neue wirtschaftspolitische Herausforderung? Keineswegs! Der
große englische Nationalökonom J. M. Keynes hat bereits vor
rund vier Jahrzehnten unter dem Begriff »defizitpending«
einen Lösungsvorschlag für eine derartige Konfliktsituation
entwickelt. Sein zwar einfach klingendes, aber in der Praxis
doch höchstwirksames Rezept: In Zeiten mangelnder Nachfrage

seitens der privaten Hand habe der Staat durch zusätzliche gezielte Ausgaben diese Nachfragelücke zu schließen; dieser staatliche Nachfragestoß bewirke zwar kurzfristig ein weiteres Anwachsen der Defizite, spätestens mittelfristig aber würde dieser negative Anfangseffekt durch die zusätzlichen Steuereinnahmen aus der mittlerweilen belebten Konjunktur »multiplikatorisch« überkompensiert.

Die Rezession des Jahres 1967 konnte mit der konsequenten Anwendung dieser Politik schnell und erfolgreich behoben werden.

Reicht aber die Praktizierung dieser Keynesianischen Patentlösung für sich alleine aus, um auch diesmal aus der Talsohle des Konjunkturtiefs herauszukommen? Mitnichten! Handelte es sich 1967 nur um ein bloßes gesamtwirtschaftliches Nachfragedefizit, das noch dazu von stabilen Preisen und äußerst maßvollen Lohnerhöhungen begleitet war, so wird der heutige Konjunktureinbruch zusätzlich durch anhaltende tiefgreifende Strukturkrisen in vielen Bereichen der Volkswirtschaft noch empfindlich verschärft. Aber nicht nur die Wirtschaft, sondern auch der Fiskus hat offensichtlich mit großen strukturellen Problemen zu kämpfen.

Es stellt sich demnach die in der einschlägigen aktuellen Diskussion leider viel zu wenig ventilierte oder meist gar völlig unterschlagene Frage, inwieweit neben rein konjunkturellen vor allem auch strukturelle Gründe für die exorbitanten Finanzierungsdefizite der öffentlichen Haushalte maßgebend sind. Die Größenordnung der jeweils auftretenden Haushaltslöcher legt jedenfalls die Vermutung nahe, daß sie zum überwiegenden Teil auf finanziell nicht durchhaltbare Vorbelastungen früherer Jahre beruhen und somit auch in einem künftigen Konjunkturaufschwung nicht oder nur teilweise abgebaut werden können. Insofern sollen im folgenden nicht so sehr die derzeit ohnehin breite Diskussionen entfachenden konjunkturellen Aspekte einer Finanzpolitik in mageren Jahren erörtert, sondern es soll vielmehr primär das Augenmerk auf den dringendst nötigen Abbau des strukturell bedingten staatlichen Ausgabenüberhangs geworfen werden.

Denn hier liegt für mich zweifelsfrei der Grundansatz jeglicher erfolgversprechender mittel- und langfristiger Sanierungspolitik der öffentlichen Haushalte. Wer dies nicht erkennt, wird meines Erachtens stets nur an den Symptomen kurieren, jedoch niemals die eigentlichen Ursachen der öffentlichen Finanzmisere erfassen.

Wachsende Staatsausgaben, sinkende Staatseinnahmen

Der kritische und sachkundige Bürger wird bei näherer Prüfung sehr schnell feststellen, daß mit ein entscheidender – um nicht zu sagen der entscheidende – Grund für das explosionsartige Anwachsen der Ausgabenseite wohl in der allgemeinen »Anspruchsinflation« zu suchen ist. Letztere vor allem als Folge einer realitätsblinden, die Gesetze der ökonomischen Vernunft mißachtenden Reformeuphorie der sozialistisch-nominalliberalen Koalition in Bonn. Der Glaube, der Staat müsse als eine Art Monopolunternehmen in alle Lebensbereiche von der Wiege bis zur Bahre regimentierend und betreuend eingreifen, hat in der Bundesrepublik innerhalb weniger Jahre zu einer Wandlung des Staatsverständnisses vom hoheitlichen Ordnungshüter zum omnipotenten Dienstleistungs- und Versorgungsapparat geführt. Gelingt es uns nicht, diese zügellose Anspruchsmentalität zu brechen, so läuft der Staat bei dem aussichtslosen Versuch, immer neue Ansprüche erfüllen zu wollen, permanent Gefahr, seinen Personalstand und damit seine konsumtiven Ausgaben immer noch stärker ausweiten zu müssen. Die logische Konsequenz läge dann klar auf der Hand: Im Bereich der Staatsausgaben würde nahezu alles konsumiert, aber kaum mehr etwas investiert werden.

Es hieße die Augen vor der Realität zu verschließen würde man nicht zugeben, daß wir uns bereits auf dem besten Weg hierzu befinden. Auch hier sprechen die Zahlen eine deutliche und untrügbare Sprache. So sanken etwa die gesamten, von den Bundesländern vorgenommenen Investitionen von einer Quote von 17,2 Prozent im Jahre 1970 auf einen Anteil von 15,8 Prozent im Jahre 1974, jeweils bezogen auf die Gesamtausgaben der Länder; ähnlich verhielt es sich bei den Sachinvestitionen aller öffentlichen Gebietskörperschaften, die 1970 noch 16,2 Prozent der Ausgaben erreichten, 1974 aber nur mehr

14,4 Prozent. Das alarmierende aber ist, daß die Investitionsquote absank, obwohl oder gerade weil parallel dazu der Anteil der öffentlichen Hand am Bruttosozialprodukt von 37 Prozent im Jahre 1969 auf 45 Prozent (!) im Jahre 1975 anstieg.

Die These »je mehr Staat, um so geringer die gesamtwirtschaftliche Investitionsquote« scheint damit zumindest für die Bundesrepublik Deutschland ihre Gültigkeit zu besitzen. Es sei denn, man fröne der völlig irrealen Annahme, die private Wirtschaft würde zu allen Zeiten das Investitionsdefizit der öffentlichen Hand zu kompensieren imstande sein. Dies würde aber bedeuten, daß z. B. eine anvisierte Gesamtwachstumsrate von 5,5 Prozent allein von dem 55prozentigen Anteil des privaten Sektors erwirtschaftet werden müßte. Demzufolge müßte also dieser Sektor um über zehn Prozent steigen, um das angestrebte Gesamtziel zu erreichen. Kein vernünftiger Mensch wird dem privaten Sektor eine solche Steigerungsrate zumuten. Deshalb erscheint es aus gesamtwirtschaftlichen Gründen unausweichlich, den Anteil des wachstumhemmenden oder zumindest wachstumneutralen staatlichen Sektors zu reduzieren und gleichzeitig den Anteil des wachstumschaffenden privaten Sektors auszubauen!

Zu viel konsumtive Staatsausgaben

Für den Finanzpolitiker heißt daher die Devise der Stunde und wohl auch der kommenden Jahre: Sparen bei den konsumtiven Staatsausgaben, wo immer nur möglich und vertretbar.

Die wohl augenfälligste und zugleich mit bedenklichste Auswirkung des jahrelangen hartnäckigen Rufes nach dem perfekten Dienstleistungs- und Versorgungsstaat manifestiert sich insbesondere in der explosionsartigen Stellenmehrung des öffentlichen Dienstes. Gab es beispielsweise im Jahre 1964 in Bayern nur 131 000 Diener des Staates, so wuchs deren Zahl bis zum Jahre 1974 bereits auf rund 230 000 an. Würde sich diese Tendenz auch in Zukunft in dieser rasanten Geschwindigkeit unvermindert fortsetzen, so wäre bereits im Jahre 2048 jeder bayerische Staatsbürger Angestellter des öffentlichen Dienstes. Eine beklemmende Vision! Hand in Hand mit dieser quantitativen Mehrung erfolgte eine nicht minder bedenkliche, für den Fiskus ebenfalls höchst kostenwirksame Umschichtung, sprich Hebung des Stellenkegels. Beträgt infolgedessen der Anteil der Personalkosten wie in Bayern bereits 42 Prozent des Gesamthaushaltsvolumen, so ist eine »Schallmauer« erreicht, die es unabdingbar gebietet, bereits bestehende als auch geplante Gesetzesvorhaben jeweils strengstens auf ihre Personalintensität hin zu durchleuchten.

Entstaatlichung

Zwei grundsätzliche Fragen sind hier für den Haushaltspolitiker von Relevanz:

1. Muß der Staat eine bestimmte Aufgabe überhaupt wahrnehmen bzw. kann sie nicht besser, billiger und effizienter von privater Hand erfüllt werden?

2. Wie kann der Staat eine Aufgabe, deren Erfüllung er nur schwer oder überhaupt nicht auf private Hand delegieren kann, dennoch rationeller und somit billiger erledigen, ohne dadurch das Niveau der angebotenen Leistung sichtbar zu verschlechtern.

Jede vom Staat wahrgenommene Aufgabe wird künftig, je früher um so besser, mit der »Meßlatte« dieser beiden Fragen einer schonungslosen und genauesten Prüfung unterzogen werden müssen. Dabei dürften, wie erste einschlägige Erfahrungen schon bestätigen, im Bereich der »öffentlichen Unternehmen« sowohl bezogen auf die Leistungskompetenz als auch auf die Leistungsart, die umfangreichsten und kostenträchtigsten Rationalisierungsreserven stecken.

Eine jüngst veröffentlichte Studie des wissenschaftlichen Beirats beim Bundeswirtschaftsministerium hat ein geradezu vernichtendes Urteil über die Wirtschaftlichkeit der öffentlichen Unternehmen der Bundesrepublik gefällt. Das knallharte Fazit der Sachverständigen:

»In diesem Bereich ist die Produktivität geradezu miserabel.« Kein Wunder, denn wer das Risiko des Scheiterns nicht persönlich zu tragen hat und wo kein vom Markt her diktierter Rationalisierungsdruck vorhanden ist, weil der Fiskus jedes potentielle Defizit stets durch allgemeine Steuergelder zu ersetzen bereit ist, dort ist der ideale Nährboden für den öffentlichen Schlendrian in geradezu idealer Weise aufbereitet.

Reform des öffentlichen Dienstrechtes

Die derzeit schon im vollen Gange befindliche, längst überfällige Diskussion der Reform des öffentlichen Dienstes wird daher verstärkt der Frage nähertreten müssen, ob nicht doch künftig dem Grundsatz der Verantwortlichkeit, also der konkreten Zurechenbarkeit von Erfolg und Mißerfolg auf den einzelnen Bediensteten oder die einzelne Bedienstetengruppe, im öffentlichen Dienstrecht stärker Rechnung getragen werden sollte.

Pervertierung des Sozialstaates

In Zeiten anhaltender Finanzknappheit darf aber auch das Netz der in früheren Jahren unter anderen wirtschaftlichen Voraussetzungen konzipierten »gesetzlichen Leistungen« kein Tabu sein. Aber keine Mißverständnisse!

Es geht hier etwa nicht um ein Antasten der zentralen Elemente des Systems sozialer Sicherheit in unserem Lande, wie etwa die Arbeitslosen- oder Rentenversicherung, sondern es geht speziell um jene zusätzlichen sozialen Leistungen, deren globale Gewährung zum Zeitpunkt ihrer Einführung durchaus sinnvoll und berechtigt gewesen sein mag, aber heute aufgrund veränderter Gegebenheiten längst überholt ist. Paradebeispiel hierfür ist wohl die »Lernmittelfreiheit«. Ihre szt. gesetzliche Fixierung war sicherlich ein sehr wesentliches Instrument zur Verbesserung der Chancengerechtigkeit im Bildungswesen. Da aber das Masseneinkommen inzwischen substantiell so gestiegen ist, dürfte die Zahl der tatsächlichen Empfangsbedürftigen spürbar gesunken sein. Für diese wiederum könnte meines Erachtens mit gezielten Stipendien erheblich billiger mehr erreicht werden als bei der gegenwärtigen Anwendung des Gießkannenprinzips.

Damit ist ein weiteres gravierendes, die öffentlichen Haushalte stark belastendes Übel unseres Wohlfahrtstaates aufgezeigt: Die Tendenz, daß der Staat aus Steuergeldern in immer mehr Bereichen immer mehr Leuten, die es im Grund genommen eigentlich gar nicht oder nicht mehr verdienen, eine Förderung zukommen läßt. Ein wesentlicher Grund hierfür liegt wohl in dem unverforenen Besitzstaatsdenken vieler Staatsbürger, die eine einmal oder mehrmals zu Recht empfangene Leistung, unbeschadet ihrer aktuellen Förderungswürdigkeit als ein von Staat für ewige Zeiten und in allen Lebenslagen einklagbare Forderung betrachten. Da die Politiker aller coleur allzu leicht dazu neigen, ihre Entscheidungen primär am »Tellerrand« des nächsten Wahltermins auszuloten, fehlt dann leider auch allzu oft der Mut zu überfälligen einschneidenden Maßnahmen.

Die Politiker sollten allerdings aber auch nicht übersehen, daß die Einsicht über die Unerläßlichkeit der Beseitigung gewisser Auswüchse unseres Sozialstaates bei einem immer breiteren Publikum sichtbar zunimmt. Als Beispiel ließe sich etwa der wachsende Unmut über den Mißbrauch der Umschulung, über die Fehlbelegung von Sozialwohnungen oder über die »Ausbeutung« unserer Krankenversicherungen durch unberechtigte Inanspruchnahme von Kuren usw. anführen. Die Schlußfolgerung liegt daher klar und unaufschiebbar auf der Hand: In regelmäßigen Abständen durchzuführende strengste Überprüfung des Kreises der jeweils Anspruchsberechtigten. Parallel dazu werden wir des weiteren in der Bundesrepublik auf die Dauer aber auch nicht umhin können, den Gedanken einer angemessenen Selbstbeteiligung wieder stärker zur Geltung zu bringen.

Die teilweise doch recht rücksichtslose Inanspruchnahme der für die Gesamtheit so teueren Segenswirkungen unseres Sozialstaates würde sich sicherlich wesentlich nüchterner und gewissenhafter vollziehen, müßte der Konsument grundsätzlich davon ausgehen, daß seine, wenn auch nur geringe Selbstbeteiligung an den Kosten, die unabdingbare Voraussetzung für den Empfang der entsprechenden Vergünstigung ist. Der Einwand, dies sei ein erster Schritt zur sozialen Demontage ist meines Erachtens nicht stichhaltig, denn durch die Installierung großzügig auszulegender Sozialklauseln ließen sich etwaige Härtefälle von vornherein ausschalten.

Die Vertrauenskrise

Der auf lange Sicht unerläßliche Abbau des staatlichen Ausgabenüberhangs entbindet die Politiker freilich nicht von der kurzfristigen Aufgabe, entsprechende konjunkturpolitische Aktivitäten zu entwickeln.

Diese werden aber nur dann von entsprechendem Erfolg gekrönt sein, wenn es gelingt, die in der gesamten Wirtschaft zu konstatierende tiefsitzende Vertrauenskrise zu überwinden. Erst wenn die psychologischen Rahmenbedingungen für eine optimistischere, risikofreudigere und leistungsbereitere Einstellung auf Unternehmer – wie auf Verbraucherseite geschaffen sind, besteht die Hoffnung, daß sich die Konjunktur von innen heraus dauerhaft beleben kann.

Flankierend dazu muß aber auch auf steuerlichem Gebiet alles unternommen werden, um die Gesamtnachfrage wieder zu beleben. Die Bayerische Staatsregierung hat mit ihren Vorschlägen und Forderungen nach Wiederzulassung des Schuldzinsabzuges als Sonderausgabe, nach Abbau der Substanzbesteuerung, nach höheren Abschreibungsquoten im Anlagebereich und nach Einführung des Verlustrücktrags den richtigen Weg in die richtige Richtung aufgezeigt.

Die Bundesregierung ihrerseits ist nunmehr aufgerufen ihre bislang ideologisch motivierte Ablehnung gegenüber diesen bayerischen Vorschlägen zu überdenken. Wer aber dennoch glaubt, allein mit teuren Ausgabenprogrammen die erhoffte Tendenzwende herbeiführen zu können, gibt sich einer hoffnungslosen Selbsttäuschung hin.

Diese haben in der jetzigen konjunkturellen Situation erfahrungsgemäß nur die Wirkung eines Strohfeuers!

Alois Glück

Land im Gleichgewicht.
Ziele und Probleme
der Landesentwicklung in Bayern.

Planung ist ein ständiger Konflikt zwischen
Heute und Morgen

Die Planung ist auch nicht mehr das, was sie früher war –
nämlich nicht mehr so populär. Es ist nicht zu leugnen, auch für
manchen Politiker ist das Verhältnis zur Planung eine Mode-
angelegenheit. In der Zeit der Computergläubigkeit war man
davon so fasziniert, wie man jetzt ebenso undifferenziert dem
Ruf nach »Platzverweis« zustimmt. Der Trend ist dabei in allen
politischen Lagern spürbar.

Planung ist ein ständiger Konflikt zwischen Heute und Morgen. Es entspricht nicht besonders der Mentalität des Menschen,
an die ferne Zukunft mit Engagement zu denken. Weil es politisch meist lohnender ist, mit kurzfristigen Maßnahmen den
Wähler emotional anzusprechen, als ihn mit Zukunftsplanun-
gen zu belasten, wird die allgemeine Resonanz bescheiden bleiben. Dazu kommen weitere Erschwernisse wie die Abstraktion
des Themas, die häufigen Zielkonflikte, der Ärger, der damit
verbunden ist, usw.

Hinter Planungsfeindlichkeit, ganz gleich, wo sie sich arti-
kuliert, stehen im übrigen oft auch Bequemlichkeit und Engstir-
nigkeit. Auch dies gilt es zu sehen.

Die größte Gefahr aber ist, daß wir mit den bei den meisten
mit dem Stichwort »Plan« freiwerdenden negativen Gefühlen
Planung bewerten. Dabei haben wir gerade in einer sich rasch
verändernden Welt sinnvolles Disponieren, eben Planung, notwendiger denn je. Wer den Sinn der Planung in Frage stellt,
stellt den Sinn politischen Handelns in Frage. Wir hören dann
auf zu agieren und reagieren nur noch auf die Aktualität des
Tages.

Es ist notwendig, den Unterschied zwischen »Plan« und »Planung« bewußt werden zu lassen.

Treffend schreibt Ernst Gehmacher in seinem »Plädoyer für eine aufgeklärte Planung[1]«.

»Ein System läßt sich nicht von irgendeinem Ausgangspunkt her völlig determinieren, es reagiert fortwährend auf äußere und innere Einflüsse und folgt seinen Eigengesetzlichkeiten. Es kann nur besser oder schlechter gelingen, durch gezielte Maßnahmen dem System Impulse in eine gewollte Richtung zu vermitteln. Schießen die Wirkungen über das Ziel hinaus, so muß man gegensteuern – zudem treten fast immer durch Systemeingriffe auch ungewollte Nebenwirkungen auf, die wiederum Anlaß zu Steuerungsmaßnahmen sein können.

Planung ist deshalb eine kontinuierliche Aufgabe. Das gilt für die Verfolgung wirtschaftspolitischer Ziele ebenso, wie für die Stadtplanung oder die Produktionsplanung eines Betriebes ... Ein Plan im herkömmlichen Verständnis ist hingegen etwas Statisches. Wer einen Plan macht, legt sich fest. Eine Welt liegt zwischen dem Steuerungsbegriff der Kypernetik und der Idee eines Planes ... Die Starrheit und bürokratische Rigidität, die in den Worten Plan und Planen dergestalt mitschwingt, trägt viel zum Mißtrauen der Öffentlichkeit gegenüber Planung bei. Doch hätte diese Assoziation wohl nicht solange Bestand, versteifte sich nicht soviele sogenannte Planung auf das Fixieren von Plänen und die Kontrolle ihrer Einhaltung.«

Es ist nicht Zufall, daß wir in Bayern Anfang 1976 ein Landesentwicklungsprogramm und nicht einen Landesentwicklungsplan verabschiedet haben. Dem gesellschaftspolitischen Konzept unserer Partei gemäß, haben wir ein Programm, aber keinen Plan, gewissermaßen als fertigen Bauplan für die Entwicklung Bayerns bis zum Jahr 1990 beraten. Dem Trend zum Planungsperfektionismus, der sowohl bei den Technokraten, als insbesondere auch bei der SPD festzustellen ist, gilt es zu widerstehen. Gerade in einer Zeit raschen Wandels würden damit die Risiken unkalkulierbar, die Fehler zentralisiert, der Freiheitsraum des einzelnen, der Wirtschaft und der Kommunalpolitiker immer kleiner.

Planperfektionismus ist der technokratische Weg zum Sozialismus. Dabei ist nicht zu verkennen, daß auch mancher Bürger den Verzicht auf Planungsperfektionismus als Schwäche auslegt. Sicher haben aber noch mehr Bürger vor der undurchschaubaren Maschinerie der Planung Angst.

Interessiert den Bürger die Landesplanung?

Gemessen an der Resonanz dieses Themas müßte man kurz und bündig mit Nein antworten. Den meisten Bürgern erscheint die Diskussion um ein Landesentwicklungsprogramm als graue Theorie, die für sie ohne Bedeutung ist. In den kleineren Raumeinheiten, etwa in ihrer Gemeinde, in den positiven oder negativen Erfahrungen mit der Stadtplanung oder auch mit der Entwicklung ihres Landkreises haben sie aber erfahren, welche Bedeutung planerische Entscheidungen für ihre eigene Lebensgestaltung haben können. Gleiches gilt aber auch für die größeren Raumeinheiten, wie sie in der Landesplanung zur Diskussion stehen. Der einzelne Bürger wird von der Struktur seines Raumes immer abhängiger. Auch privater Reichtum kann die Konsequenzen fehlender Infrastruktur kaum mehr ausgleichen. Deshalb sind gesunde Lebensräume ein entscheidender Beitrag zur Gesellschaftspolitik. Vorausschauende Raumplanung ist zudem die wirkungsvollste Umweltpolitik. Auch wenn es viele mit ihrem Verständnis von Plan anders empfinden mögen: »Kernziel der Landesplanung ist es, einen größtmöglichen Freiheitsraum für den Bürger zu sichern, nicht ihn einzuschränken. Beschränkungen ergeben sich nicht aus dem Vorhandensein von Landesplanungsbehörden, sondern aus den konkurrierenden Ansprüchen der Mitbürger, der wirtschaftlichen Konkurrenten und nicht zuletzt der für fachliche Teilbereiche zuständigen öffentlichen Planungsträger an den Raum. Bei der gegenseitigen Abstimmung dieser Ansprüche handeln die Landesplanungsbehörden nach der Wertordnung, die im Grundgesetz vorgegeben und für den Bereich der Raumordnung in den Raumordnungsgrundsätzen des Raumordnungsgesetzes und des Landesplanungsgesetzes konkretisiert ist.

Die Verwirklichung unseres Leitziels, möglichst gleichwertige Lebensbedingungen in allen Teilen Bayerns herzustellen, eröffnet dem Bürger erst die Möglichkeit der freien Wahl seines Wohnsitzes und Arbeitsplatzes bei gleich guter Versorgung mit Infrastruktureinrichtungen und Dienstleistungen. Dies ist das Gegenteil eines Konzeptes, das die passive Sanierung weiter Teile des ländlichen Raumes in Kauf nimmt zugunsten einer Verdichtung in wenigen Verdichtungsräumen[2].«

Planungsziel Heimat

Wir erleben fast täglich mehr die Grenzen des »Machbaren«. Dies führt zur Verunsicherung. Langfristige Planung ist in einer Zeit des Umbruchs daher sachlich, vor allem aber auch psychologisch sehr schwierig. Eine gewisse Skepsis gegenüber der Planung ergibt sich in unserer Partei aber auch aus der Programmatik. Wir vertreten eine »Politik des geprüften Fortschritts«. Tradition, Erfahrung und gewachsene Strukturen sind für uns ein ungemein wichtiger Schatz, den wir nicht ungeprüften Theorien opfern. Wir wenden uns damit gegen den gängigen dialektischen Trick der Linken, wonach nicht das Neue, sondern der Fortbestand des Bisherigen der Begründung bedarf. Landesplanung bewegt sich ganz besonders im Spannungsfeld von Tradition und notwendigen Neuerungen. Daher ist Landesplanung auch ein zentrales Kapitel der Gesellschaftspolitik und mehr als ein technokratisches Spiel, etwa nach dem Motto: Wer kann mit dem Computer am besten umgehen. Hinter dieser Planung stehen die Weltanschauung ihrer Verfasser, ihre Ansichten von der richtigen Gesellschaftsordnung. Ohne politische Wertungen und Werturteile kann ein solches Werk nicht entstehen und nicht diskutiert werden.

Um so auffallender ist, daß nicht nur bei den Debatten im Bayer. Landtag, sondern fast bei allen politischen Debatten um Planung in dieser Art, technokratische Argumente im Vordergrund stehen.

Es gibt kaum ein politisches Aufgabenfeld, in dem so unpolitisch argumentiert wird, weil angebliche Sachzwänge nur Handlungsspielräume lassen, die sich politischer Einflußnahme weitgehend entziehen. So verkündeten denn auch die Planungstechnokraten mit dem Anspruch der Unfehlbarkeit, daß die

Konzentration der Bevölkerung in wenigen Verdichtungsräumen unaufhaltsam sei. Wer dagegen argumentierte und auf die zunehmende Lebensfeindlichkeit der Verdichtungsräume hinwies, wurde der »Dorfideologie« verdächtigt.

Was technisch machbar war, war gleichzeitig Maßstab. Das Ergebnis ist in mancher Beziehung erschütternd.

»Täglich wird unsere gebaute Umwelt häßlicher, trostloser, deprimierender, wächst das Unbehagen an monotonen Baukomplexen und Fassaden, an unpersönlichen Straßen, an gesichtslosen Städten, wächst damit die Unmenschlichkeit unserer Umwelt und die Hoffnungslosigkeit, sie zu bewältigen[3].«

Wir haben in 25 Jahren Städtebau alles verwirklicht, was technisch machbar war. Die modernen Großsiedlungen sind aber schon heute – und morgen noch mehr – die sozialen Problemgebiete. Hier gilt besonders, was Kurt Biedenkopf schreibt: (Fortschritt in Freiheit): »Die Opfer an Kraft, menschlicher Substanz und der natürlichen und geistigen Reserven, die der Zwang zum Fortschritt seitdem gefordert hat, sind unbeschreiblich. Millionen von Menschen wurden im Namen des Fortschritts im Westen entwurzelt, im Osten versklavt.«

Die Fehler des modernen Städtebaus werden in den Landgemeinden im »Westentaschenformat« wiederholt. Ortskerne werden ausgehöhlt, gesichtslose Neubaugebiet am Rande angefügt. Die rein technischen und kaufmännischen Denkkategorien »versorgen und entsorgen eines Baugebietes« beherrschen die Köpfe.

Wie viele Kommunalpolitiker bedenken bei der Entscheidung über einen Bauleitplan oder über einen Flächennutzungsplan, daß sie für Generationen damit auch ihre Heimat gestalten, daß die Verwirklichung einer solchen Planung ein ungemein schöpferischer Vorgang sein müßte?

Planung wird weitgehend gleichgesetzt mit Bauen und Investieren. Planen heißt aber bewahren und erneuern, Lebensräume gestalten, in denen sich der Mensch wohlfühlen kann: Planungsziel Heimat.

Gesunde Lebensräume – was zählt?

»Fast alle modernen Planungsverfahren führen den Benützer in eine schwere Versuchung: Sie verlocken zum Mißbrauch des Messens, zur Bevorzugung leicht quantifizierbarer Daten gegenüber den schwerer meßbaren Dimensionen des Systems.

Es ist um so viel leichter, Geldsummen zu messen, als Emotionen, Waren zu wiegen als Glück, Stimmzettel zu zählen als Engagement, daß man beim Gebrauch komplexer Methoden fast unweigerlich zu dem leicht Meßbaren greift.

Gewissenhafte Planer legen dabei meist noch ein Lippenbekenntnis zur umfassenden Betrachtungsweise ab und erwähnen vielleicht sogar die wirklich relevanten Dimensionen. Doch dann wenden sie sich, vielleicht sogar mit der Beteuerung, daß sie sich nur vorläufig mit dem gut Meßbaren begnügen wollten, ihren mühelos quantifizierbaren Spiel-Modellen zu und vergessen völlig die Realität. Weniger Gewissenhafte reden von vornherein nur über das leicht Meßbare[4].«

Landesplanung muß ein langfristiges Konzept haben und von einem gesellschaftspolitischen Leitbild ausgehen.

Unser Leitbild: Lebensräume anstreben und stärken, die den Menschen möglichst viel Chancen zur Entfaltung seiner Persönlichkeit geben. Dies ist nur möglich in Räumen, die überschaubar sind, die Gemeinschaftsbildung ermöglichen, in denen der Mensch beheimatet sein kann.

Lohnniveau, Realsteuerkraft, Zahl der Krankenhausbetten und ähnliches mehr läßt sich datenmäßig leicht erfassen. Gerade die Wanderungsbewegung in den Verdichtungsgebieten mit ihrer hohen Kapitaldichte und der damit verbundenen wirtschaftlichen Dynamik lehrt uns, daß Wirtschaftskraft allein – und selbst verbunden mit einer guten Infrastruktur – noch kein Garant für einen Lebensraum bietet, in denen sich die Mehrzahl der Menschen wohlfühlt.

Der Umfang des Beitrages verbietet es, auf das Problem der Indikatoren zur Beurteilung der Situation in einem Lebensraum detailliert einzugehen.

Sicher kommt einem entsprechenden Arbeitsplatzangebot weiterhin eine Schlüsselfunktion zu. Ohne Wirtschaftskraft gibt es keine gesunden Lebensräume. Darüber hinaus müssen aber noch stärker andere Faktoren mit ins Kalkül gezogen werden. (Überschaubarkeit, Flächen für Naherholung, Kultur- und Freizeitangebot, persönliche Sicherheit u. ä.)

Das Ziel unseres Landesentwicklungsprogramms, gleichwertige Lebensbedingungen in allen Teilen des Landes, kann nicht bedeuten, die Situation der Städte in die ländlichen Räume tragen. Gleichartige Lebensbedingungen in Stadt und Land würde die Vielfalt des Lebens töten. Ziel der Raumordnung muß es sein, die äußeren Rahmenbedingungen zu schaffen, damit der einzelne seine Persönlichkeit entfalten kann. Die letztlich entscheidenden Kriterien, ob ein Leben gelingt, befriedigt, zur Entwicklung der Persönlichkeit führt und ein Beitrag zu einer menschlicheren Welt ist, entzieht sich – Gott sei Dank – politischer Einflußnahme.

Technokraten ohne Einfühlungsvermögen können für einen Lebensraum nicht vernünftig planen. Wenn Planer nur noch auf Zahlen und Statistiken schauen und als einzige Quelle ihrer Erkenntnis sehen, ist dies so schlimm, wie wenn Politiker nur noch auf die Ergebnisse der Demoskopie starren.

Freilich, die Summe der sogenannten Bedürfnisse der einzelnen ergibt noch keine vernünftige Planung. Planung erstreckt sich über den Erlebnis- und Erkenntnishorizont des Einzelnen. Hier liegt wohl auch der tiefere Grund dafür, daß »offene Planung« (Beteiligung des Bürgers etwa in der Stadtplanung oder der Regionalplanung) bisher nicht überall befriedigend gelang.

Die planenden Politiker und die Planer in der Verwaltung können sich den Bürgern häufig nicht verständlich machen.

Vom ortsbezogenen zum raumbezogenen Denken

Bei den Kommunalpolitikern hat das Landesentwicklungsprogramm neben viel Anerkennung auch Unruhe hervorgebracht. Viele befürchten eine starke Einengung ihres Handlungsspielraums. Nun ist nicht zu leugnen, daß hier ein gewisses Spannungsfeld zwischen staatlicher Planung und kommunaler Selbstverwaltung besteht. Ohne Rahmenbedingungen, die auch Zielvorgaben für die Kommunen sind, ist Landesentwicklung nicht möglich. Unerfreuliche Entwicklungen aufgrund von Rivalitäten zwischen Kommunen haben gerade in den Gebieten mit Siedlungsdruck schmerzliche Beweise geliefert.

Andererseits würde sich der Nutzen der Landesplanung ins Gegenteil verkehren, wenn damit im Bereich der Kommunalpolitik eine Welle der Resignation ausgelöst würde.

Bayern wurde in 18 Planungsregionen eingeteilt. Dies sind Größeneinheiten, die auch für die Kommunalpolitiker noch einigermaßen überschaubar sind. Die den Planungsregionen aufgetragene Regionalplanung berührt direkt den kommunalpolitischen Alltag. Die bisherigen Erfahrungen mit den Planungsregionen sind aufs ganze gesehen erfreulich. Es ist aber nicht zu verkennen, daß der Wandel vom ortsbezogenen zum raumbezogenen Denken noch nicht überall vollzogen ist (der Kommunalpolitiker wird für seinen Ort gewählt).

Koalitionen zwischen einzelnen einflußreichen Kommunalpolitikern – sagst Du diesmal nichts gegen mein Projekt, schweige ich das nächste Mal auch bei Deinem – sind eine gefährliche Erscheinung. Sie könnten das Instrument der Regionalplanung aushöhlen und damit den kommunalpolitischen Einfluß reduzieren. Dies wäre aber gesellschaftspolitisch eine sehr bedenkliche Entwicklung.

Wenn sich die Planungsregionen weiter positiv entwickeln, sollte überlegt werden, wie man ihren Kompetenz- und Entscheidungsbereich vergrößert. Die versteckte Arroganz mancher Planer gegenüber der »Kirchturmperspektive« der Kommunalpolitiker ist überflüssig. Die konkrete Erfahrung im überschaubaren Lebensbereich ist für die Planung so wichtig, wie die Kenntnis überregionaler Tendenzen und wissenschaftlicher Ergebnisse.

Die Planer müssen lernen, sich verständlicher auszudrücken und Einfühlungsvermögen in die Situation eines Raumes entwickeln.

Die Kommunalpolitiker müssen sich mit dem Planungsinstrumentarium vertraut machen, um gleichwertige Gesprächspartner zu sein.

Landesplanung im Rahmen der sozialen Marktwirtschaft

Mit einem gewissen Mißtrauen wird in Kreisen der Wirtschaft die Landesplanung beobachtet. Dabei kommt in allen Stellungnahmen zum Landesentwicklungsprogramm zum Ausdruck, daß mit diesem Programm eine Verletzung der ordnungspolitischen Grundsätze unserer Gesellschaftsordnung nicht erfolgte. Die intensive Diskussion in Teilen der SPD über die Investitionslenkung hat leider Gottes aber viele auch gegenüber der Landesplanung verunsichert.

Aufgabe der Landesplanung ist es, den zielgerechten Einsatz der Investitionen zu koordinieren und die rechtlich-organisatorischen Rahmenbedingungen für die erwünschte, räumlich ausgewogene Entwicklung unseres Landes und damit eben auch unserer Wirtschaft zu schaffen.

Darüber hinaus wird man – in Zukunft wahrscheinlich noch mehr als in der Vergangenheit – durch staatliche Anreize und Fördermaßnahmen die Wirtschaft in schwach strukturierten Regionen besonders fördern müssen. Aus ordnungspolitischer Sicht sind Subventionen nie ideal. Eine derartige indirekte Steuerung hat aber keine Gemeinsamkeit mit direkten Eingriffen des Staates in die Investitionsplanung der einzelnen Unternehmer.

Pfeiler unserer Wirtschaftsordnung, wie das Eigentum an den Produktionsmitteln, der Leistungswettbewerb und der freie Marktzugang müssen erhalten bleiben.

Dies markiert für uns die Grenzen planerischer Festlegungen und raumordnerischer Eingriffe.

Landesplanung und Raumordnung sind eine notwendige Ergänzung unserer sozialen Marktwirtschaft, weil deren Selbststeuerungskräfte nicht ausreichen, um regionale Ungleichgewichte genügend zu korrigieren.

In der Diskussion um die Investitionsplanung versuchte man in der SPD diese fundamentalen Gegensätze zwischen Landesplanung und Investitionslenkung zu verwischen, um ihre Absichten unverdächtiger zu machen.

Wir erteilen allen eine eindeutige Absage, die mit dem Instrumentarium der Landesentwicklung Systemveränderung betreiben wollen.

Aktuelle Probleme

Wurden bisher nur grundsätzliche Probleme der Landesplanung angesprochen, so sollen im folgenden in einem kurzen Aufriß die besonderen aktuellen Probleme dargestellt werden.

Die Aktualität der Datenbasis

Bei vielen Planungen muß auf Daten zurückgegriffen werden, die bereits mehrere Jahre alt sind. Dies gilt insbesondere für solche, die nur im mehrjährigen Abstand bei der großen Bevölkerungsbefragung erhoben werden. In Zeiten gleichbleibender Entwicklung ist das daraus erwachsende Problem nicht sehr groß, da entsprechende Trendverlängerungen, Hochrechnungen, verhältnismäßig genau sein können. Völlig anders wird die Situation aber durch den Trendbruch der letzten Jahre. Schwierigkeiten ergeben sich bereits für die Prognosen bezüglich der Bevölkerungsentwicklung. Noch schwieriger ist die Situation aber bei Prognosen über die Wirtschafts- und Finanzentwicklung. Die Konjunkturforscher wagen kaum mehr Vorhersagen; um wieviel schwieriger ist dann die Situation für die Landesplaner. Damit sind alle Planungen mit einem weit höheren Unsicherheitsfaktor belastet, als dies früher war.

Das Entwicklungspotential wird geringer

Mit ziemlicher Sicherheit müssen wir davon ausgehen, daß das Entwicklungspotential geringer wird. Dies gilt wiederum sowohl für die Bevölkerungsentwicklung wie für die Wirtschaftskraft. Diese verallgemeinernde Feststellung wird weitgehend Zustimmung finden; die für die Planung wünschenswerte und notwendige Präzisierung ist sehr schwierig. Als Grundtendenz läßt sich aber herausschälen, daß der Verteilungskampf um das Entwicklungspotential zwischen den einzelnen Räumen, insbesondere zwischen schlechter strukturierten ländlichen Räumen und dem Umland der Verdichtungsgebiete noch größer wird.

Schwerpunktbildung in der Siedlungsstruktur ohne Bevölkerungswachstum?

Beim Bevölkerungswachstum vergangener Jahre war es möglich, die Bevölkerungsdichte in ländlichen Räumen zu halten und durch die Abwanderungsquote gleichzeitig zentrale Orte zu stärken.

Verdichtungsräume haben zum Teil nur noch 50 Prozent der Geburtenquote, die für die Erhaltung der Bevölkerungszahl notwendig wäre. Auch in ländlichen Räumen ist die Geburtenrate stark gesunken. Sie reicht im allgemeinen gerade zur Erhaltung der bisherigen Bevölkerungsdichte – sofern keine größere Abwanderung erfolgt. Sollte der gegenwärtige Trend der Bevölkerungsentwicklung längerfristig anhalten, ist eine Auszehrung der ländlichen Räume und der Kerne der Verdichtungsgebiete zu befürchten. Insgesamt werden wir dann trotz aller Pläne die Siedlungsstruktur in unserem Land nicht mehr wesentlich verbessern können.

Der Umfang einer notwendigen Verdichtung innerhalb des ländlichen Raumes ist auch in der Wissenschaft noch nicht ausdiskutiert. Grundsätzlich muß aber das System der zentralen Orte nicht als Siedlungsprinzip, sondern als Versorgungsprinzip betrachtet werden. Es ist nicht so entscheidend, daß die Bürger unmittelbar am Schwerpunktort wohnen, sondern daß die vorhandene Infrastruktur ihres Einzugsbereichs gut erreichbar ist.

Gerade in einem Land wie Bayern mit derzeit etwa 13 000 Dörfern, 11 500 Weilern und 16 000 Einöden, in denen etwa vier Mill. Menschen wohnen, ergeben sich hier erhebliche Probleme. Rund die Hälfte dieser Orte hatte innerhalb des Zeitraumes 1961 bis 1970 negative Wanderungsalden.

Verkehrspolitik contra Raumordnung?

Die Bundesbahn liefert gerade den klassischen Beweis dafür, wie ein für die Raumordnung zentraler Fachbereich ohne Denken in Zusammenhänge seine Probleme lösen will. Aber auch die Straßenbauprogramme sind mit Erfordernissen der Raumordnung und der Landesplanung nur ungenügend koordiniert. Die Verkehrserschließung ist aber eine entscheidende Vorgabe für die Entwicklung eines Raumes.

Insgesamt muß festgestellt werden, daß sich die einzelnen Fachbereiche (Ministerien) nur zögernd und gelegentlich recht unwillig in die Koordination der Landesplanung einordnen wollen.

Wo sind künftig die Chancen regionaler Strukturpolitik?

Bislang waren die überwiegenden Gründe für die Entscheidung, sich in einem ländlichen Raum anzusiedeln:
1. Dort gibt es noch Arbeitskräfte.
2. Die notwendige Fläche ist billig zu bekommen.
3. Es gibt öffentliche Mittel.

Und heute? Auch in den Verdichtungsgebieten gibt es ein großes Arbeitskräfteangebot. Auch die Großkommunen überbieten sich gegenseitig mit Angeboten an billigem Industrieland. Etwa 60 Prozent der Fläche der Bundesrepublik sind bereits Fördergebiet, so daß die finanziellen Angebote kaum mehr reizen.

Gerade viele Wirtschaftszweige, die in den nächsten Jahren besonders vom Strukturwandel betroffen sind, sind überwiegend in ländlichen Bereichen. Werden wir die im Zuge des Strukturwandels notwendigen Arbeitsplätze schaffen können, wenn die Instrumente der Regionalpolitik immer weniger greifen? Welche neuen, wirksamen Instrumente gibt es?

Diese beileibe nicht vollzählige Darstellung aktueller Probleme zeigt, daß wir mit einer ganzen Reihe neuer und bislang unbekannter Schwierigkeiten zu kämpfen haben. Landesplanung wird deshalb noch mehr als früher der ständigen Beobachtung und der Korrektur bedürfen.

Anmerkungen

1 Veröffentlicht im »Plädoyer für die Vernunft, Freiburg im Breisgau, 1975.
2 Minister Max Streibl in der Antwort auf die Interpellation der CSU-Landtagsfraktion vom 9. 12. 1975
3 Aus einem Manifest von zwölf prominenten deutschen Architekten, zitiert nach Die Welt, 26. 4. 1975
4 Ernst Gehmacher, in: »Plädoyer für eine aufgeklärte Planung«

Edmund Stoiber
Planen und Verplanen.
Inhalt und Grenzen
staatlicher Planung.

Wenn auch nicht mehr so elektrisierend wie vor einigen Jahren,
so ist dennoch der Begriff der Planung im politischen Bereich ein
modisches Zauberwort, das gleichsam die politisch-intellektuelle
Qualifikation einer Partei repräsentiert. Planung wird allgemein nach wie vor gleichgesetzt mit den Begriffen »modern«,
»rational«, »weitsichtig«, »fortschrittlich«, »zukunftsorien-
tiert«, »erfolgsicher« u. ä. Fehler, die aufgrund eines Planes,
etwa eines Stadtentwicklungsplanes eingeleitet oder festge-
schrieben werden, werden im Ergebnis geringer bewertet, als
Fehler, die ihre Ursachen woanders, etwa in einer »Schlampe-
rei« finden. Die Entwicklung eines Landes zum Beispiel, das ein
Landesentwicklungsprogramm besitzt, wird allein schon wegen
dieser Tatsache positiver beurteilt als die Entwicklung eines
Landes ohne ein solches Konzept.

Der Begriff der Planung

Ohne jetzt auf den Inhalt eines Stadtentwicklungsplanes oder
eines Landesentwicklungsprogrammes näher einzugehen, kann
durchaus festgestellt werden, daß mit dem Begriff der Planung
solche Planungen gemeint sind, also nicht nur Planung als ge-
dankliche Antizipation von Zielen und Wegen zum Ziel, sondern Planung als Steuerungsinstrument komplizierter Prozesse,
insbesondere wirtschaftlicher und gesellschaftlicher Abläufe in
vorhandenen Stufen bis zur Planverbindlichkeit. Wenn man
sich die vor und nach der Gründung der Bundesrepublik bestehende heftige Kontroverse um die Grundsatzentscheidung
Planwirtschaft oder Marktwirtschaft vergegenwärtigt, sowie
den erstaunlichen wirtschaftlichen und gesellschaftlichen Wie-

deraufbau berücksichtigt, die ihren Grund ohne Zweifel in der Entscheidung für die Marktwirtschaft finden, dann ist die überwiegend positive Bewertung der Planung im allgemeinen nicht ohne weiteres verständlich. Aber die Zeiten, in denen – historisch verständlich – eine Planungsallergie als Abwehrreaktion gegen den Sozialismus und den Zentralismus bestand, gehören der Vergangenheit an. Die fortschreitende Entwicklung hat gerade in der CSU zu einer differenzierteren Betrachtungsweise geführt, was letztlich ja nichts anderes wieder beweist, wie flexibel eine Volkspartei in der Wahl der Instrumente – nicht aber der Ziele –, sein muß. Entscheidend dafür war besonders die Erfahrung, daß nicht nur die Verteilungsgerechtigkeit zwischen den einzelnen Gruppen einer pluralistischen Gesellschaft staatliche Maßnahmen (z. B. Vermögensbildungsgesetze) erfordert, denn dem Marktmechanismus fehlt ja diese Komponente, sondern auch die Verteilungsgerechtigkeit hinsichtlich bestimmter Güter zwischen den einzelnen Regionen unseres Landes. Über die Raumordnung rückte die Planung als deren Instrument zunehmend in den Vordergrund. Die Raumordnung ist sozusagen das Einfalltor eines für die CSU nicht völlig unproblematischen Instrumentes. Denn in der nüchtern getroffenen Begriffsbestimmung, ohne eigenständigen Charakter, kann sie möglicherweise bei undifferenziert angewandter Auslegung mit einem in den sozialistischen Planwirtschaften vorherrschenden Planungsbegriff identifiziert werden und z. B. unverträglich sein mit einem für die CSU unverzichtbaren Grundsatz wie etwa dem der Subsidiarität.

Planrationalität kontra Marktrationalität

Das entscheidende Merkmal der so verstandenen Planung ist die sogenannte Planrationalität. Unsere komplexen, oft unübersichtlichen Lebensumstände wecken das Bedürfnis, sie gedanklich faßbarer zu machen und Entscheidungen stärker zu sichern. Planung erscheint dabei das einzige Mittel zu sein, dieses Bedürfnis zu befriedigen. Sie soll letztlich gegen eine Welt von Unwägbarkeiten und Überraschungen, irrationalen Zufällen und Ungewißheiten eine Festung von Rationalität auf-

bauen. Im Planungsbegriff inkarniert sich die Hoffnung, endlich einmal der widersinnigen und gegenläufigen Überraschungen Herr zu werden, die so hartnäckig den Menschen und seine
Gesellschaft trotz aller wissenschaftlichen Fortschritte verun-
sichern. Planung ist zielgerichtet rational. Sie verwertet alle er-
reichbaren Informationen, alle verfügbaren Methoden und
Hilfsmittel für ein rational transparentes Gebäude. Da sie aber
den Irrtum über die Ausgangsinformationen und die Methoden
mit einschließt, ist sie im Ergebnis häufig mehr als irrational.
Dafür gibt es mannigfaltige Beispiele. Wer hätte etwa vor
15 Jahren die jetzige Geburtenrate vorausgesehen?! Die Irrationalität der Planung besteht darin, daß sie gleichsam trotz des
Wissens um die unvermeidlichen Fehlerquellen auf die Rationalität der Planungsmethode und deren Ergebnisse vertraut.

Krasses Gegenüber der Planrationalität ist die Marktrationalität. Sie geht von der Unmöglichkeit aus, alle Faktoren im voraus zu erfassen und auch noch zu lenken. Deshalb fordert sie
nur bestimmte Rahmenbedingungen, aufgrund deren sich die
verschiedenen bekannten und unbekannten Kräfte von selbst
einspielen. Die Marktrationalität beruft sich auf eine Selbstregulierung divergierender und harmonischer Kräfte. Sie setzt
auf diese Selbstregulierung nicht zuletzt deshalb, weil sie sich
eher an den Grenzen als an denkbaren Fähigkeiten menschlichen Verstandes orientiert. Die Irrationalität der Marktrationalität besteht allerdings darin, daß in sehr vielen Fällen ver-
fälschte Marktbedingungen vorliegen, und daß im Markt-
geschehen regelmäßig Planungsmaßnahmen Einfluß nehmen.
Das Arbeitsrecht oder das Baurecht z. B. kann nicht allein dem
Markt überlassen werden. Dies wird heute keiner Erläuterung
mehr bedürfen.

Planzuständigkeit – Planverbindlichkeit

Betrachten wir aber nun den oben dargelegten Planungsbegriff,
so gehört dazu die Planung als Methode, das Handeln verschie-
denster Entscheidungsträger im vorherein festzulegen, um ein
final bestimmtes Ziel zu erreichen. Die Frage der Planverbindlichkeit und die Frage der Planzuständigkeit scheiden letztlich

die politischen Richtungen, die hier aus ideologischen Gründen unvereinbar sein müssen. Denn Planverbindlichkeit ist ein Herrschaftsinstrument, mit dem andere Gewaltträger auf Inhalte, Ziele und konkrete Maßnahmen verpflichtet werden. Sie kann ohne weiteres zur Machtkonzentration und Zentralisierung führen, da sie das Subsidiaritätsprinzip außer Kraft setzen kann.

Nach dem Subsidiaritätsprinzip sollen u. a. nur diejenigen Aufgaben von unteren Gewaltträgern nicht wahrgenommen werden, die von ihnen nicht bewältigt werden können. Nach der Planverbindlichkeit kann der Plan entscheidend sein, können autonome Entscheidungen unterer Gewaltträger nur mehr zur Lückenfüllung des Planes zugelassen werden. Deshalb muß bei jeder Planverbindlichkeit und in jedem Einzelfall die Frage in aller Schärfe gestellt werden, ob man aus übergeordneten Gründen der verminderten Selbstbestimmung unter Gewaltträger zugunsten der Planzentralität zustimmen kann. Das ist letzten Endes eine Frage, wie hoch oder niedrig der Freiheitsraum einzelner Organe in einer pluralistischen Gesellschaft bewertet wird. Grundsätzlich muß Planung auf dem Spielraum autonomer Entscheidungsträger beschränkt bleiben, wenn nicht eine pluralistische, machtgeteilte und konkurrierende Gesellschaftsordnung verlassen werden soll. Wenn Planung bisher autonome Entscheidungen zugunsten zentraler Planungshoheit aufhebt, wird zugleich ein Stück Selbstbestimmung aufgehoben. Das Paradebeispiel hierfür ist die Planwirtschaft als Gesellschaftssystem. Wenn eine Instanz durch Planung die Zuständigkeit bisher selbständiger Instanzen aufhebt, verändert sich die Gesellschaft hin auf weniger Freiheit und weniger Selbstbestimmung.

Wir bejahen daher Planung, die das eigene Handeln ordnet und die Absichten über einen größeren Zeitraum transparent macht. Wir lehnen deshalb jede Planung ab, die über Entscheidungsträger in deren ureigensten Entscheidungsrahmen verfügt, da sie nur Macht und damit Fehler kumuliert, sowie Spontaneität, Initiative, Innovation lähmt. Bei der Entscheidung, ob eine Einschränkung der Freiheit zugunsten besserer, gerechterer, sicherer Lebensumstände in Kauf genommen werden soll, oder ob man sich lieber darauf verläßt, Fehlentwicklungen der allgemeinen Lebensumstände zugunsten der Freiheit zuzulassen und sie »nur« nachträglich zu korrigieren, kann die Weltanschauung nicht ausgeschlossen werden. Ist man von der Fehlerhaftigkeit und Beschränktheit menschlicher Kenntnisse überzeugt, so wird man in der verbindlichen Planung in erster Linie den Freiheitsverlust in der eigenen Entscheidung sehen. Ist man dagegen von der Fähigkeit des Menschen überzeugt, durch die Planrationalität Fehler zu vermeiden, dann wird man die Freiheit für keine Freiheit halten, wenn sie mit Irrtümern erkauft wird. Die Geschichte ist dabei bemerkenswerterweise für die Planrationalität nicht unbedingt ein guter Zeuge. Zwar kann sie eindeutig darlegen, daß Fehler gemacht werden und daß ständig neue Ungleichgewichte entstehen, die korrigiert werden müssen. Sie kann aber von keinem Beispiel erzählen, in dem durch sie Fehler und Ungleichgewichtungen vermieden worden wären.

Die Lösung in Bayern

Die CSU hat ein differenziertes Landesplanungsgesetz in Bayern geschaffen, um die räumlichen Disparitäten abzubauen und die Verteilungsgerechtigkeit von Gütern zwischen den einzelnen Regionen zu verbessern. Die Instrumente dieser Planung zur Erreichung eines Zieles, das unbestritten ohne diese Instrumente nicht erreicht wurde bzw. nicht erreicht werden kann, sind m. E. geeignet, den oben genannten Konflikt von Planung und Freiheit, von Selbstbestimmung und Einschränkung dieser aus übergeordneten Gesichtspunkten, beispielhaft aufzuzeigen, da die Konfliktslösung ebenfalls als beispielhaft gelten kann. Die Richtzahlen z. B. als vorgegebene Einwohnergröße eines Raumes, die nicht überschritten werden soll, schränkt ohne Zweifel die Eigenentscheidung der Bevölkerung dieses Raumes in vielerlei Hinsicht, wie sie sich in ihrer Gesamtheit entwickeln will, ein. Wenn das Tegernseer Tal selbst nicht entscheiden kann, ob es mehr Bauflächen ausweisen kann oder nicht, sondern letztlich übergeordnete Stellen, weil diese übergeordnete Interessen reklamieren, dann ist das sicherlich eine Einschränkung des Entscheidungsspielraumes der Tegernseer Gemeinden. Die gleichen Auswirkungen hat etwa die landesplanerische Eingruppierung eines Ortes als zentraler Ort oder eines Teilraumes als strukturschwach. Auch hier werden Entscheidungen für die Entscheidungsträger des Ortes bzw. Teilraumes von übergeordneten Stellen aus übergeordneten Interessen in der einen oder anderen Richtung präjudiziert. Die Einschränkung dieser aus dem Subsidiaritätsprinzip fließenden Freiheitsrechte der Entscheidungsträger hält aber nicht nur deshalb der oben genannten kritischen Frage nach höherrangigen Gründen zugunsten der Planzentralität stand, weil damit gleichwertige Lebensbedingungen im ganzen Land geschaffen werden, die das freie Spiel des Marktes nicht schaffen kann, weil es eben nicht die Verteilungsgerechtigkeit der Güter im Auge hat. Entscheidend ist die Art und Weise der Entstehung dieser Planzentralität. Die CSU hat erfolgreich und selbstkritisch gegen die Versuchung, im Bereich der Raumordnung aus den genannten überragenden Gründen in eine zentralistisch verordnete Planung zu verfallen, die offene Planung praktiziert, die in die Planverbindlichkeit letztlich die Entscheidungsgewalt aller Betroffenen miteinbindet.

Offene Planung bedeutet, daß durch den Planungsprozeß selbst die Ziele und Wege zu diesem Ziel ebenso offen gelegt werden, wie die Grundlagen, auf die man sich stützt. Damit erschließt letztlich die offene Planung durch ihre Transparenz andere Freiheitsräume, da sämtliche Daten zur Diskussion aller Entscheidungsträger stehen. Denn offene Planung bedeutet auch, daß sie nicht nur in Zielsetzung und Begründung offen gelegt wird, sondern auch, daß die Betroffenen an dieser Planung entscheidend und vielfältig beteiligt werden. Offene Planung ist damit demokratische Planung. Damit bedeutet schließlich offene Planung auch flexible Planung, die sich durch starre Festlegung niemals verändernden Bedingung und neuen Erkenntnissen verschließen kann.

Hervorzuheben ist dabei, daß die offene Planung in jedem Einzelfall verbürgt, daß die Notwendigkeit und Rechtfertigung einer beschränkenden Planverbindlichkeit, die Abwägung der Einschränkung der Freiheit zugunsten der Planzentralität einer offenen Aussprache unterzogen wird und Substanz haben muß. Nur mit der offenen Planung ist gewährleistet, daß immer die Grundfrage gestellt wird, nämlich ob es besser ist, die Mängel einer konkurrierenden Gesellschaft in Kauf zu nehmen um der Freiheit willen, oder ob es besser ist, die Mängel einer Planungsgesellschaft in Kauf zu nehmen um eines Ideals willen – aber unter Verzicht auf Freiheit. Nur wenn die Grundfrage ständig gestellt wird, gibt es keine Überschreitungen, kein unbewußtes, vom Zeitgeist abhängiges Hineinschleichen in eine Planungsgesellschaft oder eine verplante Gesellschaft.

Klaus Rose
Sozialpolitischer Sandkasten?
Über die Gestaltungsaufgaben
bayerischer Sozialpolitik.

Gar mancher Leser mag überrascht sein, in einem Buch mit dem Titel »Politik aus Bayern« auch die Sozialpolitik zu Wort kommen zu sehen. Zu erfolgreich waren die Versuche, die bayerische Christlich-Soziale Union in die Ecke der Anti-Sozialen, der Ausbeuter, des Anti-Fortschritts schlechthin zu stellen. Zu heiß klingen die Parolen von der CSU als der Partei der privilegierten, besitzenden Minderheit, die sich um sozial Schwache nicht kümmern könne. Und zu häufig erscheinen sozialpolitische Neuerungen als Erfolgsmeldung der Bundesregierung, statt tiefer zu forschen, wer die Initiative geleistet, beziehungsweise wer die Folgelasten zu tragen hat.

Neben älteren engagierten Sozialpolitikern dürften aber gerade wir jüngeren Abgeordneten Beispiel genug sein, daß die soziale Komponente der politischen Entscheidungen im Landtag immer wieder durchschlägt, besonders augenfällig bei den schmerzlichen Sparmaßnahmen infolge verminderter Steuereinnahmen des Staates im Herbst 1975. Bei dringend nötiger Hilfe des Staates wurde hierbei keine Null vor dem Komma gestrichen. Und zum Beispiel bei der Einschränkung der Schulwegkostenfreiheit erinnerte man sich der kinderreichen Familien, um wenigstens diese von erneuten Belastungen auszunehmen.

»Bayerischer Weg« der Sozialpolitik?

Die Frage wird sich aber stellen, wo denn Bayern überhaupt eine eigene – oder zumindest typische – Sozialpolitik betreiben kann; wo der Freistaat seine eigentlichen Gestaltungsaufgaben sieht; wo er zählbaren Erfolg aufweisen darf.

Es kann zunächst insgesamt schlicht gesagt werden, daß das,

was in Bayern in der Sozialpolitik geleistet wird, jedwedem Vergleich standhält. Auf alle Fälle nicht geringer als in anderen Bundesländern beteiligt sich Bayern an den vielfältigen sozial-politischen Aufgaben des Arbeitsschutzes, der Müttererholung, des Gesundheitswesens, der Altenbetreuung, um nur einige Beispiele zu nennen. Eine weitverzweigte Aufgabenstellung fordert dem Arbeits- und Sozialministerium, aber auch den verantwortlichen Politikern und Verbänden den höchsten täglichen Einsatz ab. Gibt es dabei aber den »Bayerischen Weg«, ähnlich dem Schlagwort auf dem Landwirtschaftssektor? Haben sich bayerische Politiker auch kontrovers zum Bund durchgesetzt? Haben sie die Chance, aus ihrem Land ein Musterbeispiel des fortschrittlichen Sozialstaats zu machen? Oder sind die Aktivitäten nur sozialpolitische Sandkastenspiele, Vollzugsmeldungen Bonner Entscheidungen, Auswirkungen der immer knapperen Finanzen?

Zweifellos fallen in der Sozialpolitik die großen Entscheidungen in Bonn. Besonders, wenn nur als Sozialpolitik gilt – wie dies offensichtlich in weiten Kreisen der Bevölkerung der Fall ist – was mit Rentenversicherung und Kriegsopferversorgung, Arbeitslosenunterstützung und Einkommensverbesserung, persönlicher und materieller Schutz im Leben zu tun hat. Hier obliegt dem Bund die Gesetzgebung, hier kann und muß er steuern. Bayerische Eigenart wird kaum gefordert, es sei denn, man setzt bayerisch und christlich-sozial gleich. Denn dann stellt sich die Frage nach einem besonderen Gestaltungsfeld: kann der Staat angesichts der Kostenexplosion beziehungsweise der Wirtschafts- und Finanzflaute immer mehr leisten. Umgekehrt: soll er sich immer weitertragende Kompetenzen aneignen und den privaten Freiheitsraum mehr und mehr einengen? Soll nicht das Prinzip der »Hilfe zur Selbsthilfe« wieder deutlicher zur Geltung kommen und nicht jenes der totalen staatlichen Versorgung, aber damit auch staatlichen Abhängigkeit und Einschnürung? Soll nicht der einzelne zu seiner Altersversorgung – über eine Mindestrente hinaus – selbst beitragen, indem er Privatbesitz ansammelt, der ihm aber nicht weggenommen oder weggesteuert werden darf?

Nach Auffassung der CSU – neues Grundsatzprogramm von 1976 – sollte der »Umfang der Staatstätigkeit zu Gunsten der eigentlichen Aufgaben des Staates reduziert werden«. Denn ginge es mit der derzeitigen Kostenentwicklung nur auf dem sozialen Sektor so weiter, wäre im Jahr 2020 der Zeitpunkt erreicht, wo das gesamte Sozialprodukt zur Kostendeckung allein im Gesundheitswesen verbraucht würde. Immerhin haben sich die Ausgaben in der gesetzlichen Krankenversicherung von 9,5 Mrd. DM im Jahr 1960 auf 61,5 Mrd. DM im Jahre 1975 gesteigert. Dabei stiegen die Ausgaben für Ärzte (1964–74) um 261 Prozent, für Arzneimittel um 380 Prozent und für Krankenhausbehandlung gar um 491 Prozent. Daß hier der einzelne mehr zur Verantwortung gezogen werden muß, liegt auf der Hand. Denn will man nicht noch höhere Belastungen durch ein Ansteigen der Steuer- und Sozialversicherungsabgaben – ohnehin von 15 Prozent des Einkommens im Jahre 1950 auf 32 Prozent des Einkommens im Jahre 1975 gestiegen –, so muß wieder größeres Verantwortungsbewußtsein Platz greifen, zum Beispiel auch in Form einer gesunden Lebensführung. Was in den letzten Jahren für Rauschgiftsüchtige und in den kommenden für Alkoholiker geleistet werden mußte und muß, zeigt doch deutlich, daß die Verantwortungsbewußten für die weniger Verantwortungsbewußten aufkommen müssen. Deshalb ist es nicht verwunderlich, daß auch schon die Diskussion über einen Krankheitsrisikozuschlag auf gesundheitsgefährdende Genußmittel aufkam.

Wenn oben gesagt wurde, daß der Umfang der Staatstätigkeit zurückgehen sollte, so heißt das freilich nicht, daß sich die Staatspflicht in der Fürsorge für die Armen und Schwachen erschöpfen soll. Es muß vielmehr »die Verwirklichung der sozialen Gerechtigkeit zur Unterstützung einer eigenständigen und selbstverantwortlichen Lebensführung des Bürgers führen«, wie es im neuen Grundsatzprogramm weiter heißt.

Genau an diesem Punkt setzt die wichtigste sozialpolitische Aufgabe an. Es kann in der modernen Gesellschaft nicht darum gehen, im Kollektiv, in einer Großkommune oder ähnlich einer Klostergemeinschaft in gemeinsamer Selbstversorgung zu leben, sondern sich nach eigenen Vorstellungen und Bedürfnissen einen privaten Lebensraum zu schaffen, für den der Staat nur den äußeren Rahmen abgibt. Damit dies nicht bloß als idealistisches Ziel des Staates »Utopia« erscheint, ist und bleibt bedeutendste Aufgabe der Staatslenker, für ein ausreichendes Angebot an Arbeitsplätzen, und zwar an möglichst hochwertigen, zu sorgen. Das größte sozialpolitische Unrecht ist die Unterversorgung auf diesem Feld. Insofern kann sich nicht jene Regierung mit den schmucksten Sozialfedern zieren, die möglichst viel an Sozialhilfe gewährt, sondern nur jene, die die Wirtschaft eines Landes zur Hochblüte zu bringen vermag. Auf Dauer gesehen ist nur in einem wirtschaftlich starken Staat die Selbstverwirklichung des Menschen am Arbeitsplatz einerseits und die finanzielle Grundlage für soziale Leistungen andererseits gegeben. Die bayerische Sozialpolitik hat diesen Zusammenhang nie vergessen und bemüht sich deshalb mit den Wirtschaftspolitikern um ein größtmögliches Maß an gemeinsamem Wirken auf dem Arbeitssektor. Das Geschwätz von der einseitigen Bevorzugung der Wirtschaft durch die CSU sollte deshalb gerade in der heutigen Situation belanglos werden.

Natürlich kann sich die bayerische Sozialpolitik andererseits nicht in der Unternehmensstärkung erschöpfen. Eine breite Bildungsgrundlage gehört ebenso zur »Lebensqualität« wie die Schaffung gleichwertiger Lebensräume, wie sie das Landesentwicklungsprogramm vorsieht. Gar manche Ausgabe, die im Sozialhaushalt zu Buche schlägt, könnte nämlich erspart bleiben, wenn zuvor eine vernünftige Gestaltung des privaten und öffentlichen Lebensablaufes möglich wäre. Sozialpolitik ist also weiter zu fassen als bloße Fürsorge für jene, die sich selbst nicht mehr helfen können.

Bayerns sozialpolitische Erfolge

Trotzdem hat Bayern, auf dem Industriesektor längst ein zukunftsträchtiges Land geworden, auch in der eigentlichen Sozialpolitik einen gewaltigen Sprung nach vorne gemacht. Obwohl eingebettet in der deutschen Sozialgesetzgebung, hat der Freistaat ein gewisses Eigenleben entwickelt und das Schicksal seiner Bürger zu formen versucht. Deshalb die Frage: wo sah Bayern seine sozialpolitischen Gestaltungsaufgaben?

Für die verschiedensten Bevölkerungsgruppen, die der staatlichen Unterstützung bedurften, entstand eine Reihe von Plänen. Die wohl bedeutendsten sind der *Landesaltenplan* sowie der am 26. März 1974 vom Ministerrat beschlossene *1. Bayerische Landesplan für Behinderte.* Zu letzterem erschien um die Jahreswende 1975/76 ein dickes Materialhandbuch, aus dem die ungeheure Vielfalt und Schwere der Behindertenbetreuung hervorgeht. Der Freistaat Bayern hat in diesem Zusammenhang neben direkter finanzieller Unterstützung und schulischer Betreuung besonders die Koordination der verschiedensten Verbände und Hilfsorganisationen übernommen und deshalb einen »Bayerischen Landesausschuß für Rehabilitation« eingerichtet. Schwerpunkte des Behindertenplans sind die Habilitation, das heißt die Ersterlangung von Fähigkeiten zur Eingliederung in Arbeit, Beruf und Gesellschaft durch medizinische, berufliche und soziale Maßnahmen und Leistungen, die Rehabilitation, das heißt die Wiedereingliederung in Arbeit, Beruf und Gesellschaft, die Pflege und Betreuung nicht oder nicht voll eingliederungsfähiger Behinderter, sowie die Verhütung und die Nachsorge.

Wenn man die verschiedenen Gruppen der Behinderten in Bayern addiert, so ergibt sich bei einer Gesamtbevölkerungszahl von knapp 11 Millionen immerhin die Summe von 750 000. 36 Prozent davon sind psychisch, 32 Prozent geistig, 24,8 Prozent Körper- und 7,2 Prozent Sinnesbehinderte (Blinde, Gehörlose, Sprachbehinderte). Ihnen gegenüber haben Staat und Gesellschaft weit mehr soziale Verantwortung als beispielsweise gegenüber Leistungsempfängern der Krankenkassen, die sich an ein »Ausnützen« in manchen Bereichen gewöhnt zu haben scheinen. Der Freistaat Bayern hat deshalb bei den Behinderten trotz der Finanzkrise nicht gespart, er tut weiterhin alles zur Linderung des Behindertenloses.

Die verstärkte finanzielle Förderung der Rehabilitation wird dabei u. a. dadurch gewährleistet, daß aus allgemeinen Wohnungsbaumitteln die Errichtung jeder behindertengerechten Wohnung mit 8000 DM gesondert bezuschußt wird. Und eine Reihe von weiteren Sondermitteln soll das Los der Behinderten und ihrer unmittelbaren Umgebung lindern oder gar lösen helfen.

Eine wichtige Aufgabe wird in diesem Zusammenhang auch den Rundfunk- und Fernsehanstalten zukommen. Neben gesonderten Blindenprogrammen müßten auch eigene Programme für Gehörgeschädigte entwickelt werden. Noch hilfreicher wären »Dolmetscherapparate« zur Einblendung von Untertiteln, was jedoch wiederum größere monetäre Anstrengungen erfordert. Der Freistaat Bayern sollte hier keine Mühen scheuen, um den von der Natur oder durch Unfälle Geschädigten wenigstens materiell zu helfen.

Wenn auch die Behinderten und die Alten einen deutlichen Schwerpunkt der bayerischen Sozialpolitik darstellen, sollen andere Aufgabenbereiche nicht zu kurz kommen. Vor allem deshalb nicht, weil sich in ihnen der »Bayerische Weg« am ehesten zeigen könnte. Das sind die Problemgebiete der *Familienhilfe*, der *Unterstützung* der *Vertriebenen und Heimkehrer*, des *Krankenhauswesens* und der *Sozialstationen*.

Kernproblem: Ehe und Familie

Für christlich-soziale Politik ist die Familie nach wie vor das Zentrum des menschlichen Lebens. Sie nicht zu zerstören, sondern zu fördern, ist oberstes Ziel. Ihm soll das weitverzweigte Netz der Ehe- und Familienberatungsstellen dienen, aber genauso die finanzielle staatliche Unterstützung erholungssuchender Familien oder Mütter. Daß hier die Bayerische Staatsregierung Tageszuschüsse gibt, ist ein deutliches Zeichen für die Bewertung der intakten Familie. Den Ehepartnern oder Eltern durch einen kurzen Urlaub neue Kraft für den Alltagskampf zu sichern, bleibt förderungswürdiger als die Errichtung von Scheidungsgerichten, die niemals zum Vorteil der betroffenen Kinder sein werden. Bei allem Verständnis für gescheiterte Ehen wird sich die bayerische Sozial- und Familienpolitik nicht an diesen orientieren und die Gesetzgebung nach ihnen beeinflussen, sondern zur Familienzusammengehörigkeit beitragen. Ebensowenig wird sie das Problem unehelicher Kinder durch deren Abtreibung zu lösen suchen, sondern durch besondere

Hilfen für werdende Mütter. Dazu gehört nicht zuletzt eine öffentliche Bewußtseinsbildung, daß das Kind von höchstem Wert ist, unabhängig, ob es durch Trauschein sanktioniert oder »anderen Umständen« zu verdanken ist. Wenn die Angst vor öffentlicher Schande aufhört, das Kind bewußt angenommen wird, sollte die Abtreibung wirklich nur mehr auf Einzelfälle beschränkt sein. Wichtig ist dann allerdings, daß das Kind in größtmöglicher Geborgenheit und Mutternähe aufwächst. Wiederum viel Leid und Geld in späteren Jahren könnten für den einzelnen und die Gemeinschaft gespart werden, wenn nicht die verdienende »Emanzipationsfrau«, sondern die kinderbewußte Mutter Leitbild unserer Gesellschaft wäre.

»Zwangszuagroaste«

Ein herausragendes sozialpolitisches Gestaltungsfeld hat Bayern immer in der Unterstützung der Vertriebenen und Heimkehrer beziehungsweise Spätaussiedler gesehen. Während es bei nicht wenigen Zeit»genossen« zum guten Ton gehört, auf die Vertriebenen loszueifern, stellte sich der Freistaat Bayern immer schützend vor sie und betrachtete sich zum Beispiel bei den Sudetendeutschen – angesichts des jahrhundertealten bayerisch-böhmischen Kulturraums – gar als Protektor. Die Millionen von »Zwangszuagroasten« voll befriedigend eingegliedert zu haben, bleibt auch für spätere Generationen sozialpolitisches Vorbild.

Vom Bettendefizit zum Bettenberg?

Zum Schluß soll noch das Feld des Gesundheitswesens beleuchtet werden, weil hier Bayern – abhängig zwar vom Bund – einen eigenen Weg eingeschlagen hat. Als vor wenigen Jahren das Bundesgesetz der Krankenhausfinanzierung verabschiedet wurde, glaubte man nämlich an das große Wunder von neuen, großen Kliniken im gesamten Land. Inzwischen ist Ernüchterung eingekehrt. Jetzt spricht man in Bonn bereits, obwohl noch gar nicht so viel Neues geschaffen wurde, vom »Bettenberg«.

Und jetzt ist auch die großzügige Bereitschaft der früheren Bundesgesundheitsministerin Käthe Strobel, auf alle Fälle mit einem Drittel in der Krankenhausfinanzierung einzusteigen, vergessen und überholt.

Bayern mußte sich in seinem Krankenhausbedarfsplan nach eigenen, niedrigere Bettenzahlen ansetzenden Vorstellungen orientieren. Zusammen mit der fälligen Gebietsreform konnte man das gesamte Land mit einem möglichst gleichmäßigen Netz von Krankenhäusern der verschiedenen Versorgungsstufen überziehen. Es wurden großartige Neubauten zustandegebracht und mit der Errichtung des Deutschen Herzzentrums in München kam es auch im europäischen Rahmen zu einem Glanzlicht.

Gerade auf dem Krankenhaussektor wird man aber auch kritische Stimmen hören müssen. So besteht auf alle Fälle noch ein erheblicher Nachholbedarf an modernen, funktionsgerechten Betten, nachdem etwa 35 Prozent der bayerischen Krankenhäuser älter als 60 Jahre sind. Auch in der II. Versorgungsstufe gibt es relativ viel zu verbessern. Die notwendige Spezialisierung ist in den vielen kleinen noch bestehenden Häusern nicht realisierbar. So wird also noch viel Geld aufgewendet werden müssen, bis auch Bayern seinen Bedürfnissen gerecht wird.

Ob allerdings in nächster Zeit und angesichts der Kostenlawine von einer Wunschvorstellung ausgegangen werden kann, erscheint fraglich. Es mehren sich die Stimmen, daß zuviel an guter Substanz brachgelassen wird, nur um pro Landkreis ein Krankenhaus der I. Stufe neu errichten zu können. So soll es ja nicht selten vorkommen, daß jüngst modernisierte Häuser aufgegeben werden, weil der Landkreis durch die Gebietsreform eine andere Gestalt bekommen hat und an einem anderen Ort einen neuen Schwerpunkt setzt. Äußerungen wie »jammerschade um das schöne Haus« – gefallen in Velden/Vils – sollten zumindest zu Überlegungen Anlaß geben, ob nicht doch kleinere Krankenhäuser auch genutzt werden sollen. Auch die Frage der sogenannten »billigen Häuser« muß ernsthaft geprüft werden. Kriterien dafür sind die Verweildauer, der Ausnutzungsgrad, die Pflegesätze, die Beschäftigtenzahl pro Bett und natürlich ganz besonders die Anwesenheit von Ordensschwestern. Dann sollten die Akutkrankenhäuser von den Langzeitliegern entlastet werden. Diese könnte man in umliegende kleine Häuser geben, wo sie für ihre Verwandten auch noch leicht erreichbar wären. Freilich müßte dabei gar manche Veränderung vorgenommen werden.

Das wichtigste bei allen Überlegungen ist die vertrauensvolle Zusammenarbeit zwischen dem Bedarfsplan-Ersteller, einem Planungsausschuß, dem Sozialministerium und den Kommunen, welche zur Sicherstellung der Krankenhausversorgung gesetzlich verpflichtet sind. Vielleicht kann sich dann auch die Meinung durchsetzen, daß nicht unbedingt und überall 300 Betten erreicht werden müßten. Oft reichen, für Ärzte wie für Patienten, für die drei Disziplinen Chirurgie, Innere Medizin und Gynäkologie auch 200 Betten aus, zumal in der Geburtsstation von deutlich geringeren Zahlen als geplant auszugehen ist. Wenn man dann auch nicht überall supermoderne Einrichtungen haben wird, so ist doch dem Wunsch der Bevölkerung Genüge getan, nicht fünfzig und mehr Kilometer zum nächsten Krankenhaus fahren zu müssen. Je mehr Krankenhäuser oder Fachabteilungen »draußen« bleiben, desto größere Chancen bestehen ja auch für die Anwesenheit von Ärzten zur allgemeinen Bevölkerungsbetreuung. Und gar manches Mal nicht einen Neubau, sondern einen rationellen Umbau von Bestehendem vorzunehmen, dürfte ebensowenig schaden. Bayern könnte gerade in der »Normierung«, in der Festsetzung von Kostenrichtwerten, einen wesentlichen Beitrag zur Überschaubarkeit der Kostenentwicklung leisten.

Ausbau Sozialer Dienste

Mehr oder weniger Zukunftsaufgabe bayerischer Sozialpolitik ist der Ausbau der sozialen Dienste. Es geht hierbei um das »menschliche Gesicht« unserer Gemeinden von morgen. Die Hoffnung ist nicht unberechtigt, daß mit dem bayerischen Modell der Sozialdienste und Sozialstationen – letztere übrigens im Bonner Gesundheitsministerium noch im Dezember 1975 unbekannt – ein vernünftiger Weg zur Bewältigung der bürgernahen ambulanten Krankenversorgung, zur Entlastung der stationären Einrichtungen und zur langfristigen finanziellen Entlastung im Krankenhauspflegebereich eingeschlagen werden konnte. Auf der Grundlage des unentgeltlichen Sozialengagements der Helfer sollen notwendige Aufwendungen der Sozialdienste förderungsfähig sein. Dabei könnte man gegenüber Leistungen von hauptamtlichen Pflegekräften um weit mehr als die Hälfte billiger wegkommen. Lediglich dort, wo bürgerschaftliche Selbsthilfe nicht mehr ausreicht, sollte der Staat stärker helfen, und zwar durch die Errichtung von Sozialstationen. Der Freistaat hat bis 1985 ein Netz von etwa 300 Sozialstationen geplant, die neben Pflegediensten für Kranke, Alte, Familien und Kinder auch Hilfs- und Leitstelle für Ratsuchende sein werden und die zur Bewältigung der Aufgaben mit drei bis vier hauptamtlichen Pflegekräften besetzt sind. Mit dieser Form der staatlichen Hilfe wird auf alle Fälle – das läßt sich heute schon sagen – ein Mehr zu niedrigeren Preisen geleistet werden.

Dem Menschen dienen

Das Bundesland Bayern, so darf zum Abschluß wohl gesagt werden, legt die Hände nicht in den Schoß, sondern ergreift sozialpolitische Initiativen, wo immer sie notwendig und möglich sind. Gefordert ist Bayern im eigenen Zuständigkeitsbereich und über den Bundesrat auch in der Bundesrepublik Deutschland. »Dem Menschen dienen« ist die Devise, die auch in Zukunft gelten soll.

Gerhard Merkl
Wieviele Gesetze braucht die Freiheit?
Gesetzesflut für oder
gegen den Bürger?

»Das Gesetz nur kann uns Freiheit geben!« Soll dieser Aus-
spruch Goethes[1], fast 200 Jahre alt, auch heute noch gelten?
Offensichtlich ja, zumindest soweit es die bayerische Rechtspolitik betrifft. Das wird deutlich in vielen Erklärungen des Bayerischen Ministerpräsidenten Goppel, so z. B. in seiner Regierungserklärung vom 10. Dezember 1974, wenn er den Willen der
Staatsregierung bekräftigt, durch Recht und Gesetz die freiheitlich demokratische Ordnung aufrecht zu erhalten, wird expres-
sis verbis bestätigt für das Gebiet des Vertragsrechts vom zuständigen Ressortminister Dr. Hillermeier: »Wir setzen auf die
freiheitssichernde Funktion des Rechts, das den Mißbrauch der
Freiheit verbieten und den Bürgern die Möglichkeit sichern soll,
Vertragsgerechtigkeit zu erhalten[2]« und wird für das Gebiet
des Ordnungsrechts in gleicher Form hervorgehoben durch
Staatssekretär Seidl: »Wir wissen, daß nur das Recht die Freiheit und die freie Entfaltung der Persönlichkeit des einzelnen
sichern kann. Freiheit für den einzelnen und damit für die Gesamtheit unseres Staates kann es nur in Ordnung und durch
Ordnung geben[3].«
Auch das neue Grundsatzprogramm der CSU knüpft die-
selbe Verbindung: »Nur ein starker Staat, rechtsstaatlichen
Prinzipien verpflichtet und mit Autorität ausgestattet, besitzt
die notwendige Handlungsfähigkeit und Kraft, die Freiheit
des einzelnen Bürgers zu sichern und für soziale Gerechtigkeit
zu sorgen[4].«

Wie ist die Rangfolge zwischen Gesetz und Freiheit?

Wir wollen frei sein, wollen unserer Individualität leben und
dies zu sichern ist Aufgabe des Staates. Eine schwierige Auf-

gabe, weil wir nicht mehr Gesetze, nicht mehr Staat wollen als zur Aufrechterhaltung der Ordnung, zur Sicherung unserer Freiheit notwendig ist. Der Ruf nach weniger Staat, nach weniger Reglementierung ist nicht neu, der immer größer werdenden Finanznot der Öffentlichen Hand aber blieb es vorbehalten, die Politiker der Union zu mehr als nur zum Nachdenken zu veranlassen, der Ruf nach »Entstaatlichung« ist nunmehr Verpflichtung zum Handeln.

Gilt dieser Ruf auch für die bayerische Rechtspolitik? Haben wir zu viele Gesetze, zuviel Reglementierung, mehr, als wir für unsere Freiheit, für deren Erhaltung brauchen?

Zu viele Gesetze, zu wenig Freiheit?

Gesetze sind vielgestaltig und verfolgen vielgestaltige Zwecke. Die einen dienen der Aufrechterhaltung der Ordnung, der inneren Sicherheit, also dem Schutz des Bürgers vor unberechtigten Übergriffen der anderen in seinen Freiheitsraum. Nennen wir sie vereinfacht die große Gruppe des Strafrechts.

Eine zweite Kategorie versucht das wirtschaftliche Miteinander der Bürger zu regeln, will den gesellschaftlichen und sozialen Ausgleich der Interessen aller Bevölkerungskreise herbeiführen und auch den schwächeren Marktpartner schützen. Nennen wir sie die Gruppe des Zivilrechts.

Schließlich hat jeder Staat eine große Anzahl von Gesetzen, Verordnungen und Verwaltungsvorschriften, die sich mit Geboten und Verboten an die Bürger richten, um ein Verhalten, ein Tun oder Unterlassen von ihnen zu fordern, Vorschriften, von denen der Staat glaubt, sie erlassen zu müssen, um seinen Aufgaben gegenüber dem Bürger gerecht werden zu können. Nennen wir sie – ebenfalls wieder vereinfacht und juristisch nicht genau – die Bestimmungen des Verwaltungsrechts. Diese, wenn auch große Unterscheidung, erscheint notwendig, um die eingangs gestellte Frage nachprüfen zu können, ob der Ruf nach weniger Staat auch für den Gesetzgeber, der eingeschränkten Betrachtung entsprechend, für den bayerischen Gesetzgeber gilt.

Strafrecht

Die erste Gruppe, die der Strafgesetze, ist Bundesrecht, also dem Einfluß des bayerischen Gesetzgebers weitgehend entzogen. Die föderalistische Substanz erfuhr durch über 30 Änderungen des Grundgesetzes, die weitere Kompetenzen von den Ländern weg zum Bund hin verlagerten und damit Länderparlamente entsprechender Zuständigkeiten beraubten[5], eine weitere Aushöhlung, und so erscheint auf den ersten Blick der Spielraum für eine bayerische Rechtspolitik auf diesem Gebiet kaum der Rede wert.

Unser Grundgesetz bietet aber durch den Bundesrat dennoch ein sehr druckvolles Instrument, gestaltend und lenkend auf den Bundesgesetzgeber einzuwirken. Dadurch ist den Ländern das Recht zur Gesetzesinitiative eingeräumt und die Bayerische Staatsregierung hat davon, insbesondere auf dem Gebiet des Strafrechts, immer großen Gebrauch gemacht. Zuviel?

Strafgesetze, ihre Art und Ausgestaltung, Strafrahmen und Anwendung gestatten wie keine andere Gesetzesgruppe – die Verfassung ausgenommen – Rückschlüsse auf die Einstellung des Staates zu den Grundwerten. Der Staat hat, das war die Ausgangsfeststellung, die Freiheit seiner Bürger zu sichern und die dazu notwendigen Gesetze zu erlassen. Der Stellenwert, den der Bürger dieser Sicherheit eingeräumt sehen will, ist hoch und gerade die letzten Jahre ist der Bürger besorgt, ob dem auch von seiten des Staates Rechnung getragen wird.

Die Kriminalität steigt an, die Gewalt ist im Vormarsch, das Gewaltverbrechen wird täglich mit der Morgenpost zum Frühstück serviert, die »Zusammenfassungen des Tages« werden stetig länger. Vor allem die spektakulären Gewaltakte linksextremer Terroristen lassen uns fragen, ob unser Rechtsstaat noch in der Lage ist, den inneren Frieden und die Rechtssicherheit gegen seine radikalen Gegner zu gewährleisten. Diese Frage bedingt eine zweite: Was hat unser Staat – der Untersuchung entsprechend eingegrenzt, unser Gesetzgeber – getan, um seine Bürger vor diesen Übergriffen zu schützen? Hat er keine entsprechenden Gesetze erlassen oder, wenn ja, greifen sie nicht?

Es ist sicher richtig, daß der Erfolg der Verbrechensbekämpfung nicht allein von dem Vorhandensein von Gesetzen abhängt, aber ebenso unbestritten ist es, daß den Strafgesetzen – wenn sie wohldurchdacht sind – eine vorbeugende und abschreckende Wirkung nicht abgesprochen werden kann, ebenso, wie auch eine schnelle Ahndung der Straftaten ihren Zweck grundsätzlich nicht verfehlt.

Über die Ausgestaltung dieser Gesetze gehen die Meinungen zum Teil weit auseinander. Die einen sind fest davon überzeugt, daß die Liberalisierung des Strafrechts und des Strafvollzugs, wie wir sie in den letzten fünf, sechs Jahren erleben mußten, die Kriminalität ansteigen und den Terror erst richtig Fuß fassen ließen, die anderen protestieren, wenn sie nur Worte wie Ordnung, innere Sicherheit oder »Verteidigung der Rechtsordnung« hören.

Die bayerische Rechtspolitik hat immer eine klare Stellung dazu bezogen, die die Staatsregierung tragende Partei der CSU ebenfalls und zwar nicht erst seit dem neuen Grundsatzprogramm. Gerade auf dem Gebiete der inneren Sicherheit hat die Bayerische Staatsregierung ihr Initiativrecht über den Bundesrat voll genützt, manchmal – zumindest aus der Sicht der politisch Andersdenkenden – schon beängstigend oft, so als wollte sie die Gesetzgebung auf diesem Sondergebiet allein bestimmen. Denken wir nur an die Gesetzesinitiativen der letzten Zeit, so z. B. die Gesetzentwürfe zum Schutz des Gemeinschaftsfriedens[6], zum Schutz der Rechtspflege vor extremistischen Ausschreitungen[7], zur Änderung der Strafprozeßordnung mit dem Ziel einer Verhinderung der Verfahrenssabotage[8], zur Bekämpfung terroristischer krimineller Vereinigungen[9], oder zur Beschleunigung von strafrechtlichen Großverfahren[10].

War das zuviel? Für die Bundesregierung offensichtlich ja, wie sich daraus ergibt, daß sie in vielen Fällen überhaupt nicht, in manchen nur zögernd auf diese Vorschläge einging[11], obwohl deren Notwendigkeit in Anbetracht der täglich sich mehrenden Gewalttaten klar auf der Hand lag. Man hätte vielleicht mehr auf die in der Praxis stehenden Genossen hören sollen, wie z. B. auf den Münchener Polizeipräsidenten Schreiber, der beim oberbayerischen Parteitag der Jungen Union Ende 1975 vor einer zu weichen Welle des Strafrechts in den vergangenen Jahren sprach und unumwunden erklärte: »Bei der Frage der Radikalen vertrete ich die Meinung des Bundesrates[12].«

Bayerische Rechtspolitik geht davon aus, daß Strafrecht und Strafvollzug dazu dienen, die Ordnung im Staat aufrecht zu erhalten und die Sicherheit des Bürgers zu schützen. Straftaten müssen verhindert, oder, wenn sie geschehen sind, geahndet werden, mit dem kriminellen Unrecht muß ein entsprechendes Strafgesetz korrespondieren, unter das das Unrecht subsumiert werden kann, ein Zuviel an Gesetzen wäre daher nur dann festzustellen, wenn auch »Nicht-Kriminelles« unter Strafdrohungen genommen würde. Über die Grenze streiten sich die »Liberalen« und die »Konservativen«. Jüngste Beispiele hierfür sind die Bestimmungen über Pornographie und Abtreibung. Es würde den Rahmen dieser Untersuchung überschreiten, das Für und Wider abzuwägen, die Feststellung mag genügen, daß die bayerische Rechtspolitik nur folgerichtig handelt, wenn sie auch auf diesen Gebieten an ihrer »konservativen« Ansicht festhält.

Zivilrecht

Die zweite große Gruppe der Gesetze ist die des Vertrags-, des Zivilrechts. Auch das sind Gesetze zum Schutze des Bürgers, »für den Bürger«, mit dem Ziel, »die Freiheit mit den Mitteln des Rechts zu sichern, für den einzelnen Bürger, auch für den wirtschaftlich und bildungsmäßig schwachen[13]«. Gerade letzteres war immer ein Anliegen bayerischer Rechtspolitik und auch insoweit hat sich die Staatsregierung des Bundesrats bedient, um ihre Vorstellungen in die Gesetzesinitiativen zum Verbraucherschutz, z. B. zur Rechtsstellung des Wohnungseigentümers und des Grundstückserwerbers[14], zur Änderung der Zivilprozeßordnung hinsichtlich der Zulässigkeit von Gerichtstandsvereinbarungen[14] oder zum Widerruf von Haustürgeschäften[15]. Die Bayerische Staatsregierung hat schließlich auch den Anstoß gegeben zu dem umfassenden Vorhaben einer Reform der Allgemeinen Geschäftsbedingungen, immer davon ausgehend, daß der Bürger in seiner Rechtsstellung als Verbraucher heutzutage besonders schwach ist und deshalb auch zusätzlichen Schutzes bedarf[16].

Fazit auch hier: Ebenso wie im Strafrecht setzt bayerische Rechtspolitik »Akzente«, und, wie man mit Fug und Recht behaupten kann, notwendige, um die Freiheit des Bürgers zu wahren, ihn vor Angriffen Dritter zu schützen und das friedliche Zusammenleben aller Bürger zu ermöglichen.

Beide Gebiete, Strafrecht und Zivilrecht fallen wie dargelegt unter die Bundeskompetenz, Einflußnahmen des Bayerischen Parlaments sind also nur auf Umwegen möglich. Diese Hürden sollten aber kein Hinderungsgrund sein, eigene Initiativen zu entwickeln. Der Vorschlag Bernhard Ückers, der Landtag könne sehr wohl über Diskussionsbeiträge in einer Aktuellen Stunde der Regierung »Anhaltspunkte für ihr Verhalten im Bundesrat geben[17]«, ist ebenso überlegenswert wie der Gedanke, künftig noch mehr als bisher durch Anträge aus dem Parlament über die Staatsregierung und den Bundesrat auf die Bundesgesetzgebung Einfluß zu nehmen. Die kleine zusätzliche Mühe wäre lediglich, an die übliche Formulierung »die Staatsregierung wird ersucht«, den Zusatz anzuhängen: »über den Bundesrat daraufhinzuwirken, daß . . .«. Ein derartiger Beschluß des Bayerischen Landtags ist, insbesondere, wenn mit großer Mehrheit oder gar einstimmig gefaßt, nicht nur ein Auftrag an die Staatsregierung, sondern auch ein ernstzunehmendes Legitimationspapier für ein entsprechend engagiertes Auftreten im Bundesrat.

Verwaltungsrecht

In der Straf- und Zivilrechtspflege erschöpft sich aber der Gesetzgeber nicht, insbesondere nicht der Gesetzgeber der Länder. Es ist vielmehr die dritte Gruppe, die des Verwaltungsrechts, das Hauptbetätigungsfeld der Ländergesetzgebung. Dort auch setzt die Kritik derer an, die den Staat, auch den Freistaat Bayern, überbürokratisiert bezeichnen. »Die Deutschen verwalten sich zu Tode«, schrieb vor kurzem H. G. v. Studnitz[18] und meinte ironisch, so wie sich andere Länder, z. B. Portugal, England und Nordirland durch innenpolitische Auseinandersetzungen zerfleischen würden, so manifestiere sich die deutsche Variante dieser Lust am Untergang im Verwaltungsfimmel. Die Anspruchseuphorie brachte die Ausgabeneuphorie und beides bedingte eine Reglementierungseuphorie. Hat das niemand bemerkt? Waren nicht der Gesetzgeber, Regierung *und* Parlament stolz darauf, in der Periode 70 bis 74 so viele Gesetze verabschiedet zu haben? Kommt jetzt eine neue Welle: Spareuphorie – auch in Bezug auf Bürokratie? Fast hätte es den Anschein, wenn man die jüngsten Reden einiger maßgeblicher Politiker daraufhin betrachtet: So sprach Justizminister Dr. Hillermeier im gleichen Atemzug von einer Rechtsferne des Bürgers und einer Bürgerferne des Rechts[19] und Staatssekretär Kiesl folgerte, die Verbindung zwischen Gesetz, gleich Bürokratie und Freiheit ziehend »ein Mehr an Bürokratie komme einem Weniger an Freiheit des Menschen gleich[20]« und der Bayerische Landtag stimmte am 28. Oktober 1975 einem Antrag von CSU-Abgeordneten zu, der die Staatsregierung ersucht, einen Katalog von Maßnahmen auszuarbeiten, durch die eine leistungsfähige Verwaltung bürgerfreundlicher gestaltet werden kann[21]. Diese Beispiele ließen sich beliebig ergänzen und ein Betrachter der Landtagsbühne käme zu einem nicht gerade schmeichelhaften Urteil über Parlament und Regierung, würde er die letzten Monate des Jahres 75 nur unter diesem Gesichtspunkt sehen. Die Erkenntnis, daß es auch im Freistaat Bayern viele überflüssige Verwaltungsgesetze und -vorschriften gibt, die den Bewegungsspielraum des Bürgers, seine »Freiheit« unnütz einengen, ist aber nicht neu. So hat z. B. Ministerpräsident Goppel schon in seiner Regierungserklärung von 1967 eine Verwaltungsreform mit dem Ziel der Verwaltungsvereinfachung angekündigt, so hat die bayerische CSU in ihren »Grundsätzen der Rechtspolitik« 1972 allgemein verständliche Gesetze und eine Vereinfachung des Verfahrensrechts gefordert, hat die von Ministerpräsident Goppel eingesetzte Beratergruppe für Fragen der Verwaltungsvereinfachung im Dezember 1973 einen Katalog von 900 Vorschlägen überreicht und sind im Laufe der letzten Jahre über 1500 »Verbesserungsvorschläge« aus den Reihen der Staatsbediensteten eingegangen, durch deren Verwirklichung »zum Teil erhebliche Einsparungen«[22] erzielt werden konnten.

Es wäre somit als erfreuliches Zeichen festzuhalten, daß früher schon erhebliche Anstrengungen unternommen wurden, um der Bürokratie Einhalt zu gebieten, um die Gesetzesinflation auf diesem Gebiet einzudämmen, um nur das zu reglementieren, was unumgänglich ist und, daß diese Anstrengungen in letzter Zeit noch verstärkt wurden. Es *wäre* ein erfreuliches Zeichen, *wenn* dem Bemühen auch ein sichtbarer Erfolg beschieden wäre.

Nach wie vor werden die Verwaltungsgesetze und -vorschriften täglich mehr und wenn eine aufgehoben wird, wachsen ähnlich den Pilzen mehrere an der gleichen Stelle nach. Man muß nicht unbedingt auf den Bundesgesetzgeber schielen, um dies beweisen zu können, wenn es auch dort einige sehr anschauliche Beispiele zu registrieren gibt. So wurden zwischen 1969 und 1973 nicht weniger als 116 neue Steuergesetze mit 1519 Paragraphen, 139 Verordnungen und 232 Richtlinien erlassen, zu denen ein 4290 Seiten starker Foliant mit den für die Steuerbehörden maßgebenden Urteilen des Bundesfinanzgerichtshofes trat[23].

Bleiben wir in Bayern. Auch bei uns ist das Wort »Reform« nach wie vor beliebt, und wenn schon die Bundesregierung reformiert, dann auch wir. Aber nicht jede großangekündigte Reform bringt tatsächlich etwas besseres, zumindest, wenn wir sie daraufhin untersuchen, ob sie den Verwaltungsweg erschwert und verteuert. Es gab die Schulreform – wir bekamen weniger, aber größere Schulhäuser, es gab die Krankenhausreform – wir bekamen weniger aber größere Krankenhäuser, es gab die Landkreisreform – wir bekamen weniger, aber größere Landkreise, weniger aber neue oder zumindest erweiterte Landratsämter und wir bekamen die Gemeindegebietsreform – weniger aber größere Gemeinden. Es mag auch einem durch und durch »schwarzen« CSU-Politiker erlaubt sein, leise Zweifel anzumelden, ob die durch diese Reformen sicherlich erzielte bessere »Effektivität« auch zu weniger Bürokratie und zu mehr Bürgernähe, zu weniger Staat und zu mehr Freiheit geführt hat, bzw. führen wird.

Die Erfahrung hat gezeigt: Je größer der Apparat, desto unübersichtlicher, personal- und kostenintensiver und vor allem umständlicher ist er im Blick auf den Bürger. Der »Buchbinder-Wanninger-Effekt« ist jedem aus eigener Erfahrung geläufig und mancher mag deshalb kurz vor Erreichen seines Anliegens an den Staat aufgegeben haben.

Abbau von Reglementierung

Gibt es einen Ausweg? Ratschläge zumindest genug:

Wirtschaftsminister Jaumann z. B. meinte sinngemäß, die Parlamentarier hätten jetzt, da sie weniger Zeit auf Fragen des Geldausgebens verwenden müßten, mehr Zeit sich Gedanken zu machen, wo man überall, auch bei der Gesetzgebung, Einsparungen vornehmen könnte[24]. Die JU Oberbayern verabschiedete ein Diskussionspapier zum Thema »Entsozialisierung«[25], der Bund der Steuerzahler fordert eine umfassende Verwaltungsreform im Sinne einer radikalen Vereinfachung der Administration[26].

Es ist sicherlich leichter zu reden als zu handeln. Auch sollte man nicht einfach alles umkrempeln, sondern bedenken, ob nicht die vorgeschlagene Reform zur Vereinfachung eine noch kompliziertere, zumindest teurere Handhabung nach sich zieht; ein Beispiel mag dies verdeutlichen: Die Funktionalreform – nach Innenminister Dr. Merk eine Dauerreform – ist die nächste, die uns in Bayern im Anschluß an die Gemeindegebietsreform ins Haus steht und auch hier meinen maßgebliche Politiker, die Verlagerung von Zuständigkeiten von den Zentralbehörden auf die bürgernahen unteren Verwaltungsbehörden ermögliche eine kostengünstigere und schnellere Erledigung der Verwaltungsaufgaben[27]. Das mag zutreffen, soweit es die Verlagerung von Zuständigkeiten der Ministerien auf die Regierungen und von den Regierungen auf die Landratsämter betrifft, Bedenken aber gibt es sicherlich für die unterste Ebene.

Spielt es für den Bürger eine große Rolle, ob sein Paß, sein Fischereischein, die Kfz-Zulassung oder die Baugenehmigung, die er bei der Gemeinde beantragt hat, dort oder beim Landratsamt ausgestellt bzw. erteilt werden? Beim Landratsamt sitzen für jede dieser Aufgabenbereiche einige Fachkräfte, die entsprechend geschult sind, bei einer Verlagerung dieser Aufgaben auf die Gemeinden wird sich die Zahl der Fachkräfte – auf den Gesamtlandkreis berechnet – vervielfachen müssen und damit zwar in manchen Fällen eine Bürgernähe aber insgesamt eine enorme Verteuerung ergeben. Beschleunigungen von Verwaltungsverfahren ja, aber nicht um diesen Preis!

Die Schlußfolgerung davon sollte sein: Zunächst keine neuen, grundlegenden Reformen mehr, weder auf dem kommunalen noch auf dem bildungspolitischen Sektor, *soweit* diese nur zu einer Veränderung innerhalb des Staatsgefüges führen. Grundlegende Reformen mögen dort angebracht sein, wo es zu einer »Reprivatisierung«, zu einer tatsächlichen »Entstaatlichung« führt. Dabei sollten die gesamten wirtschaftlichen Unternehmungen der öffentlichen Hand in diese Untersuchungen einbezogen werden, seien es Abwasser- und Müllbeseitigung samt Räum- und Streudienst, seien es Wasserversorgung, Verkehrsbetriebe, Schlacht- oder Bauhöfe, Fuhrparks oder behördeneigene Druckereien, um nur einige Beispiele zu nennen. Soweit sich eine Herauslösung der Aufgaben als nicht möglich oder nicht sinnvoll erweist, bedarf es einer genauen Durchforstung daraufhin, was »entregelt« werden kann, was nicht notwendigerweise einer genauen Normierung bedarf. Schließlich muß auch geprüft werden, wo der Instanzenzug verkürzt, bzw. die Zahl der für die Entscheidung zu beteiligenden Stellen verringert werden kann. Zwar mag es für den Beamten angenehm sein, sich hinter der Entscheidung der nächsthöheren oder einer anderen, ebenfalls zu hörenden Behörde verstecken zu können, wenn er dem Anliegen eines Bürgers nicht Rechnung tragen kann, aber dient dies dem Bürger? Muß jede noch so geringfügige Entscheidung nochmals und nochmals »abgesegnet« werden? Muß jede Entscheidung zig Sachgebiete durchwandern[28]? Reicht es nicht, wenn *einer* für die Entscheidung zuständig – und dann auch dafür verantwortlich ist? Zugegeben, das alles mag vielleicht einfacher klingen als die Durchführung verlangt. Aber es kostet sicher mancherlei Anstrengung, bis dieses Gewirr an Verwaltungsgesetzen und Vorschriften aufgebaut war und so ist es sicher recht und billig, auch für deren Abbau Anstrengungen zu unternehmen. Ein bißchen mehr »Freiheit« wäre doch ein nichtzuverachtender Lohn.

Anmerkungen

1 Aus dem Gedicht: Natur und Kunst

2/3 Auf dem rechtspolitischen Kongreß der CDU/CSU am 5. 12. 75 in Karlsruhe (Bulletin der Bayer. Staatsreg. 41/75 v. 10. 12. 75)

4 Entwurf für den Parteitag am 12./13. 3. 76, Abschnitt B »Leitsätze unserer Politik« unter Nr. 2

5 Bernhard Ücker, Der Landtag in Aktion in »Freistaat Bayern, die politische Wirklichkeit«; Heft A 45 Bayer. Landeszentrale für politische Bildungsarbeit Seite 234

6 Beschluß der Bayerischen Staatsregierung vom 25. 6. 74 (u. a. Verschärfung des Tatbestandes des Landfriedensbruchs; Schaffung eines Straftatbestandes gegen Propagierung von Gewalt und gegen Anleitung zu Gewalthandlungen; Verbesserung des Versammlungsrechts).

7 Beschluß der Bayer. Staatsregierung vom 19. 4. 74 (u. a. Unterbringung von Verfahrungssabotage durch Mißbrauch des prozessualen Erklärungsrechts des Verteidigers; Verbesserung der Rechte des Vorsitzenden gegenüber Ordnungsstörungen; Erhöhung des Ordnungsstrafrahmens).

8 Beschluß der Bayer. Staatsreg. vom 21. 1. 75 (u. a. Ausschluß von Verteidigern; Überwachung der »Verteidigerpost«)

9 Beschluß der Bayer. Staatsreg. vom 29. 4. 75 (u. a. Verschärfung der Strafdrohung; Ausdehnung des Tatbestandes der Nichtanzeige geplanter Straftaten auf das Delikt der Bildung schwerkrimineller Vereinigungen)

10 Gemeinsamer Entwurf der Landesregierungen Baden-Württemberg, Bayern, Rheinland-Pfalz (u. a. Beschränkung der Anklage auf die »Schwerpunkte«)

11 Siehe dazu Haushaltrede des Staatsministers Dr. Hillermeier am 13. 3. 1975 (Stenogr. Landtagsbericht 8/12, Seite 337)

12 »Münchner Merkur« vom 1. 12. 75; ähnlich bei einer Podiumsdiskussion am 26. 11. 75 (SZ v. 27. 11. 75).

13 Wie Anmerkung 2

14 Bayer. Rechts- und Justizpolitik 1966–1974, Informationsschrift des Bayer. Staatsministeriums der Justiz Seite 35

15 Beschluß der Bayer. Staatsregierung 27. 5. 75 (Bulletin 18/75 vom 28. 5. 1975, Seite 5)

16 Siehe Ausführungen von Staatsminister Dr. Hillermeier wie Anmerkung 2 und Anmerkung 14

17 Wie Anmerkung 5, Seite 235

18 »Bayern-Kurier« vom 18. 10. 1975, Seite 2

19 Am 10. 10. 75 beim Wechsel des Landgerichtspräsidenten in Traunstein

20 Am 2. 12. 75 vor der Verwaltungs- und Wirtschaftsakademie in Regensburg (Bulletin 41/75 vom 10. 12. 75, Seite 3)

21 Stenogr. Bericht des Bayerischen Landtags 8/29 Seite 1401

22 Innenminister Dr. Merk vor der Presse am 18. 11. 75 (siehe Bayer. Landtagsdienst vom 18. 11. 75)

23 Siehe »Bayern-Kurier« vom 18. 10. 1975, Seite 2
Insgesamt verabschiedete der Bundestag in der 7. Legislaturperiode vom 13. 12. 72 bis Ende 1975   384 Gesetze (SZ vom 30. 12. 75)

24 Anläßlich der Eröffnung der Niederbayern-Schau am 4. 10. 75 in Landshut

25 Siehe Bericht »Donau-Kurier« vom 19. 11. 75

26 z. B. »Der Steuerzahler« vom September 1975; s. auch die Beiträge von Kurt Faltlhauser und Hans Spitzner

27 So Staatssekretär Erich Kiesl am 2. 12. 75 (vgl. Anmerkung 20)

28 Siehe z. B. Schriftl. Anfrage Landtagsdrucksache 8/1836: Um die Zulässigkeit der Verbrennung von Stroh im Einzelfall zu entscheiden, werden drei Behörden eingeschaltet (Gemeinde, Landratsamt und Landwirtschaftsamt)

Klaus Kopka
Vergessenes Grenzland?
Probleme und Aufgaben
bayerischer Wirtschaftsförderung.

Bestandsaufnahme

Nach einem Gutachten des Instituts für Weltwirtschaft (Kiel) wird sich aufgrund der Importkonkurrenz aus Entwicklungsländern vor allem in der lederverarbeitenden Industrie, der Schuhindustrie, der Textilindustrie und der Bekleidungsindustrie der Strukturanpassungsprozeß erheblich verschärfen. Dies hat zur Folge, daß die vier Grenzlandbezirke Niederbayern, Oberpfalz, Oberfranken und Unterfranken in den nächsten zehn Jahren mit dem Verlust von 33 500 bis 59 500 Arbeitsplätzen, also mit 6,2 bis zehn Prozent der gesamten Industriebeschäftigten rechnen müssen.

Eine beängstigende, für die Bevölkerung des Bayerischen Grenzlandes katastrophale Entwicklung! Denn in den genannten Branchen, die so gefährdet sind, arbeiteten im Jahre 1973 im Zonenrandgebiet 24,3 Prozent, also fast ein Viertel aller Industriebeschäftigten. Und daran hat sich bis heute nichts geändert.

Überschattet werden diese langfristigen Probleme gegenwärtig noch zusätzlich durch mittelfristige Schwierigkeiten, wie die allgemeine Finanzkrise, die sich insbesondere auf dem Sektor der sozialen Sicherung und der Bildungspolitik auswirkt, und die seit Jahren anhaltende Investitionskrise sowie nicht zuletzt die auf uns zurollende Lawine der Jugendarbeitslosigkeit.

Konzept der Bundesregierung: Ein Konzept gegen das Grenzland

Leider hat sich die Bundesregierung bisher nachhaltig davor gedrückt, diese Schwierigkeiten anzupacken, geschweige denn, sie zu beseitigen. Im Gegenteil, die Probleme des Grenzlandes, die hauptsächlich aus einer verfehlten Konzeption der Bundesregierung auf dem Gebiet der regionalen Strukturpolitik herrühren, werden nach wie vor nicht nur vor sich hergeschoben, sondern was noch schlimmer ist, die falsche Konzeption wird weiter praktiziert.

So beharrt im Gegensatz zu Bayern der Bund auf einem starren Schwerpunktprinzip, das den regionalen Besonderheiten der einzelnen Fördergebiete in keiner Weise Rechnung trägt. Im letzten Jahr z. B. hatte dieses Prinzip zur Folge, daß Bayern als einzigem Bundesland eine absolute Reduzierung der Zahl der Schwerpunktorte zugemutet worden war, während gleichzeitig die Gesamtzahl der Schwerpunktorte auf Bundesebene erhöht wurde. Verstärkt wird diese Situation noch dadurch, daß die Förderpräferenzen in überwiegend zentral gelegenen Standorten von vorher zehn auf 15 bis sogar 20 Prozent angehoben wurden, während gleichzeitig ein bayerischer Antrag auf Anhebung der Förderungsmöglichkeiten in den normalen Schwerpunktorten auf 20 Prozent abgelehnt worden ist.

Welche Folgen hat diese Schaffung neuer Standortkonkurrenzen in den Ballungszentren für die unternehmerische Investitionsentscheidung? Dazu ein gravierendes Beispiel: Die Firma Delog/Deltag entschied sich nicht zuletzt aufgrund dieser genannten Umstände für den entwicklungsgünstigeren Standort Bottrop/Gladbeck im nördlichen Ruhrgebiet und gegen Weiden im Zonenrandgebiet.

Aber auch die Entspannungspolitik der Bundesregierung, die zu einer verstärkten Ausweitung des Osthandels führte, hat die Konkurrenzsituation der Wirtschaft im Grenzland nicht unerheblich beeinflußt. Dieser Osthandel hat sicherlich zu einer enormen Auftragssteigerung für Unternehmen in den Wirtschaftszentren geführt. In unmittelbarer Zonenrandnähe aber werden die Ergebnisse dieser verstärkten Ostkontakte bedauerlicherweise zu allerletzt spürbar. Vielmehr sind gerade hier die verstärkten Einfuhren zu Niedrigpreisen aus Staatshandelsländern zu einer Konkurrenz geworden, die die Situation der Wirtschaft im Grenzland weiter verschlechtert haben.

Auswirkungen auf das Grenzland

Ich will an diesen Beispielen aufzeigen, welche Auswirkungen sich für die Wirtschaft und damit gleichzeitig für die Gesamtbevölkerung im Grenzland ergeben. Ganz besonders aber werden die schwächeren Teile unserer Wirtschaft im Grenzland in den kommenden Jahren betroffen sein. Ich denke hier vornehmlich an den Mittelstand. Wenn wir in Zukunft mit geringerem Wachstum rechnen müssen, werden die größeren Unternehmen versuchen, Beschäftigungsmöglichkeiten an sich zu ziehen, die sie bislang ohne Verlust mittelständischen Unternehmen überlassen konnten. Die überwiegend mittelständisch strukturierte Wirtschaft Bayerns, das gilt noch mehr für die Wirtschaft im Grenzgebiet, muß deshalb in den kommenden Jahren mit sich verschärfenden Wettbewerbsbedingungen rechnen. Das wissen wir. Aber wir wissen auch, daß zusätzliche Belastungen, wie ich sie eingangs aufgezeigt habe, den Tod der mittelständischen Wirtschaft im Grenzland bedeuten können. Denn es kommt noch hinzu, daß der Bevölkerungsrückgang die strukturschwachen Gebiete entleert und sich damit die dort vorhandenen Infrastruktureinrichtungen nicht mehr tragen. Dies gilt vor allem für die Jugendlichen, die aufgrund der strukturellen Probleme keine Arbeit finden und in die Ballungszentren abwandern.

Es kommt weiter hinzu, daß infolge der Energieverteuerung auch die Verkehrsleistungen immer stärker im Preis steigen und somit der Nachteil der Marktferne noch größer wird. Schließlich muß befürchtet werden, daß bei einem Anhalten der Finanzkrise kein noch so nachhaltiger Protest die Bundesbahn von ihrem endgültigen Rückzug aus der Fläche und damit besonders aus den Grenzgebieten aufhalten wird.

Alles in allem: die Sterne für eine Fortsetzung der regionalpolitischen Erfolge der Vergangenheit stehen zur Zeit keineswegs günstig. Dies muß, so meine ich, die verantwortlichen Politiker um so mehr veranlassen, die regionalpolitischen Anstrengungen zu verstärken. Man soll uns eines Tages nicht den Vorwurf machen können, wir hätten die Zeichen der Zeit nicht erkannt. In Anbetracht dieser geschilderten Entwicklung werden in den nächsten zehn Jahren in Bayern etwa 300 000 neue Arbeitsplätze zu schaffen sein, um den Anforderungen in Zukunft gerecht zu werden.

Ist das Grenzland vergessen?

Die Politik der derzeitigen Bundesregierung, die sich mit ihren Förderungsprogrammen immer mehr von der Fläche zurückzieht und dafür den Zentren unseres Landes zuwendet, läßt diese Frage immer eindeutiger und zweifelsfreier mit einem klaren »Ja« beantworten. Als Beweis für diese Behauptung habe ich mehrere Beispiele genannt. Aber es geht noch weiter: die beabsichtigten Streckenstillegungen der Deutschen Bundesbahn, die zu den schärfsten Protesten gerade der Grenzlandpolitiker geführt haben, werden von der derzeitigen Bundesregierung nicht nur gebilligt. Sie werden vorangetrieben; wenn auch – wenige Monate vor der Bundestagswahl – mehr im stillen Kämmerlein und nicht so sehr in der Öffentlichkeit. Das Ziel aber ist klar: Weg vom flachen Land – hinein in die Zentren. Ähnliche Bestrebungen sind auch auf dem Gebiet des Fernstraßen- und Autobahnbaues zu beobachten.

Die Bevölkerung im Grenzgebiet wird durch diese Politik des Rückzuges noch weiter an den Rand gedrückt. Und es erhebt sich die Frage: ist diese Bundesregierung überhaupt noch ernsthaft daran interessiert, der Bevölkerung im Grenzland gleiche Zukunftschancen einzuräumen wie auch den anderen Bevölkerungsteilen unseres Landes?

Was muß also geschehen, um die Grenzgebiete vor der Gefahr der Verödung und der Abwanderung zu bewahren? Welche Möglichkeiten gibt es, die Anbindung an die Zentren unseres Landes zu verbessern?

Wie können wir unsere Bevölkerung von dem Gefühl des »Vergessenseins« befreien?

Industrieansiedlung allein – soweit sie in Anbetracht der wirtschaftlichen Situation und der genannten Umstände im Grenzland noch möglich ist – reicht nicht aus! Was wir brauchen, sind Aktivitäten auf Gebieten, wie sie bisher nur den zentralen Räumen zugedacht waren.

Zum Beispiel die Weiterentwicklung des Regionalluftverkehrs! Ohne Zweifel hat diese Initiative der Bayerischen Staatsregierung für den Raum Hof-Bayreuth eine erhebliche Verbesserung der verkehrlichen Situation nicht nur für die genannten Städte, sondern für die ganze Region gebracht. Die früheren Behauptungen so mancher SPD-Politiker, der Regionalluftverkehr sei ein Spielzeug und diene lediglich einer kleinen Schicht aus dem Bereich der Wirtschaft, hat sich längst als falsch erwiesen. Im Gegenteil: Immer mehr macht die breite Bevölkerung von dieser Einrichtung Gebrauch. So konnte in Hof im Februar 1976 der 25 000. Passagier, – nach dreijährigem Bestehen des Linienluftverkehrs nach Frankfurt – begrüßt werden.

Ein weiteres Beispiel für aktive Grenzlandpolitik ist der Beschluß der Bayerischen Staatsregierung, den Standort der Beamtenfachhochschule, Bereich Innere Verwaltung, unmittelbar an die Zonengrenze nach Hof zu legen. Das gilt ebenso für die Entscheidungen der Staatsregierung, Universitäten in Bayreuth und Passau, sowie die Gesamthochschule Bamberg zu errichten. Diese Maßnahmen zeigen auf, wie aktive Grenzlandpolitik aussehen muß. Eine Politik der schönen Worte nutzt dem Grenzland überhaupt nichts. Natürlich wurde durch diese Standortentscheidungen ein höherer Verwaltungsaufwand, verbunden mit höheren Kosten in Kauf genommen. Vorrangig jedoch war, Projekte dieser Größenordnung im Grenzland zu verankern. Nicht zuletzt auch deshalb, um der Bevölkerung in diesen Gebieten Mut zu machen und ihr zu zeigen, daß sie nicht vergessen ist.

Ein drittes Beispiel für aktive Grenzlandpolitik: Durch den Bau von großen Naherholungszentren wie dem Untreusee in Hof oder dem Weißenstädter Weiher im Fichtelgebirge werden Projekte in Gebieten Bayerns gefördert, die bisher kaum über größere Wasserflächen verfügten. Damit wird die Bedeutung dieser Räume entscheidend verbessert. Mit der Fertigstellung solcher Nacherholungsprojekte wird es gelingen, die Attraktivität der Grenzgebiete wesentlich zu verbessern.

Konkretes Beispiel: Nordostoberfranken

Die Zukunft unserer Heimat muß aber auch langfristig entwikkelt werden. So haben die Bundes- und Landespolitiker der CSU im nordostoberfränkischen Grenzgebiet ein Konzept für die Entwicklung dieses Raumes vorgelegt.

Ziel dieses »Projektes Nordostoberfranken 2000« ist es

1. Sicherung der bestehenden Arbeitsplätze in der Industrie, zugleich neue Arbeitsplätze in der Industrie, aber auch im Dienstleistungsgewerbe.
2. Verbesserung der Qualität der Arbeitsplätze, um die Einkommen der Bürger zu sichern.
3. Verkehrsanbindung, Ausstattung mit Einrichtungen, die Wohn- und Freizeitwert haben, aber auch der Bildungs- und Gesundheitsinfrastruktur dienen.

Gelingt es, diese Ziele zu erreichen, könnte Nordostoberfranken in die Lage versetzt werden, über das 20. Jahrhundert hinaus das Land zu bleiben, das überdurchschnittliche Wirtschaftsstärke mit landschaftlicher Schönheit verbindet, in dem die Landwirtschaft ihre Rolle behält, in dem Menschen leben, die im Dienstleistungsbereich wie in der Industrie durch qualifizierte Arbeit dem Raum die Lebenskraft erhalten.

Das »Projekt 2000« geht in erster Linie von zwei Schwerpunkten aus:

1. Von einer genauen Bestandsaufnahme der gegenwärtigen Lage erhofft man sich Aufklärung darüber, warum bisher staatliche Hilfe nur unvollkommen beansprucht wurde und die Entwicklung rückläufig gewesen ist.
2. Ein Entwicklungsprogramm soll die Leitvorstellungen aufzeigen, deren Verwirklichung für dieses Gebiet bis zum Jahre 2000 notwendig ist.

Ich meine, daß dieser Maßanzug für Nordostoberfranken durchaus Modellcharakter für solche Gebiete bekommen kann, die mit den gleichen Problemen zu kämpfen haben.

Überlegungen, wie ich sie oben anstellte, werden um so notwendiger, je mehr der Bund seinen Verpflichtungen aus § 4 Zonenrandförderungsgesetz nicht mehr nachkommt. Beispiele dafür gibt es genug: Aus vielen Postämtern im Grenzgebiet werden Dienstzweige abgezogen. Die Bundesbahn will ihre Bahnbetriebsämter in Bayreuth und Bamberg auflösen, in Hof soll das Maschinenamt aufgelassen werden. Streckenstillegungen über die bisherigen Stufenpläne hinaus sind vorgesehen. Allein in Oberfranken sollen noch zusätzlich sieben Strecken der Gesamtbetriebe mit einer Länge von 63 Kilometern und der Personenzugbetrieb mit einer Länge von 33 Kilometern eingestellt werden. Im Rahmen des Stückgutmodells 400 soll Oberfranken noch ganze 13 Stückgutannahmestellen behalten usw. usw.

Diese Politik schadet dem Grenzland und würgt es letztlich ab.

Die Bedeutung unseres Landes wird auch an den Taten gemessen, die verantwortliche Politiker für ihre Randgebiete vollbracht haben. Wer systematisch die Grenzgebiete schröpft, nur weil dort eben nun mal weniger Menschen wohnen als in den Zentren, versündigt sich letztlich an der Gesamtheit unserer Bevölkerung. Politik zum Wohle unseres Landes sollte beim schwächsten Glied beginnen. Die derzeitige Bundesregierung ist dabei, das Grenzland zu vergessen.

Die Bayerische Staatsregierung ist deshalb aufgerufen, ihre Anstrengungen über das bisherige Maß hinaus zu verstärken. Eine schwierige Aufgabe, die nur dann gemeistert werden kann, wenn sich alle Politiker der Regierungspartei über die Notwendigkeit dieser Leistungen für das Grenzland einig sind und sie gemeinsam tragen. Nur dann wird man die These vom »vergessenen Grenzland« vergessen können.

Thomas Goppel
Berieselung und Manipulation?
Die Medien als Gefahr
oder politische Aufgabe.

Arbeit und Freizeit

»Es ist nicht wenig Zeit, was wir haben, sondern es ist viel, was wir nicht nützen.«

Noch nie hatte diese Sentenz von Seneca soviel Bedeutung wie zu unserer Zeit. Wege und Arbeitsabläufe sind durch die technische Entwicklung kürzer, der Raum, auf dem wir leben, ist enger geworden. In der Aera der Kommunikation leben wir um vieles intensiver, die Stufen der Lebensleiter scheinen näher beieinander zu liegen. Durch die vielfältigen Erleichterungen, die uns die Technik beschert, müßten wir an sich mehr Zeit gewonnen haben, der Hektik des Industriezeitalters Schritt um Schritt wieder mehr Muse abzuringen. Im Prinzip trifft das zu: Der Mensch, der zunächst seine ganze Zeit der Arbeit opferte, arbeitet heute zu erheblichem Teil für seine Freizeit. Immerhin hat sich mit der Automation die freie Zeit des einzelnen vervielfachen lassen; meßbar wird das an der täglichen, besser noch an der wöchentlichen Freizeit: Neben je acht Stunden Arbeitszeit und Schlafpensum und zwei Stunden für regelmäßig anfallende andere Aufgaben kennt der Alltag des bundesdeutschen Bürgers auch rund sechs Stunden Freizeit. Ein Viertel des 24-Stunden-Tages steht damit zur freien Verfügung des einzelnen; Zeit, die laut Statistik von vielen zur Hälfte vor, an, neben oder mit den Medien verbracht wird. Höhen und Tiefen der Kurve weist dieser statistisch erfaßte Durchschnitt nicht aus, Altersunterschiede beim Mediennutzer berücksichtigt er ebensowenig wie eine genauere qualitative Messung. So übergeht diese Aufschlüsselung der Freizeitnutzung durch den Konsumenten zum Beispiel, daß an Samstagen und Sonntagen ein Mehr an Freizeit, oft auch ein Mehr an Medienzeit ergibt.

Pluralität als Aufgabe

Damit wächst den Medien besondere Verpflichtung zu: Die vom Bürger ihnen gewidmete Zeit und – mehr oder minder große – Aufmerksamkeit optimal zu nutzen, ihn entsprechend seiner Erwartungshaltung zu informieren, zu bilden, zu unterhalten oder ihm zur Entspannung zu verhelfen. Ein so interpretierter Medienauftrag darf aber nicht genügen: Mediennutzung hat auch neu zu motivieren, Erlebtes verarbeiten zu helfen, Problemlösungen anzuregen. Nutzt der sich Informierende, der Konsument, ohne selbstkritisch richtige Einschätzung seines Selektionsvermögens die Auswahl des Gebotenen, entsteht daraus selbstverständlich – bewußt oder unbewußt – auch die Gefahr der Manipulation. Ja sogar der Engagierte läuft Gefahr, abzustumpfen, wenn durch ständige Berieselung, regelmäßig einseitige Darstellung, oder einseitige Verzerrung eines Begriffes seine Urteilskraft getrübt wird, obwohl er bemüht ist, sie sich zu erhalten. Die Unwiederholbarkeit der einzelnen Charaktere jener, die das Fernsehen, den Rundfunk und die Zeitung konsumieren, der individuelle Unterschied vom einen zum anderen ist es, der den Zeitungs- und Programmachern, aber auch den Verantwortlichen in Öffentlichkeit und Beiräten eine Verpflichtung zuerkennt, die in ihrer Bedeutung kaum genügend hoch eingeschätzt werden kann. Sie sind verpflichtet, zu versuchen, Meinungsvielfalt so zu berücksichtigen, daß die Entscheidungsfreiheit des einzelnen trotz der nie tendenzfrei möglichen Berichterstattung erhalten bleibt. So ist es Aufgabe der Medien, für die viele Freizeit, die wir heute haben, sinnvolle Gestaltung zu ermöglichen. Je dem Eigenverständnis entsprechend, wird die Zeitung oder das Funk- bzw. Fernsehprogramm damit seiner politischen und gesellschaftlichen Aufgabe gerecht. Gefahr und Chance für den Menschen heute, den Konsumenten, liegen dabei dicht beieinander.

Die Möglichkeiten der Medien sind erkannt

Die Großen der Politik haben die Möglichkeit, Medien für ihre Ziele zu nutzen, rasch erkannt, und natürlich genutzt: So fordert Lenin in seiner Schrift »Was tun?« die gesamtrussische politische Zeitung. Ohne eine so gesteuerte Informationsbörse weiß er um die Unmöglichkeit einer Revolution: »Ohne Theorie keine Revolution!«

Papst Pius XII. kennen wir auch als den »Radio-Papst«. Die Staatsoberen rund um ihn ließen ihn erfahren, daß ohne Medien der Einfluß des Ersten bzw. Oberen einer Organisation gering ist.

Josef Goebbels, Reichspropagandaminister, wußte, was Volksmedien vermögen. Wie selten ein anderer, beherrschte er die Kunst der Manipulation.

Jeder auf seine Art, jeder aus anderem Beweggrund hat die Realität der Massenwirksamkeit von Medien erlebt, ist von ihrer Informations-, Stärkungs- und Veränderungskraft überzeugt. Die drei genannten zumindest sehen dabei die reale Wirksamkeit des Medieneinflusses im Vordergrund. Damit zeigt sich schon ihr Wunsch nach handfester Einflußnahme, nicht auf die Berieselung menschlichen Unterbewußtseins.

Konsumorientierung bringt Nivellierung

Die frühzeitige Erkenntnis, daß Medien neue Möglichkeiten zur Bewegung von Menschen, Massen und Mehrheiten schaffen, hat sicherlich dazu beigetragen, daß gerade Kommunikationsverbesserung dieser Art besonders rasche Fortentwicklung erfuhr. Unser Alltag ist ohne Medien nicht mehr vorstellbar. Zeitung, Radio und Fernsehen, die drei bedeutendsten, wenden sich an alle Menschen, übernehmen »Vermittlungspositionen«, müssen sich als »Vermittler« dem Niveau der Gruppen, die sie ansprechen wollen, anpassen. Die Mehrheiten, die motiviert werden sollen, sind unterschiedlich groß, z. B. je nach Einzugsbereich, Zielgruppe in der Bevölkerung, Bildungsstand, Geschlecht, Altersstufe u. a. m. differenziert. Dieser Zwang, sich anzupassen, führt notwendig zur Nivellierung. Während sich zunächst der Inhalt einer Zeitung bzw. das Programm einer Funk- oder Fernsehanstalt an den gewünschten Mehrheiten, den Konsumenten orientiert, kann (und wird normalerweise auch) umgekehrt nach einer gewissen Zeit auch eine Korrektur des

Anspruches des Konsumenten hin auf das Programm erfolgen. Wird ein Artikel bzw. eine Sendung den Ansprüchen bzw. Wünschen des Konsumenten immer wieder grundsätzlich gerecht, so führt eine systematisch geplante und Schritt um Schritt durchgeführte Überhöhung des Einzelanspruches, eine gezielte Förderung seines Wunschdenkens unter Umständen auch zur Veränderung seiner Grundhaltung.

Die historische Entwicklung zeigt auch, daß der zwischenmenschliche Informationsdurst immer stark war. Die Entwicklung der Drucktechnik bescherte uns zunächst die Zeitung als Informationsträger, die Erfindung des Radios ermöglichte kurzfristige Information des einzelnen, das Fernsehen schließlich verband die Vorzüge der Zeitung und des Volksempfängers miteinander: Beweiskräftig wurde sichtbar, was die schriftliche Information nur zu berichten vermochte, das Gehörte nicht mit dem Auge nachempfinden ließ. Hinzu kam, daß der Bilder wegen nur mehr kurze Informationen notwendig waren, eine Tatsache, die den dem Menschen innewohnenden Wunsch nach möglichst viel Information in kürzester Zeit berücksichtigte. Die meisten Menschen sprechen auf Bilder mehr an als auf Worte, erleben, empfinden mit dem Auge, nicht mit dem Ohr. Deshalb steht fest: Fernsehen ist erheblich zugkräftiger als das Radiohören, denn bei einem Bild bedarf es keiner Phantasie mehr. Das Bild spricht für sich. Während sich der Leser oder Zuhörer noch etwas vorstellen (= Phantasie entwickeln) muß, ist der Zuschauer dieser Mühe enthoben. Ein anderer stellt ihm alles vor, nimmt ihm die Denkvorgänge ab.

Die unterschiedliche Wirkung von Affekten bei Fernsehzuschauern und Rundfunkhörern ist oft untersucht worden. Der Film wirkt viel unmittelbarer, er beeindruckt tiefer. Das Gehörte läßt der Phantasie freien Lauf, ja, entwickelt sie erst richtig. Nicht zuletzt ist der Bedenksatz »Der Rundfunk macht Revolutionen, das Fernsehen verhindert sie« auch aus meßbaren Verhaltensweisen von Rundfunkhörern bzw. Zuschauern beim Fernsehen abgeleitet worden.

Medien wenden sich an Massen, grundsätzlich nicht an das einzelne Individuum. Einleitend wurde schon dargestellt, daß sich in diesem Problem auch eine der schwierigsten Aufgaben für die Medien verbirgt. Von dieser Regel, der Masse etwas bieten zu sollen und zu wollen, gibt es nur ganz wenige Ausnahmen. Die Programmgestaltung muß sich deshalb an der Vielfalt, sprich, der Masse, orientieren. Zwei sich nur scheinbar widersprechende Grundsätze sind dabei zu beachten:

1. Die Masse (als größenunabhängiger Gruppenbegriff) stumpft ab:

Täglich mit der Darstellung von Unglücksfällen aller Art (Autounfälle, Hotelbrand, Geiseldramen, Banküberfälle) konfrontiert, hört der einzelne auf, zu empfangen. »Normales«, z. B. ein Autounfall, erregt den einzelnen nicht mehr, zumindest dauert die Aufregung nicht lange an, schon deshalb nicht, weil ein »anderer Fall« seine Aufmerksamkeit auch zu schnell und immer wieder von der Beschäftigung mit einer Sache ablenkt. Zusätzlich kommt die Aneinanderreihung von »Fällen« dem natürlichen Drang des Menschen entgegen, Unangenehmes möglichst rasch beiseite zu schieben.

Andere Ereignisse, z. B. die Kämpfe in Vietnam, werden durch die Wiederholung bestimmter Szenen und die tägliche Berichterstattung in Funk und Fernsehen, aber auch in der Tagespresse, zur Gewohnheit. Man übergeht solche Nachrichten, da sie ohnehin nichts Neues, nur das bekannt Unangenehme zu bieten haben. Der Wunsch, *zu erleben*, steht über dem menschlichen Zwang *zu fühlen*. Andererseits hemmt die regelmäßige Wiederholung von z. B. filmischen Erlebnissen unter Umständen die Angst davor, sie selbst durchleben zu müssen. Das filmische Risiko, oft nicht vergleichbar (weil ungewöhnlich reizvoll dargeboten) mit dem in der Wirklichkeit, verführt zur Imitation. Folgen, die wegen der im Film üblichen und notwendigen Verkürzung und Oberflächlichkeit der Darstellung nicht mitgeteilt werden können, bleiben unbedacht. Ein gutes Beispiel dafür, daß eine Situation vom Zuschauer falsch eingeschätzt wurde, gaben uns die Jugendlichen, die ihr Erlebnis aus einer Fernsehsendung, von einer Autobahnbrücke Steine auf fahrende Fahrzeuge zu werfen, unbedingt in die Wirklichkeit umsetzen wollten, selbst »erfahren« zu müssen glaubten. Die richterliche Quittung für ihre Tat (einige Jahre Gefängnis) fiel meines Erachtens zu hoch aus. Hier hätte mit berücksichtigt werden müssen, daß die jugendlichen Zuschauer durch den regelmäßigen Konsum von Gewalttätigkeit einen brutalen Angriff gegenüber anderen Personen nicht mehr als Gewalttat auch im strafrechtlichen Sinn empfinden können, sondern ihre Steinwurfaktion als Abenteuer, vielleicht gar als Mutprobe betrachten. Ein übriges tut die durch den Regelkonsum erzeugte, von den Erziehern zu selten (wenn überhaupt) beanstandete Gewöhnung an Gewaltanwendung.

2. Die Masse kann nur gewonnen werden, wenn man an Gefühle appelliert.

Während der einzelne durchaus bereit ist, Appelle an die Vernunft auf sich zu beziehen, sie anzuwenden auf seine alltägliche Wirklichkeit, ist die Masse dazu nicht bereit. Einer schiebt die Verantwortlichkeit auf den anderen; meist wünscht man, ein anderer solle den Anfang machen, man selbst ist nur unter bestimmten Voraussetzungen bereit, dessen Vorbild dann auch zu folgen. Logische Argumentation, von Massenmedien angewandt, wird problematisch, wenn Einfluß auf die Politik gewonnen werden soll. Logische Argumentation ist nämlich langweilig, weil sie einen Konflikt zu Ende denkt, die unter Umständen befürchtete Lösung präsentiert. Solche Aufregung läßt man sich gerne vorenthalten. Die Masse hat sich daran gewöhnt, unbewältigte Konflikte, bequem in den Wohnzimmersessel gelehnt, zu konsumieren, Lösungen aus dem Wege zu gehen. Daraus leitet sich auch die vorher getroffene Feststellung ab, daß das Fernsehen Revolutionen zu verhindern in der Lage ist. Man müßte ja die Bequemlichkeit missen, um etwas durchzusetzen, von dem man überhaupt nicht, zumindest aber noch nicht weiß, wie es anders unter anderer Voraussetzung sich entwickeln könnte.

Deshalb argumentieren Massenmedien heute, wenn sie Einfluß auf die Politik nehmen wollen, meist gefühlsbetont. Sie legen Begriffe des politischen Alltags fest, setzen neue Werte oder Maßstäbe, an denen sie die Menschen messen, die sich mit einer Sache auseinanderzusetzen haben, gleichgültig, ob diese zu diesen Begriffen und Werten stehen oder nicht. Die Masse, die solche Meßauswertung bekommt, ist dann, anhand des von Kameramann und Cutter steuerbaren Filmmaterials relativ schnell von deren Aussagerichtigkeit zu überzeugen. In erster Linie wirkt ja das Bild, nicht das begleitende Wort, das lediglich die Wirkung des optisch Wahrgenommenen unterstreicht. Überdies möchte man sich mit dem, was man aufnimmt, identifizieren können. Man möchte die eigene Position orten. In Sendungen von Rudi Carell, Kulenkampf, Robert Lembkes »Was bin ich« usw. fällt dies leichter, bedarf dies geringerer Anstrengung als in kritischen Sendungen bzw. gar philosophischen Auseinandersetzungen. Bei der Wahlmöglichkeit, abends problemlos und erheiternd unterhalten zu werden oder selbst intensiv mitdenken zu müssen, wird die Mehrheit der Zuschauer oder Zuhörer der Unterhaltung (= unkritischeren Konsum) den Vorzug geben. Meßbar wird dies auch bei den Zeitungen: Boulevardblätter sprechen einen größeren Leserkreis an als eine ausführlich informierende, seriöse Tages- oder Wochenzeitung. Die Einschaltquoten bzw. die Verkaufszahlen bestimmen umgekehrt auch die weitere Planung der Programmgestalter bzw. Zeitungsmacher! Es wird also zunächst nur schwer möglich sein, ein anderes Programm, eine neue Zeitung anzubieten, solange Angebot und Nachfrage in der hier zweifach und damit noch keinesfalls umfassend beleuchteten Weise nivelliert bleiben.

Unterhaltung verändert Meinung und Haltung

An Einschaltquoten läßt sich das Bürgerverhalten vor Funk und Fernsehen am besten ablesen. Was erwartet der Bürger danach von den Medien? Die Antwort ist eindeutig: Mehr Unterhaltung. Das bedeutet, daß bei guter Unterhaltung besonders viele Bürger bzw. Konsumenten vom Medium angesprochen werden. So wissen wir genau, daß das III. Programm des Bayer. Hörfunks erheblich höhere Zuhörerzahlen aufweisen kann als das Zweite, das eine Palette eher anspruchsvoller Sendungen anbietet. Wir wissen, daß ein Fußballspiel jedes politische Magazin aussticht und daß die Mehrzahl der Zuschauer ein Unterhaltungsmagazin sozialpolitischer Information vorzieht. Es wurde schon begründet, daß es eben einfacher ist, Eindrücke problemlos zu sammeln, als sich mit einer Sachfrage nach vollbrachter Tagesarbeit noch mühsam auseinanderzusetzen. Wenn also über politische Magazine und andere Informationssendungen politischer Einfluß nicht geltend zu machen ist, muß dies folglich die Unterhaltung so leisten. Entertainment muß dann durchsetzt sein von Appellen an das Gefühl, um dadurch dennoch – wenn auch auf Umwegen – politisches Bewußtsein zu schaffen.

Es sei theoretisch dargestellt, wie sich – bezogen auf andere – Einzelfragen die Praxis solcher Appelle auswirkt und politische Bewußtseinsveränderung schaffen kann:

Die Gruppe A im Einflußbereich eines Mediums ist davon überzeugt, daß die Frage X in einer bestimmten Weise Y gelöst werden muß, damit sich die Grundeinstellung der Mehrheit der Bevölkerung ändert und im Sinne der Gruppe A verfestigt wird. Damit dies geschieht, sammelt Gruppe A Einzelfälle, die das Problem X in besonders signifikanter und einseitiger Form darstellen.

Phase I: Diese werden möglichst häufig und in unterschiedlichster Form als informative Nachricht weiterverarbeitet. Publikumslieblinge werden gebeten, die Frage in ihren Sendungen aufzugreifen bzw. sie greifen sie aus eigenem Antrieb auf, weil sie eine Veränderung in Richtung Y für dringend notwendig halten (subjektiv befürworten).

Phase II: In Hörspiele und Fernsehstücke wird Frage X zunächst in besonders negativer Form eingebaut, später werden positive Lösungsvorschläge mit der vorgegebenen Richtung Y vorgespielt und X in der bisherigen Form als unnötiges, weil in Y unschwer lösbares Problem ausgewiesen.

In *Phase III* schließlich wird der Konsument gebeten, selbst Stellung zu beziehen und zu beurteilen, inwieweit Frage X einer neuzeitlichen, modernen Lösung bedürfe und, ob nicht auch er – die Suggestiv-Frage wird gestellt – der Ansicht sei, daß die Lösung Y besonders viele Vorteile in sich berge. Das

nach einer runden Zahl von Monaten veranstaltete Umfrage-
ergebnis erweist in der Regel, daß in der Bevölkerung, der Masse, eine Bewußtseinsveränderung stattgefunden hat, daß es
mehr Konsumenten als früher gibt, die die Frage X durch die
Richtung Y gelöst sehen möchten. Gruppe A ist es gelungen,
Emotionen im Ansprechpartner so zu wecken, daß sich langfristig seine Grundhaltung, seine Wertvorstellung geändert hat.
Politischer Einfluß auch und gerade in der Unterhaltungs-
branche ist damit gesichert! In der rein informativen Auseinandersetzung mit dem Problem hätte es dagegen emotionale Konfrontationen gegeben, weil subjektive Haltungen schon zu Beginn deutlich erkennbar sind.

Medien beeinflussen die Grundhaltung:

Die Veränderung einer grundlegenden Werthaltung beim einzelnen Zuhörer oder Zuschauer ist ein zäher langfristiger Prozeß. Deshalb kommt es soziologisch immer auf die Meinungs-
macher in einer Gruppe an. (Zum Beispiel: In Familien bestimmt meist der Vater, was »konsumiert« wird – im Auto
entscheidet der Fahrer, was gehört wird – im Betrieb »verteilt« der Vorarbeiter, der Gewerkschaftsfunktionär vorab Anregungen für das abendliche Fernsehprogramm – in der Schule
legt die Diskussion unter Mitschülern fest, was die Mehrheit
sieht, also auch der einzelne gesehen haben muß . . .) Jede
Schicht, jede Gruppe, hat ihre spezifische Meinungsautorität.
Der Meinungsführer, selbst gelenkt und geleitet von vorgefaß-
ten Meinungen und Einstellungen, gibt seine auch nur scheinbar
eigene Meinung an, wenn er mediale Vorschläge unterbreitet.
Perfekt würde das System der Manipulation allerdings dadurch, daß Meinungsführer und Gruppenleiter von übergeord-
neter Stelle her genaue Hinweise auf das erhalten, was sie im
Kreis der ihnen Zugeordneten oder Untergebenen zum allgemeinen Konsum vorschlagen bzw. empfehlen sollen. So gesehen
sind auch Programmhinweise mit besonderer Empfehlung in
entsprechenden Zeitschriften nicht immer unproblematisch und
können einseitig sein. Die Ansicht des Meinungsführers spielt
aber nicht nur bei der Auswahl von Sendungen in Funk und

Fernsehen eine entscheidende Rolle, sondern sie bestimmt u. U. auch, welche Tageszeitung – zumindest in Gegenwart der anderen – gelesen werden darf und, welche Zeitung »unter dem Niveau« der Gruppe liegt.

Polarisierung in politischen Sendungen

Solche Empfehlungen werden selbstverständlich in der Regel nicht deshalb vom anderen weitergegeben, um ganz bewußt Meinungslenkung zu betreiben. Wenn aber vorgefaßte Meinungen einer Gruppenautorität eine Sendung anzuschauen empfehlen (»Informiere Dich doch am . . . über . . .!!!), kann Manipulation mit Hilfe von Massenmedien durchaus auch erfolgreich wirken und je nach Art und Weise der Lenkung – die Grenzen verschwimmen hier – sogar sinnvoll erscheinen.

Nicht möglich ist solche Meinungslenkung bei Sendungen politischen Charakters, Medienbeiträgen also, die eindeutig als subjektive Meinung zu einem bestimmten Problem angekündigt und ausgewiesen sind. Dies gilt gleichermaßen für alle Medien. Bei Panorama, Monitor, Report, dem ZDF-Magazin, Kennzeichen D u. a., weiß der Empfänger, daß in diesen Sendungen klare, oft einseitige politische Ansichten vertreten werden. Er kann, trotz gegebenenfalls gezielter Hinweise seiner verschiedenen Meinungsautoritäten zumindest nicht unbewußt manipuliert werden. Es weiß, »woher der Wind weht«.

Politische Indoktrination erfolgt also nicht in politischen Kommentaren anläßlich der Nachrichten oder in eigenständigen Magazinen, sie muß, soll sie wirkungsvoll »verkauft« werden, ganz weich und sanft dargeboten sein.

Tendenz im Konsum

Löwenthal und Merseburger tragen, gerade wegen ihrer eindeutigen Argumentation, sicherlich eher zur Stabilisierung der eigenen Position und zur anschließenden Verdeutlichung der eigenen Argumente bei, als daß es ihnen gelingen könnte, die gesamte Grundhaltung des einzelnen zu ändern. Politische Manipulation wird also nicht dadurch vermieden, daß man Sendun-

195

gen wie Panorama und das ZDF-Magazin aus dem Programm verbannt. Sie gerade sind es nicht, – das muß noch einmal betont werden –, die politische Indoktrination betreiben.

Wenn man politische Manipulation vermeiden will, die aus der ständigen Berieselung des Konsumenten mit wechselnden Werthaltungen, aus seiner dadurch sich ableitenden Verunsicherung resultiert, so muß man die Grundtendenzen ändern, die gerade in den primär unpolitischen Sendungen zum Tragen kommt. (Der an anderer Stelle dargestellte Theoriefall ließe sich in der Praxis vielfach belegen.) Wenn in Jugendsendungen regelmäßig der Meister dargestellt wird, der Schwierigkeiten mit seinen Auszubildenden hat, in Fernsehfilmen geschiedene Ehepaare und zerrüttete Familienverhältnisse an der Tagesordnung sind, Kinder aus Erziehungsheimen regelmäßig unglücklich werden, weil das erzieherische Verständnis und Verstehen der dort eingesetzten Lehrpersonen fehlt, wenn der reiche Unternehmer keinerlei soziales Empfinden hat, seine Arbeitnehmer wie Leibeigene behandelt, der mißratene Sohn des Kapitalisten im Kriminalfilm den schuldlos arbeitslos Gewordenen erschlägt, wenn in neueren Spielfilmen die im Berufsleben stehende Frau stets zufriedener ist als die »Nur-Hausfrau und Mutter«, dann ist es nicht verwunderlich, wenn Unzufriedenheit und Unsicherheit beim Konsumenten aufkeimen.

Sicherlich ist es keine Fiktion, wenn der »Unterprivilegierte« keine Chance bekommt, sicherlich gibt es Väter, die ihre Kinder mißhandeln, bestimmt wäre es falsch, nach wie vor nur Filme einer glücklichen Kaiserin mit bewegendem Happy-End zu zeigen. Aber ein Fall ist noch nicht die Wahrheit. Wahrheiten kristallisieren sich immer erst aus vielen Fällen und Erfahrungen heraus. Die verschiedenartigsten Beispiele werden den Konsumenten anregen, sich seine eigenen Gedanken zu einem Problem zu machen. Er bleibt frei für eine – aus seiner Sicht – objektive Lösung des Problems. Die Vielfalt einer Fallentwicklung, die Alternativbehandlung eines Themas (auch die Lösung ist jeweils gefragt) macht eigene Entscheidung möglich, Gesehenes für den eigenen Alltag um- und einsetzbar.

Vielfalt muß gewährleistet sein

Die Personalstruktur in Rundfunkhäusern heute erschwert die Aufgabe der unpolitischen Darstellung bzw. der vielfältigen Präsentation politischer Einstellungen und Werthaltungen besonders. Zum einen hat die perfektionierte Bürokratie auch in den Rundfunkanstalten Einzug gehalten. Riesenapparate verwalten und dirigieren ein relativ kleines Angebot an eigenem Programm (eigener Programmanteil des Bay. Rundfunks z. B. = 17 Prozent) und füllen die aus Finanzknappheit entstehenden Lücken mit Filmen und Berichten auf, die entweder besonders preiswert sind oder der analysierenden Gesellschaftskritik dienen. Dabei wirkt die Grundhaltung des jeweils auswählenden Redakteurs sich ausschlaggebend auf die Auswahl eines Stückes aus. Das ist richtig, solange die Vielfalt der Konsumentenmeinungen sich auch wenigstens in etwa bei den Programmgestaltern und -machern widerspiegelt. Dies ist sinnvoll, solange Proteste der Leser, Zuhörer und Zuschauer zu Veränderungen führen, einen Mißstand beheben helfen können. Selbstverständlich kann und darf nicht jeder Protest Konsequenzen nach sich ziehen. Wenn aber z. B. einige zigtausend Zuschauer fordern, daß das ZDF-Magazin weiterhin wöchentlich ausgestrahlt wird, so muß meines Erachtens diesem Wunsch Rechnung getragen werden, gerade auch dann, wenn andererseits Filme von Jungregisseuren wiederholt werden, obwohl das Urteil der Zuschauer bei der Erstausstrahlung katastrophal schlecht ausfiel und die Einschaltquote das Negativurteil noch einmal mehr bestätigte. So, wie das Polit-Magazin nur mehr zweimal im Monat ausgestrahlt wird, könnte im anderen Fall eine Sendezeitverschiebung mindestens ebenso zur Verobjektivierung des Angebotes beitragen.

Mehr und mehr sind in den letzten Jahren die Positionen in den Rundfunkanstalten, vom Intendanten bis zum »kleinsten« Redakteur, politische Positionen geworden. Eine Entwicklung, die zusätzlich auf Manipulationsversuche (auch von außen) hinweist. Je mehr in den unpolitischen Sendungen, den Unterhaltungsfilmen und Fernsehstücken, den Rateserien und Filmberichten eine im Sinne unserer bisherigen Wert- und Grundhaltung sich ändernde Variante – oft unmerklich für den Konsumenten – mit angeboten wird, desto dringlicher wird aufmerksame Beobachtung des Programmangebotes. Wenn sich, was zu vermuten ist, die Personalstruktur in Rundfunkhäusern von heute auf morgen nicht wird ändern lassen, dann müssen wir über Familie und Erziehung versuchen, den Bürger, hier den Leser, Zuhörer oder Zuschauer mündig zu machen bzw. mündig zu erhalten. Dies wird um so schwerer, je mehr die Familie als »Urmotor« der gelebten Demokratie durch politische Veränderungen (s. a. Familienberichte der Bundesregierung, Jugendhilfegesetzentwurf etc.) aus der Regelposition gedrängt wird, je mehr auch andere Formen des Zusammenlebens unbewußt auf den Empfänger wirken, ihn unsicher werden lassen.

Zusammenfassung:

Zeitungsgestaltung und Programmangebot sind durch ständige Verfeinerung der Technik perfekter geworden. Mit dieser Qualitätsverbesserung bei der Herstellung haben sich aber auch subtilere Manipulationsmöglichkeiten gezeigt. Soziologen und Psychologen haben erforscht, inwieweit medialer Einfluß das Verhalten der Menschen und der Massen bestimmt. Sehr bewußt werden Kamera, Cutter und Kosmetiker eingesetzt, um gewünschte Wirkungen zu erzielen. Ganz gezielt werden Filme gedreht, deren Inhalte darauf abgestellt sind, die bewußte Frage X in Richtung einer Lösung Y zu lenken. Ein wenig – so hat es den Anschein – manipuliert auch die Technik schon diejenigen, die mit ihr andere zu beeinflussen suchen. Wenn man Meinungsumfragen Glauben schenkt, dann ist die nachfolgende Generation, mit den Medien aufgewachsen wie noch keine vor ihr, bereits wieder gegen einen totalen Konsum gefeit, der Manipulation damit entzogen. Ich wage dies zu bezweifeln. Wer als Pädagoge tagtäglich im Kontakt mit den nächsten Generationen steht, erlebt am praktischen Beispiel, wie sehr sich Grundhaltungen an Massenproduktionen früher orientiert haben, heute ausrichten und weiterentwickeln werden. Abhilfe kann hier nur die gesunde Kleingruppe, die Familie schaffen: Wer von Beginn an – im engen Konfliktfeld – lernt, die freie Entscheidung der einzelnen Person zu akzeptieren, selbst freie

Entscheidungen zu fällen, sich ihnen aber auch in der Konsequenz zu unterwerfen, der wird langfristig seine Grundhaltung auch gegen unterschwellige Manipulation verteidigen können und einen »Riecher« für solche Versuche entwickeln. Wer lernt, letztendlich Verantwortung vor sich selbst und den Mitmenschen zu übernehmen, sich schließlich auch der Transzendenz verantwortlich weiß, tut sich leichter in seiner Verantwortlichkeit, weil er um die vorher notwendige Konfliktbewältigung weiß.

Wer also rechtzeitig lernt zu reflektieren, Konflikte durchzustehen bzw. Probleme zu Ende zu denken, anstatt sie ständig durch neue Konflikte – erlebt am medialen Beispiel – zu ergänzen und so viele Probleme ungelöst in sich zu archivieren, der wird mit sich und seiner Umwelt leichter fertig.

A. Die Gefahr

Die Hauptgefahr der Medien liegt in der Vielfalt des Angebotenen, in diesem Großarchiv unbewältigter Konflikte, durch das ein neues Problem nicht mehr gelöst werden kann, das seine Bewältigung verhindert. Ihre Gefahr wird verstärkt, wo Werthaltungen grundlegend geändert werden, weil das Anspruchsdenken solche Entwicklungen fördert. Sie beginnt an der Stelle, wo einseitig orientierte Programmacher ihre Ansichten unterschwellig auf unpolitische Weise an unkritische Zuschauer und Leser weitergeben. Gefahr wird vor allem dort signalisiert, wo Kommentar und Tatsache unerkennbar miteinander verquickt werden, wo eigene Meinung als allgemein gültiges Werturteil Eingang findet in grundlegende Information. Ein untrügliches Anzeichen für derartige Entwicklungen war vor einigen Jahren die Politisierung der Unterhaltungsmagazine. Noch einmal: inzwischen sind die Methoden perfekter geworden, die Beeinflussung subtiler verteilt, »Meinungsmache« wird in so kleinen Dosen verabreicht, daß der unerfahrene Zuschauer ihre schleichende Wirkung oft nicht verspürt.

B. Die politische Aufgabe

Die politische Aufgabe der Medien ist zuerst, Informationsträger zwischen den am Staatsgefüge Beteiligten zu sein, zu deren objektiver Meinungsfindung Beiträge zu leisten. Daß diese Beiträge niemals ausgewogen sein können, ist klar und verständlich (das macht aber den Versuch nicht unmöglich). Daß jedoch langfristig möglichst viele Meinungen zur Festigung der eigenen Ansicht nachvollziehbar zu machen sind, (extreme, der Staatsform abträgliche Meinungsäußerungen hat gerade auch die Demokratie nur mit besonderer Vorsicht einzubeziehen), sollte ebenso selbstverständlich sein. Wenn die Vielfalt des Angebots in bisherigen Meinungsträgern in Tages- und Wochenblättern, in Funk und Fernsehen nicht gewährleistet bleiben sollte, so muß sie – auch das ist die politische Aufgabe der Medien – aus dem kleinen Angebot wieder schaffbar sein.

Wer sich angesichts der gegebenen Situation dagegen sträubt, in absehbarer Zeit das Angebot zu erweitern, wer Fusionskontrollen beschließt und andererseits die kleinen Zeitungen nicht stützt, wer die Erweiterung des Programmangebots in Funk und Fernsehen durch private Sender grundsätzlich ablehnt, wer der Einschränkung der Anzahl unserer Funkanstalten aus parteipolitischen Gründen das Wort redet (obwohl es sich bei der Einschränkung um Sender handelt, die den freien Teil der Welt zu erweitern suchen), der setzt sich dem Vorwurf aus, die politische Aufgabe der Medien – vielleicht sogar bewußt – falsch zu verstehen. Er muß dann die eines Tages wohl zu beklagende Einseitigkeit mitverantworten. Bleibt zu fragen, ob das Gefühl für Mitverantwortung in dieser zentralen Frage des politischen Alltages von allen Beteiligten rechtzeitig erkannt und angewendet wird.

Verantwortung bzw. Verantwortlichkeit sich selbst den Mitmenschen und Gott gegenüber ist Voraussetzung dafür, nicht manipulierbar zu werden bzw. zu sein. Deshalb muß, wer sich mit Medien auseinandersetzt, gelernt haben, Verantwortung zu tragen und in Verantwortlichkeit zu handeln. Der Umgang mit diesem grundlegenden Wert, der den Menschen nach innen und außen formt, ist Hauptaufgabe der Erziehung. Erziehung aber ist – entgegen aller Versuche auch der Medien, sie dem Staat zuzuschreiben – primär eine Aufgabe der Familie, die den einzelnen trägt. Der Staat hat sich – im Gegensatz zu mancher ideologisch eindeutigen These – in Artikel 6 GG ja ausdrücklich für den Schutz dieser Institution verantwortlich erklärt.

Wenn Politiker richtige, verantwortungsbewußte und gute Medienpolitik machen wollen, müssen sie also zuerst gute Familienpolitik treiben. Wer in der Familie das Gefühl der Geborgenheit erfahren hat, der fühlt sich auch gegenüber den vielfältigen Veränderungsversuchen nicht als Verlassener. In diesem Sinne sollten Medien Stützen sein auf dem Lebensweg des einzelnen, nicht Verunsicherer. Daß diese auch vom negativen Beispiel ausgehen können, ist klar. Gelingt es den Medien aber nicht, den Weg der Verunsicherung zu verlassen, ihrer politischen Aufgabe endlich einmal oder endlich wieder den stützenden Charakter zu geben, so wird die vom Konsumenten medial verbrachte Zeit für den Menschen vertane Zeit im Sinne der Seneca-Sentenz sein.

Kurt Faltlhauser

Zustimmung und Mitwirkung.
Zu Mißverständnissen in der
Parlamentarismusdiskussion in Bayern.

Die Diskussion um Theorie und Praxis des Parlamentarismus
füllt Bibliotheken. Dies ist nicht der Platz, diese Diskussionen
im Grundsätzlichen und in aller Breite fortzuführen. Vielmehr
soll auf einige Erscheinungen des aktuellen Geschehens im Bayerischen Parlament eingegangen werden, die eine Kluft aufzeigen zwischen Theorie und Praxis des Parlamentarismus – oder
besser: zwischen zum Teil falsch verstandener Theorie und deshalb notwendigerweise kritikwürdiger Praxis.

Unsere Basis zur Beurteilung dieser Erscheinungen im Bayerischen Parlament ist ein Parlamentsverständnis, das verkürzt
wie folgt darzustellen ist:

Wir gehen aus vom verfassungsleitenden Prinzip der Volkssouveränität. Diese Volkssouveränität kann Regierungshandeln
prinzipiell auf zwei Wegen legitimieren. Der eine Weg ist der
der präsidentiellen Demokratie, in der sowohl die Regierung
(der Präsident), als auch das Parlament vom Volk gewählt werden. Dem Parlament steht in diesem System die Regierung
weitgehend unabhängig gegenüber, da es ohne das Parlament
legitimiert wurde.

Der zweite Weg der Regierungslegitimierung ist der parlamentarische, den wir in der Bundesrepublik auf Bundesebene
ebenso wie auf Länderebene praktizieren. In diesem System
wird die Regierung indirekt legitimiert durch die Wahl durch
das Parlament. Die Wahl des Regierungschefs aus der Mitte der
Mehrheitsfraktion setzt ein besonders enges Vertrauensverhältnis zwischen Regierung und Mehrheitsfraktion voraus. Dieses
Vertrauensverhältnis ist programmatisch und organisatorisch
umklammert von der Partei (von den Parteien), die die Regierung und die Mehrheitsfraktion gemeinsam trägt (tragen).

Die enge Verknüpfung von Regierung und Mehrheitsfraktion ist nicht zuletzt deshalb über die Wahl des Regierungschef hinaus in Permanenz erforderlich, weil nur dadurch das Prinzip der Volkssouveränität Eingang findet in die Politik der Regierung. Durch diese Verknüpfung stehen sich im Parlamentarismus Regierung und Mehrheitsfraktion als politische Aktionseinheit einerseits und Minderheitsfraktion (oder Fraktionen) als Opposition andererseits gegenüber. Der konstitutionelle Dualismus zwischen Exekutive und Legislative ist abgelöst durch den Dualismus von Regierungspartei (Parteien) und der Oppositionspartei (Parteien).

Dies sind Grundmerkmale des Parlamentarismus. An ihnen müssen wir die Praxis des Parlamentarismus in Bayern messen.

Mehrheitsfraktion contra Regierung?

Das Ceterum censeo der SPD-Opposition im Bayerischen Landtag ist die Klage über die zu enge Anlehnung der CSU-Mehrheitsfraktion an die von ihr getragene Regierung. Die CSU-Fraktion sei, so heißt es, »parlamentarischer Erfüllungsgehilfe« der Regierung, würde nur applaudieren statt zu kontrollieren, sei unkritisch und passiv gegenüber den handelnden Akteuren der Regierung. Gleichzeitig wird mit einer Mischung aus Selbstmitleid und Selbstlob bedauert, daß die SPD-Fraktion den kritisch-kontrollierenden Part gegenüber der Exekutive alleine übernehmen müsse. Die Ehre der Legislative würde alleine von den Sozial-Liberalen durch kritische Haltung gegenüber der Exekutive gerettet. Dem hohen moralischen Anspruch für eine derartige Ehrenrettung glauben die beiden Linksparteien ohnehin ausschließlich alleine gerecht werden zu können.

Diese permanente Kritik aus der SPD und der FDP beruht auf einem tatsächlichen oder aber vorgetäuschten Mißverständnis der Funktionsweise des parlamentarischen Regierungssystems. Denn entscheidendes Merkmal des parlamentarischen Regierungssystems ist, wie eingangs dargestellt, eben nicht die strikte Trennung zwischen Regierung und Parlament. Im Parlamentarismus ist das Prinzip der organisatorischen Gewaltentrennung aufgehoben zugunsten einer Verschmelzung von Legislative und Exekutive.

Essentielle Merkmale dieser Verschmelzung im parlamentarischen Regierungssystem sind:
- Wahl der Regierung durch das Parlament;
- Vereinbarkeit von Ministeramt und Abgeordnetenmandat;
- Verflechtung der Regierung und der sie tragenden Fraktion(en).

Diese Merkmale finden in der Bayerischen Verfassung durch Artikel 44, der die Investitur des Ministerpräsidenten durch den Landtag verlangt, ihren Niederschlag. (Der Gegenpol, das Mißtrauensvotum, fehlt dagegen.)

»Verkürzt läßt sich das idealtypische parlamentarische Regierungssystem auf die Formel bringen, daß in ihm die Trennungslinie nicht zwischen Parlament und Regierung verläuft, sondern zwischen Regierung und Regierungsfraktion auf der einen, Opposition auf der anderen Seite[1].«

Auch in Bayern verläuft in der Praxis diese Trennungslinie zwischen der CSU-Mehrheitsfraktion und der von ihr getragenen Regierung einerseits und der SPD/FDP-Opposition andererseits. Diese politische Praxis ist nicht eine Mißachtung demokratischer Regeln oder theoretischer Vorgaben, sondern der schlichte Vollzug der verfassungsmäßig vorgegebenen Struktur des parlamentarischen Regierungssystems.

Wenn also die SPD die enge Verflechtung der CSU-Fraktion mit ihrer Regierung mißbilligt, mißbilligt sie damit die Essenz dieses unseres parlamentarischen Regierungssystems. Die SPD in Bayern scheint sich mit der parlamentarischen Variante unserer demokratischen Ordnung nicht abfinden zu können. Ein gutes Beispiel hierfür gibt Jürgen Böddrich in einem Aufsatz[2]. Dort erkennt er zunächst das gerade beschriebene Grundelement der parlamentarischen Demokratie an: »... wenn schon eine Dichotomie die Gegensätzlichkeit zwischen Parlament und Regierung beschreiben soll, so besteht der tatsächliche Gegensatz zwischen Mehrheitsregierung und der Minderheit im Parlament.«

Am Schluß des gleichen Aufsatzes macht der SPD-Oppositions-Politiker jedoch deutlich, daß er sich mit dieser theoretisch notwendigen Vorgabe nicht abfinden kann, wenn er resigniert feststellt: »Das Prinzip der Gewaltenteilung, von dem immer noch ausgegangen wird, ist meines Erachtens längst gestorben[3].«

Wie Böddrich geht wohl die SPD-Fraktion insgesamt von einem Parlamentsverständnis aus, das historisch an der konstitutionellen Monarchie des 19. Jahrhunderts orientiert ist, in der das vom Volk gewählte Parlament noch Gegenpol zu der vom Monarchen bestimmten Regierung war[4].

Dies ist ein grundlegendes Mißverständnis unserer von der Verfassung untermauerten parlamentarischen Wirklichkeit.

Die politische Folge aus dem falschen Parlamentarismus-Verständnis der SPD in Bayern ist eine doppelte:

— Zum einen müssen die permanenten Vorwürfe der SPD an die Adresse der CSU-Mehrheitsfraktion (»Akklamations-Fraktion« etc.) als ungerechtfertigt zurückgewiesen werden.

— Die zweite Folge ist für das Gesamtgefüge des Parlamentarismus in Bayern schwerwiegender. Wenn die SPD nämlich permanent der engen Verbindung der CSU-Mehrheitsfraktion mit ihrer Regierung nachweint, macht sie damit deutlich, daß sie ihren eigenen Status als Widerpart gegenüber der politischen Aktionseinheit Mehrheitsfraktion-Regierung nicht versteht oder nicht verstehen will. Die SPD-Fraktion versteht sich als amputierter Teil einer Gesamt-Opposition (sprich: Gesamt-Parlament) und nimmt deshalb ihre Rolle als alleinige Opposition nicht entschlossen und glaubwürdig auf.

Zweifellos ist eine »Gesamtsolidarität des Parlamentes« nicht auszuschließen. Die Chance zur Kooperation zwischen den Mehrheits- und den Minderheitsfraktionen muß bestehen. Und sie besteht in Bayern! In der sechsten Wahlperiode des Bayerischen Parlamentes wurden z. B. 86,5 Prozent aller Gesetze und Anträge von Mehrheitsfraktion und Oppositionsparteien gemeinsam angenommen und nur 5,5 Prozent von der Mehrheitsfraktion abgelehnt[5].

Aber trotz dieser Kooperation bleibt das Prinzip, daß die Minderheitsfraktion(en) die eigentliche Oppositionsrolle übernehmen muß (müssen).

Es ist im Interesse des Gesamtparlaments zu hoffen, daß die SPD bald zum richtigen Oppositionsverständnis findet.

Regierung contra Mehrheitsfraktion?

Die Regierung und die sie tragende Mehrheitsfraktion sind in der parlamentarischen Demokratie legitimerweise politische Aktionseinheit. Dieser Sachverhalt prägt das Verhalten der Mehrheitsfraktion: Sie verteidigt die Ziele und Handlungen der Regierung und gibt dieser Regierung alle Möglichkeiten zur Darstellung ihrer Politik. Wesentliche Aufgabe der Mehrheitsfraktion ist es jedoch auch, der Regierung politische Impulse zu geben. Die Regierung wird laufend dadurch in ihrem politischen Auftrag legitimiert, indem sie die durch die Parlamentarier gefilterte Bürgermeinung in Verwaltungshandeln umsetzt.

Genau hier sind jedoch bei manchen Vertretern von Regierung und Verwaltung Mißverständnisse unserer parlamentarischen Demokratie aufzufinden. Anstöße für die Regierungsarbeit durch die Parlamentarier werden von ihnen eher als lästig, denn als legitim betrachtet. Der Versuch der Mitbestimmung wird bisweilen als Meuterei umgedeutet.

Dabei setzt das Konzept der parlamentarischen Demokratie weitgehende Informationen und Abstimmung der Regierung mit der Mehrheitsfraktion voraus. Die Regierung erwartet heute selbstverständlich von der Mehrheitsfraktion möglichst geschlossene und kompromißlose Verteidigung der Regierungspolitik. Hier denkt die Regierung konsequent parlamentarisch. Andererseits kann man nicht behaupten, die Regierung würde auch dann immer streng parlamentarisch denken, wenn es um die Information und die Mitwirkungsmöglichkeiten der Mehrheitsfraktion geht. Hier wird die CSU-Fraktion oder Teile davon immer wieder auf das konstitutionelle Gewaltenteilungsschema zwischen Regierung und Gesamtparlament verwiesen. Die Praxis des Parlamentarismus in Bayern ist innerhalb des Aktionsverbandes Mehrheitsfraktions-Regierung also teilweise einspurig. Es gibt aber nur zwei Möglichkeiten: Entweder die Regierung beteiligt die Mehrheitsfraktion frühzeitig und weitgehend an der politischen Entscheidungsfindung. Dadurch wird der Mehrheitsfraktion die Möglichkeit gegeben, überzeugt und überzeugend die Regierungspolitik zu vertreten. Die zweite Möglichkeit: Die Regierung schaltet die Mehrheitsfraktion nicht in ihren politischen Entscheidungsprozeß in zureichendem Maße ein; dann riskiert die Regierung, daß ihre Politik von der eigenen Mehrheitsfraktion im Parlament gestört oder zu Fall gebracht wird. Wir halten die zweite Möglichkeit für unglücklich.

Politische Spitze und Verwaltung

Vom preußischen Justizminister v. Beseler ist folgende Klage überliefert: »Ich gebe Ihnen zu, daß der Antrag Ihrer Fraktion für mich tragbar ist. Aber Sie werden mir zugeben müssen, daß es auch ohne ihn gegangen wäre. Dieses ganze parlamentarische Treiben und Getriebe erscheint mir sinnlos oder zumindest überflüssig. Unsere Vorlagen werden vor ihrer Einbringung so sorgfältig geprüft, so eingehend erörtert und so peinlich gesiebt, daß wirklich nichts übersehen ist, und wenn sie dann vor den Landtag gelangen, wird mit ungeheurer Weitschweifigkeit und Wichtigkeit darüber geredet, ohne daß nur ein Gedanke zutage träte, den nicht auch wir schon gehabt und überlegt hätten. Dann kommen die Abänderungsanträge, die entweder gleichgültig sind und von uns hingenommen werden, oder die schädlich sind und von uns mit Mühe bekämpft werden. Gutes kommt bei alledem so wenig heraus, daß ich auch dem ganzen Parteiwesen nichts Gutes nachsagen kann[6].«

Dieser Anspruch eines preußischen Ministers könnte heute auch für die Einstellung hoher Verwaltungsbeamter in Bayern stehen. Das gilt zumal deshalb für Bayern, da hier die Ministerialbürokratie eine lange Tradition hat, die in der hohen Qualität der Verwaltung ebenso wie in deren Eigenständigkeit ihren Niederschlag findet.

Eine hochqualifizierte Verwaltung ist sich ohne Zweifel selbst genug. Einflußnahme durch Parlamentarier muß dem subjektiven Empfinden der Glieder dieser Verwaltung als Störung der eigenen, wohlgeordnet vorgezeichneten Kreise gelten.

Gleichwohl: Die »Störung« durch das Parlament ist das Kernelement unserer Demokratie. Nur auf diese Weise wird der Volkswille in Verwaltungshandeln umgesetzt. Nur die ständige Einflußnahme gibt der Verwaltung in ihrem Tun die demokratische Legitimation.

Das Einlaßtor für die politischen Einflußnahmen auf die

Verwaltung, das heißt, das Einlaßtor für demokratische Legitimation ist die politische Spitze der Verwaltung, sind der Minister und der Staatssekretär. Und auch an diesen personifizierten Nahtstellen des Parlamentarismus sind in Bayern »Mißverständnisse« zu monieren.

Mancher Minister oder Staatssekretär in Bayern hat nämlich stärkere Indentität zu seiner Verwaltung, als Indentität zu seiner Fraktion und seiner politischen Aufgabe. Verständlich: Ein Minister oder Staatssekretär, der sich einig mit seinem Haus zeigt, kann der Loyalität seines Hauses gewiß sein. Das mindert Konflikte, das schafft Zeit und Spielraum für andere Aufgaben. Wohl aber geht durch dieses Verhalten – und das sei ohne Schärfe gesagt – ein wesentlicher Teil der politischen Legitimation verloren, die ein Regierungsmitglied besitzt. Der staatsleitende Gedanke der Volkssouveränität verlangt vom Minister und Staatssekretär nicht nur die politische Einflußnahme in »wenigen großen Entscheidungen«, sondern auch die Sorge und die Lenkung im Rahmen der rechtsstaatlichen Ordnung in kleineren Dingen.

Deshalb wäre es gut, wenn manches Kabinettsmitglied die vielen kleinen Sorgen, die Parlamentarier an ihn herantragen mit größerem politischen Nachdruck im eigenen Haus verfolgen würde und nicht lediglich zur Routineprüfung an den zuständigen Referenten weitergeben würde. Politische Courage beweist sich nicht nur im Verhältnis Parlament – Regierung, sondern auch im Verhältnis der politischen Spitze zur Verwaltung. Hier gäbe es in Bayern noch Aufbesserungsmöglichkeiten.

Die Strategie der Opposition: Eklat statt Alternative

Die SPD – und nicht weniger die FDP – traten insbesondere in den letzten sechs Jahren in der Öffentlichkeit mit einem Alleinvertretungsanspruch für Sachlichkeit und argumentative Auseinandersetzung auf. Nicht wahr: Nur Tölpel und CSU-Wähler konnten sich dem Hauch der großen weiten sozial-liberalen Aufklärung entziehen!

Heute wundern sich SPD und FDP gemeinsam, daß sich gerade die Bayern nicht von der Wolke linker Aufklärung emportragen lassen wollten, sondern lieber mit beiden Beinen auf dem festen Untergrund zugleich wertorientierter wie pragmatischer CSU-Politik stehen bleiben. Die Wähler haben dabei auch erkannt, daß es mit der Sachbezogenheit sozial-liberaler Politik nicht weit her ist. Denn je mehr die Bayerischen Oppositionsparteien die Rationalität für sich alleine in Anspruch nehmen, um so weniger praktizieren sie den Stil der Sachlichkeit und der Rationalität in der politischen Alltagsarbeit des Parlaments. Die aktuelle Oppositionsstrategie von SPD und FDP heißt: Emotionalisierung statt sachbezogenes Engagement; Eklat statt Ernst für die Aufgabe. Das mühsame Millimeter-Ringen um die bessere Lösung wird von der Opposition im Maximilianeum heute zunehmend abgelöst durch Schaueffekte.

Diese Entwicklung ist nicht Zufall, sondern Programm. Der SPD-Fraktionsvorsitzende Gabert begründete öffentlich den Wechsel der politischen Strategie der Opposition: »Die Fraktion will sich weniger mit der Ausarbeitung von komplizierten, zeitraubenden Gesetzesvorhaben beschäftigen, sondern den Schwerpunkt auf die Regierungskontrolle verlagern[7].« Was die SPD unter »Regierungskontrolle« versteht, macht Jürgen Böddrich deutlich: »Die Arbeit der Opposition muß in Appelle an die Bevölkerung umgelenkt werden[8].«

Den Appell an die Öffentlichkeit glaubt die SPD offenbar nur noch mit Demonstrativ-Handlungen und Schaueffekten erfüllen zu können. Die SPD lauert in den Ausschüssen geradezu auf Gelegenheiten um »ausziehen« zu können.

Und im Plenum müssen unverbürgte Äußerungen aus CSU-Delegiertenversammlungen als Vorwand für demonstratives Verlassen des Saales herhalten.

Diese überzogen häufige Anwendung der schärfsten Mittel oppositionellen Verhaltens im Parlament zeigt mangelndes Selbstvertrauen in die Standfestigkeit der Argumente bei der Opposition an. Und darüber hinaus demonstriert diese Praxis den Unwillen der Sozialliberalen, die Rolle der Opposition überzeugt und mit alternativer Aussage anzunehmen.

FDP: Fraktion oder Gruppe?

Die FDP neigt dazu, politische Probleme, die nicht in ihrem Sinne gelöst werden, schnell zu »Verfassungsproblemen« zu stilisieren. Zu verschiedensten Fragen ist die Stellungnahme von Frau Hamm-Brücher festzuhalten: »Wenn das nicht mit der Verfassung übereinstimmt, dann ändern wir diese eben!« Diese Haltung signalisiert einerseits die ordnungspolitische Degeneration der (ehemals so stark ordnungspolitisch orientierten) FDP und zeigt andererseits, daß maßgebliche Vertreter der FDP die ziviltheologische Bedeutung einer Verfassung nicht ernst genug nehmen, die über die politischen Alltagsprobleme hinaus Bestand und Kontinuität des Staates symbolisiert und garantiert.

Die FDP hat sich auch in dieser Legislaturperiode wieder im Bayerischen Landtag ein verfassungspolitisches Dauerthema konstruiert: die Frage ihres eigenen Fraktionsstatus. Bei diesem Thema hat die FDP es verstanden, eine technische Lösung, die sie selbst initiiert und mitbestimmt hat zu einer Grundsatzfrage der Demokratie in Bayern hochzustilisieren. Inzwischen wurde auch von den bayerischen Verfassungsrichtern bestätigt, daß es sich bei der Fraktions-Status-Frage nicht um ein verfassungsrechtliches Thema handelt, sondern um ein pragmatisch-politisches.

Bedauerlicherweise haben wir, die CSU-Fraktion, nicht klar genug gemacht, daß es sich nicht um eine rechtliche, sondern um eine politische Frage handelt: Wir haben in der CSU-Fraktion die politische Frage des Fraktionsstatus' der FDP falsch entschieden.

Wie war die Ausgangslage: Die CSU errang bei den Landtagswahlen 1974 mit 62,4 Prozent der Stimmen fast 17mal soviele Sitze wie die FDP! Es war von der ersten Stunde nach diesen Wahlen abzusehen, wie die Strategie der FDP im Bayerischen Landtag aussehen mußte: Die Ungleichheit zwischen dem kleinen tapferen David (sprich: FDP) gegenüber dem großen, rücksichtslosen und tumben Goliath (sprich: CSU) mußte von der FDP der Bevölkerung plastisch und emotional nahegebracht werden. Die FDP-Fraktion konnte keine andere Strategie vorhaben als die der Mobilisierung des Under-dog-Effektes. Die CSU-Fraktion konnte der FDP bei dieser Ausgangslage keinen

besseren Gefallen tun, als den acht FDP-Leuten den Fraktionsstatus zu verweigern. In das FDP-Kolossalgemälde einer tapfer
für Recht, Liberalität und Freiheit erkämpfenden Minderheit,
die sich einer autoritär-klerikal-konservativ-reaktionären
Übermacht gegenübersieht, paßte es ausgezeichnet, daß dieser
Minderheit nicht alle Instrumente parlamentarischen Agierens
zur Verfügung standen. Ich wage die Behauptung: so entrüstet
sich die FDP-Parlamentarier in dieser Frage gaben und
geben – zumindest der politischen Führungsspitze der FDP
war die Haltung der CSU willkommen. Anders sind bestimmte
Verhaltensweisen von Frau Hamm-Brücher zur Zeit der Vor-
entscheidung innerhalb der CSU-Fraktion nicht zu verstehen.

Die ständige Wiederholung des Vorwurfes der »Unterdrük-
kung der FDP« mag im Maximilianeum manche Kollegen lang-
weilen – in der Öffentlichkeit ist die FDP-Spekulation auf
den Under-dog-Effekt bereits erfolgreich angekommen. Die
Frage des FDP-Fraktionsstatus erscheint der Öffentlichkeit
als »die« Frage des Bayerischen Parlamentarismus. Tatsächlich
handelte es sich jedoch nicht um eine Frage der Fehlentwicklung
im System, sondern um eine politische Fehlentscheidung. Struktur und Funktion des Parlaments werden durch diese Fehlent-
scheidungen kaum berührt. Wohl aber Wahlergebnisse.

Anmerkungen

1 Hans Maier, Heinz Rausch, Emil Hübner, Heinrich Oberreuther, Zum
  Parlamentsverständnis des 5. Deutschen Bundestages, München 1969,
  Seite 9.
2 Jürgen Böddrich, Parlament und Verwaltung als Widerpart – Kooperation und Konkurrenz der Staatsgewalten aus oppositioneller Sicht, in:
  Freistaat Bayern – die politische Wirklichkeit, München 1975.
3 Jürgen Böddrich, a.a.O., Seite 281.
4 Die SPD-Fraktion ist dabei allerdings in guter Gesellschaft: Auch das
  Bundesverfassungsgericht ist in seiner Rechtssprechung von einem
  schiefen Parlamentarismusverständnis ausgegangen.
5 Heinrich Oberreuther, Opposition im Bayerischen Landtag, in: Reinhold
  Bocklet, Das Regierungssystem des Freistaates Bayern, München 1976.
6 Nachlaß Schiffer bei: Dieter Grosser, Vom monarchischen Konstitutiona-
  lismus zur parlamentarischen Demokratie, Den Haag 1970, Seite 11.
7 Volkmar Gabert, in: Süddeutsche Zeitung, 19. 2. 1976.
8 Jürgen Böddrich, a.a.O., Seite 291.

Georg von Waldenfels
Auf dem Weg zum Beamtenstaat?
Erfahrungen und Hoffnungen
eines Parlamentariers.

»Der Abgeordnete soll die Exekutive kontrollieren.« Das ist
der Anspruch. Aber: ist es nicht umgekehrt? Haben die Abgeordneten noch eine echte Aufgabe im Parlament? Oder haben
sie diese weitgehend an die Verwaltung abgegeben? Sind die
Abgeordneten nur Abstimmungsmaschinen geworden, von der
Verwaltung aus dem Hintergrund gesteuert? Sind wir auf dem
Weg zum Beamtenstaat?

Exekutive und Legislative

Um diese überspitzt formulierten Fragen beantworten zu können, muß man sich der Aufgaben bewußt werden, die sich heute
in einer parlamentarischen Demokratie den einzelnen Funk-
tionsträgern stellen. Es ist kein Zufall, daß heute die Bedeutung
der Exekutive und damit der Ruf nach ihrer Kontrolle stärker
denn je im Vordergrund der Diskussion steht. Denn die Bedürfnisse einer immer vielschichtiger werdenden Gesellschaft haben
der Verwaltung neue Aufgaben zugewiesen. Der Machtzuwachs
der Verwaltung ist deswegen typisch für den modernen Industriestaat. Nur mit einem großen, perfekten bürokratischen
Apparat sind die komplexen Planungs- und Steuerungsaufga-
ben durchführbar. Auch die Probleme des modernen Sozialstaates können nur durch eine funktionierende Verwaltung gelöst
werden. Judikative und Legislative bleiben im Vergleich dazu
in der Entwicklung zurück, vor allem auch deshalb, weil sie für
die Errichtung des materiellen Wohlstandes zunächst als weniger wichtig erscheinen.

Der Kompetenzzuwachs der Exekutive geht aber vor allem
auf Kosten der Legislative. In der Bundesrepublik wie in allen

westlichen Demokratien gibt es keine Gewaltenteilung im Montesquieu'schen Sinn. Exekutive und Legislative stehen eng zusammen, während die Judikative ein eigenständigeres Leben führt.

Es steht mit der festen Etablierung von Parteiorganisationen in engem Zusammenhang, wenn sich Exekutive und Legislative heute weitgehend überlagern. Denn im Parlament stellt die regierende Partei beides: die Mehrheitsfraktion und die Exekutive. Das Parlament zerfällt somit in Regierungsfraktion und Opposition. Aus der Regierungsfraktion wächst die Regierung heraus. Damit ist Kritik an der Exekutive gleichzeitig Kritik an der eigenen Regierung. So ist es die Opposition, die eigentlich allein der wirklichen Kontrollfunktion der Legislative gegenüber der Exekutive nachkommen muß. Wie schwierig das ist, vor allem bei dem Informationsvorsprung der Exekutive, zeigen sowohl die Verhältnisse im Bayerischen Landtag als auch im Bundestag. Dabei gibt es in Bayern weit weniger Parteibuchbeamte in den Ministerien als im Bund. Als 1969 die sozialliberale Koalition ihr Regiment begann, wurden rücksichtslos die Bundesministerien bis hinunter zum Hausmeister »gesäubert«. Wir haben glücklicherweise solche Verhältnisse in Bayern nicht. Es ist für die Qualität der Exekutive auch nur abträglich, wenn man in Zukunft nur noch über das Parteibuch die nächsthöhere Stufe erklimmen kann. Trotzdem hat es die Opposition auch in Bayern schwer, dieser Kontrollfunktion gerecht zu werden. Hier ist ein wirklicher Ansatzpunkt für eine Parlamentsreform.

Exekutive und Legislative dürfen sich weder allein im Gegeneinander noch allein im Miteinander erschöpfen, sie müssen sich vielmehr ergänzen. Es darf dabei aber nicht soweit kommen, daß jegliches Spannungsverhältnis zwischen diesen beiden Bereichen verloren geht. Hierin liegt die eigentliche Gefahr für die Zukunft. Die zwei wichtigsten Aufgaben des Parlamentes neben der Diskussion allgemeiner politischer Themen und der Einsetzung der Regierung sind die Gesetzgebung und die Kontrolle der Regierung. Im folgenden soll daher vor allem auf diese zwei Bereiche der Legislative näher eingegangen werden und das Spannungsverhältnis der Exekutive dazu dargestellt werden.

Zu viele Gesetze, zu wenig Geld

Wir haben in der Bundesrepublik zu viele Gesetze. Der deutsche Drang zur Gründlichkeit, möglichst viel zu reglementieren, hat in einem Wirr-Warr von Gesetzen und Verordnungen Früchte getragen. Dafür hat leider auch der Bayerische Landtag in der 7. Legislaturperiode den Beweis geliefert. Das stellt uns in der laufenden 8. Legislaturperiode nicht zuletzt vor die Schwierigkeit, die verabschiedeten Gesetze überhaupt zu vollziehen. Es fehlt das Geld dazu. Durch die Gesetzgebung im Bund und im Bayerischen Landtag haben wir uns derart in unseren Möglichkeiten beschnitten, daß wir beim laufenden Haushalt 1975/76 von ca. 22 Milliarden nur noch rund fünf Prozent frei verfügbare Masse haben. Alles andere sind gebundene Mittel.

Fazit: Die Gestaltungsmöglichkeiten des Parlamentariers sind heute bereits stark eingeengt.

Ministerielle Lenkung im Parlament

Der Abgeordnete ist bei den parlamentarischen Beratungen weitgehend von den Auskünften der Verwaltung abhängig. Oft nimmt ein Stab von Ministerialbeamten an den Beratungen auch im Ausschuß teil. Nimmt die Diskussion eine Richtung, die dem Ministerium nicht behagt, wird wegen des Informationsvorsprungs seitens der Verwaltung mit einer Stärke interveniert, die häufig mögliche Änderungswünsche im Keim ersticken lassen. Für mich war es deshalb z. B. eine »Sternstunde« der Abgeordneten, als bei der Kürzung zur Kostenfreiheit des Schulweges ein Antrag gestellt wurde, der 15 Millionen mehr kosten würde. Der Finanzminister wie auch seine Verwaltung wiesen darauf hin, daß sie mit ihrem Entwurf schon an die Grenze des Möglichen gegangen seien. Darüber hinaus gebe es keinen Raum mehr, weil die Deckung fehle. Trotzdem wurde dieser Antrag von der Regierungsfraktion mehrheitlich gebilligt und – auf einmal war Geld für die Deckung da.

Belastung im Stimmkreis

Auch zuhause im Stimmkreis hat man nicht immer die Ruhe und die Möglichkeit zur Vorbereitung auf die Parlamentsarbeit. Nur eine Minderheit der eigenen Partei im Stimmkreis honoriert Leistungen im Landtag. Was zählt, sind die Veranstaltungen im Stimmkreis, auch wenn man zum Teil nur zur Dekoration dient: Man hat anwesend zu sein.

Hinzu kommt die Rolle einer Art Ombudsman, die dem Abgeordneten in seinem Stimmkreis zuwächst. Für alle Fälle, in denen die Verwaltung nicht mit der gebotenen Eile die genehme Entscheidung trifft, wird der Abgeordnete eingeschaltet. Man wird als eine Art unbürokratische Beschwerdestelle angesehen, die der Verwaltung Paroli bieten soll, weil die bürokratischen Lebensformen überall zunehmen. So wird man immer mehr zum Mittler zwischen Bürger und Verwaltung. Das geht natürlich zu Lasten der sonstigen parlamentarischen Tätigkeit. Man sollte sich auch deshalb ernsthaft überlegen, ob nicht die Einrichtung eines Ombudsmans, wie wir sie aus den nordischen Ländern kennen, in der Bundesrepublik sinnvoll wäre.

Kernpunkt: Budgetrecht

An sich sollte die Gesetzgebung eine Gemeinschaftsleistung der Exekutive und Legislative sein, sie ist heute weitgehend allein in den Händen der Exekutive, die sich der Legislative lediglich als unumgängliches Hilfsmittel bedient.

An sich gilt: Die Exekutive sorgt für die Entscheidungsvorbereitung, die Legislative übernimmt die Entscheidungskontrolle. Dieses Schema ist in der Parlamentarischen Demokratie ohnehin stark abgewandelt, wird jedoch in der Praxis oftmals fast aufgehoben. Sowohl die Entscheidungsvorbereitung, als auch die Entscheidungskontrolle ist auch der Mehrheitsfraktion zum Teil entglitten. Die Verabschiedung des Haushaltsgesetzes 1975/76 war ein gutes Beispiel dafür. Die Regierung legte dem Parlament einen Entwurf vor. Dieser Entwurf durchlief zuvor alle zuständigen Ausschüsse. Trotzdem hatte der 22-Milliardenhaushalt so gut wie keine Änderung erfahren. Dabei ist das

Budgetrecht das wichtigste Instrument des Parlaments zur Gestaltung der Politik. Wir sind heute dabei, dieses Recht zugunsten der Exekutive zu verspielen. Die nachträgliche Kontrolle des Parlaments kommt in vielen wirtschaftlichen und finanziellen Fragen zu spät. Hier müßte eine präventive Kontrolle als Form der parlamentarischen Mitwirkung z. B. auch bei wirtschaftlichen Lenkungsmaßnahmen eingeführt werden. Das Parlament müßte frühzeitig in die Haushaltserstellung eingeschaltet werden. Meist gibt die Exekutive aber keine Verlaufsdarstellungen einzelner Teilentscheidungen. Auch hier spielt natürlich das Zeitproblem eine Rolle. Die Abgeordneten haben aus den oben genannten Gründen zu wenig Zeit, sich gründlich mit dem komplizierten Zahlenwerk zu befassen.

Zur Lösung dieses Problems ist daran gedacht worden, eine Art »Sparkommissar« einzusetzen. Dieser Vorschlag hilft jedoch nur wenig. Es ist Aufgabe des jeweiligen Berichterstatters zu den einzelnen Haushaltsansätzen Stellung zu nehmen und Sparvorschläge zu machen. Das mag zwar schwierig sein, aber es ist doch zumutbar. Jede andere Lösung wäre eine weitere Beschneidung des parlamentarischen Budgetrechts. Zudem sollte man nicht glauben, daß man Wesentliches am jetzigen Zustand ändert, nur weil man eine neue Institution geschaffen hat.

Der Gestaltungsauftrag liegt beim Parlament

Diese kurze Bestandsaufnahme eines Fraktionsneulings zeigt einen Anflug von Resignation. Die Rolle, die man spielt, wird von der Bevölkerung draußen ganz anders gesehen. Mit wieviel Schwung und Ideen ist man ins Maximilianeum eingezogen, und wie hilflos sieht man sich nach kurzer Zeit der ganzen Macht der Exekutive gegenüber, ja man hat sich weitgehend dem allgemeinen Trott angepaßt.

Es liegt an uns selbst, die Dinge wieder ins richtige Lot zu bringen. Die Exekutive hat sich ja nicht auf unzulässige Weise neue Aufgaben zugeeignet. Es waren die Abgeordneten, die sich von vielen Bereichen zurückgezogen haben und damit Räume frei werden ließen, die von der Exekutive ausgefüllt werden mußten.

Hier ließe sich diskutieren, ob nicht der Aufgabenbereich des Parlamentes und der Exekutive neu aufgeteilt werden muß. Eine parlamentarische Demokratie im 20. Jahrhundert in einer hochtechnisierten Welt muß vielleicht eine andere Aufgabenverteilung haben, um die Zukunft zu bewältigen. Vieles von dem, was uns heute im Landtag und im Stimmkreis flutartig überfällt, ließe sich eventuell auf die Exekutive übertragen. Der Parlamentarier wäre dadurch freier für wesentlichere Aufgaben. Gerade bei den Ausschußberatungen ließe sich vieles straffen. Eine Plenarwoche pro Monat und eine Ausschußwoche pro Monat sollten bei der derzeitigen Aufgabenstellung des Landtages in der Regel ausreichen.

Zur Qualität der Parlamentarier

Wie immer man auch Aufgaben und Funktionen verteilt, wesentlich ist, daß ihr Träger sie auszufüllen vermag. Damit reduziert sich unser Problem auf die Frage der Qualifikation der Abgeordneten. Vorrangige Aufgabe der Parlamentsreform ist nicht die Reform einzelner Institutionen, sondern muß zuerst bedeuten: Verbesserung der Qualität der Abgeordneten. Nur wenn man das erreicht, werden wir langfristig wieder einen echten Partner für die Exekutive darstellen.

Doch dafür sind die Chancen nicht sehr groß. Das Urteil des Bundesverfassungsgerichts zur Besteuerung der Diäten kann dabei ein Meilenstein zu einer fundamentalen Fehlentwicklung werden. Urteilsschelte soll hier nicht betrieben werden, aber man hat den Eindruck, daß dort manches nicht durchdacht wurde, was sich negativ für die Entwicklung des Parlaments auswirken muß. Ich meine vor allem die Festschreibung des Berufspolitikers. Die ursprüngliche Idee des Parlamentariers war die, daß er seine Berufserfahrungen mit ins Parlament einbringen sollte, daß er vor allem weiterhin in seinem Beruf tätig sein sollte. Zwar gibt es auch zur Zeit zu wenig Freiberufler im Parlament, aber selbst diese Möglichkeit wird jetzt genommen, wenn man den Abgeordneten zum Beruf erklärt. Wir bekommen durch die vom Bundesverfassungsgericht gewollten Berufspolitiker hochbezahlte Gewerkschafts-, Verbands- und Parteifunktionäre, die von ihren Organisationen abhängig sind. Das Grundgesetz mit seiner Forderung nach dem Abgeordneten, der unabhängig und nur seinem Gewissen unterworfen ist, wird damit zur Makulatur. Daß die Qualität der Abgeordneten darunter leidet, braucht nicht mehr festgehalten zu werden. Der Freiberufler jedenfalls im Parlament wird durch dieses Urteil aussterben – obwohl das Urteil das Gegenteil erreichen wollte.

Der »beamtete Parlamentarier« und damit das Beamtenparlament steht vor der Türe.

Ausblick

Politik aus Bayern. Ein zu weitreichender Anspruch? Die Autoren dieses Bandes haben versucht, deutlich zu machen, daß »Politik aus Bayern« nicht lediglich einen Gestaltungsraster für innerbayerische Politik meint, sondern auf grundlegende Gestaltungsnormen für eine freiheitliche Gesellschaft abzielt. Gerade angesichts der ideologischen Verwirrungen in Europa und angesichts der nicht nachgelassenen Bedrohungen durch den Ostblock ist es besonders notwendig, politische Grundsatztreue und Grundsatzfestigkeit nicht nur regional in Bayern aufrecht zu erhalten und zu stabilisieren, sondern darüber hinaus in Deutschland für Europa zu verwirklichen. Diesem weitgehenden Anspruch etwas näher zu kommen – dazu will dieses Buch einen Beitrag leisten.

Die Autoren sind der Auffassung, daß die Diskussion um die grundsätzliche Positionen, die durch die Tages-Politik leider oft nur matt durchscheinen, mit allem Nachdruck lebendig erhalten werden muß. Nur auf diese Weise können wir den Bürgern in unserem Lande die Alternativen unserer Gesellschaftsordnung zum Sozialismus verständlich und klar abgegrenzt deutlich machen. Dies ist um so notwendiger, weil in der Vergangenheit ohne Zweifel die offensive Darstellung der Freiheit als Alternative zum Sozialismus zu kurz gekommen ist. Die politische Entwicklung der freien westlichen Welt verlangt eine Neubesinnung auf die Werte und Grundpositionen unserer Gesellschaft.

Die Christlich Soziale Union ist eine politische Aktionsgemeinschaft, die heute mehr denn je ihre zentrale Aufgabe darin sieht, diese Grundpositionen den Bürgern durch Programme, öffentliche Diskussion und durch die Praxis der täglichen Politik zu demonstrieren und verständlich zu machen.

Bayern mit seiner langen demokratischen und freiheitlichen Tradition hat die Möglichkeit – und im Rahmen dieser Möglichkeit die Verpflichtung –, diese freiheitlichen Grundsätze nicht nur in Bayern und Deutschland, sondern über die Grenzen Deutschlands hinaus mahnend und mitgestaltend aufrecht zu erhalten.

Dies ist unsere Verantwortung für Bayern, Deutschland und Europa.

Die Autoren

Dr. Faltlhauser, Kurt, geboren am 13. September 1940 in München; katholisch, verheiratet, zwei Kinder, Volksschule und Gymnasium in München. Studium der Volkswirtschaft, Politischen Wissenschaft und Rechtswissenschaft in München, Berlin und Mainz. 1965/66 Vorsitzender des Allgemeinen Studentenausschusses der Universität München. 1967 Diplom-Volkswirt; 1972 Doktor der Politischen Wissenschaft.

Sozialabteilungsleiter; Geschäftsführer einer Unternehmungsberatungsgesellschaft. Zahlreiche Veröffentlichungen insbesondere auf dem Gebiet der betrieblichen Sozialpolitik.

Mitglied der CSU seit 1963. Ortsvorsitzender Obermenzing. Stellvertretender Kreisvorsitzender in München 11.

Mitglied des Bayerischen Landtags seit 7. November 1974 (Stimmkreis München-Pasing).

Glück, Alois, geboren am 24. Januar 1940 in Hörzing, Landkreis Traunstein; röm.-kath., verheiratet, zwei Kinder; Volksschule und Landw. Berufsschule in Traunwalchen, Landwirtschaftsschule in Traunstein. Teilnahme an verschiedenen landwirtschaftlichen Fachkursen von 1957–1967, Leitung des landwirtschaftlichen Betriebes der Eltern (Vater im Krieg gefallen). Von 1958–1964 ehrenamtliche Mitarbeit in der Kath. Jugend, verbunden mit der Übernahme verschiedener Führungsaufgaben. Von 1964–1971 Landessekretär der Kath. Jugend Bayerns. Weiterbildung mit verschiedenen Seminaren und Lehrgängen. Seit 1965 als freier Mitarbeiter bei Rundfunkanstalten, Zeitungen und Zeitschriften tätig. Mitglied im Deutschen Agrarjournalistenverband.

Autor des Buches »Das Grundstück der 60 Millionen« – Das Verhältnis Stadt – Land in einer modernen Industriegesellschaft. Seit 1971 selbständig mit dem »BÜRO GLÜCK, Information, Kommunikation, Spezialstudio für Tonbildschauen«. Mitglied der Deutschen Public Relations Gesellschaft.

Mitglied des Bayerischen Landtags seit 1970 (Stimmkreis Oberbayern).

GOPPEL, THOMAS, geboren am 30. April 1947 in Aschaffen-burg/Ufr.; röm.-kath. Bis 1967 Humanistisches Gymnasium, Abitur in München. 1967/70 Studium der Philosophie, Pädago-gik und Psychologie in Würzburg und München; 1970 I. Lehr-amtsexamen; 1972 wissenschaftl. Mitarbeiter am Lehrstuhl für Schulpädagogik der Erziehungswissenschaftl. Fakultät der Uni-versität München. 1973 Organisationsreferent am Institut für Frühpädagogik; 1973 II. Lehramtsexamen.

Seit 1973 tätig als Lehrer an einer Münchner Grundschule; seit 1970 Referent bei Verbänden und mittelständischen Unter-nehmen für den Fachbereich der Rhetorik und Verhandlungs-technik; seit 1971 freier PR-Mitarbeiter.

Mitglied des Bayerischen Landtags seit 7. November 1974 (Stimmkreis Oberbayern).

KOPKA, KLAUS, geboren am 28. September 1939 in Sagan (Schlesien); verheiratet, zwei Kinder. Nach Schulbesuch von 1955 bis 1958 Lehre in einer Münchberger Anwaltskanzlei mit Abschluß als Rechtsanwaltsgehilfe. Von 1959 bis 1960 Sekretär von Staatssekr. a. D. Gerhard Wacher, dann Geschäftsführer der CSU im Wahlkreis Hof. Seit 1966 Stadtrat in Hof, von 1970 bis 1974 Vorsitzender der CSU-Fraktion. Von 1971 bis 1975 stellv. Landesvorsitzender der JU Bayern. Seit 1974 Vors. d. CSU-Kreisverbandes Hof-Stadt. Mitglied des Bayerischen Landtags seit 7. November 1974 (Stimmkreis Hof-Ost).

LANG, AUGUST RICHARD, geboren am 26. Februar 1929 in Eslarn/Opf.; röm.-kath., verheiratet, 2 Kinder. Nach dem Abi-tur in Weiden Studium der Rechtswissenschaften und der Volkswirtschaft an der Universität Erlangen und der Verwal-tungshochschule in Speyer. Erste und zweite Juristische Staats-prüfung in München.

Seit 1959 Rechtsanwalt; zugelassen beim Landgericht Weiden und Oberlandesgericht Nürnberg.

Stellvertretender Bezirksvorsitzender des CSU-Bezirksver-bandes Oberpfalz. Seit 1966 Stadtrat in Weiden; von 1966 bis 1970 Fraktionsvorsitzender im Stadtrat. Mitglied des Rechts-und Verfassungsausschusses. Seit November 1974 Vorsitzender

der CSU-Landtagsfraktion und Mitglied des Präsidiums der CSU.

Mitglied des Bayerischen Landtags seit 1970 (Stimmkreis Weiden).

DR. MERKL, GERHARD, geboren am 27. September 1940 in Regensburg, aufgewachsen und wohnhaft in Teugn, Kreis Kelheim, verheiratet, zwei Kinder (ein eigenes und ein Pflegekind, das zur Adoption ansteht). Vater 1943 gefallen. Nach vier Klassen Volksschule in Teugn ein Jahr Volksschule der Regensburger Domspatzen in Etterzhausen, dann Neues Gymnasium Regensburg. 1960 Abitur. Studium der Rechte an der Universität München. 1964 erste jur. Staatsprüfung. Ab 1965 Referendar in Regensburg und Kelheim. 1968 zweite jur. Staatsprüfung.

Im November 1968 Eintritt in den höheren Justizdienst, Gerichtsassessor beim Landgericht Regensburg. Juli 1970 Ernennung zum Staatsanwalt, Oktober 1972 Ernennung zum Richter am Landgericht. 1970/72 Promotion an der Universität Regensburg.

Seit 1972 Mitglied und Sprecher der CSU-Fraktion im Gemeinderat von Teugn und im Kreistag von Kelheim. Stv. Kreisvorsitzender der CSU. Mitglied des Bayerischen Landtags seit 7. November 1974 (Stimmkreis Kelheim).

DR. ROSE, KLAUS, geboren am 7. Dezember 1941 in Augsburg als zweiter Sohn des aus Görlitz stammenden Uffz. Leo Rose und seiner Ehefrau Lydia, geb. Karlstetter, verheiratet, ein Sohn. Gegen Kriegsende Umsiedlung nach Schalding r. d. Donau. Hier Besuch der Volksschule und anschließend Humanistisches Gymnasium in Passau, 1961 Abitur. 1955 Umzug nach Vilshofen/Ndb. Studium der Geschichte und Neueren Sprachen an der Universität München, 1968 Promotion zum Dr. phil. und Staatsexamen in Englisch und Geschichte. Darauf Gymasialdienst in München, Freyung und Vilshofen. Nebenbei vier Semester Studium der Politik- und Wirtschaftswissenschaften.

Mitglied des Bayerischen Landtags seit 7. November 1974 (Wahlkreis Niederbayern).

SPITZNER, HANS, geboren am 26. November 1943 in Berchtes-
gaden. Aufgewachsen in Parsdorf/Opf. Besuch der Volksschule,
des hum. Gymnasiums, Abitur, zehnsemestriges Studium der
Volkswirtschaft und politischen Wissenschaften an der Universität München.

Beruflich tätig seit über vier Jahren in der Zentrale einer
Großbank in München.

1966 Eintritt in die JU und CSU. Stellvertretender Kreisvor-
sitzender der JU, Schatzmeister des CSU-Kreisverbandes Neu-
markt, 1972 jüngster Bundestagskandidat der CSU auf der
Landesliste. Seit Jahren Delegierter beim Parteitag der CSU.
Mitglied des Bayerischen Landtags seit 7. November 1974
(Stimmkreis Neumarkt).

DR. STOIBER, EDMUND, geboren am 28. September 1941 in
Oberaudorf, Kreis Rosenheim, seit 1968 verheiratet, eine Toch-
ter. Nach Abitur und Dienst bei der Gebirgsdivision in Bad
Reichenhall und Mittenwald Studium der Rechtswissenschaften
und der politischen Wissenschaften an der Universität München
und an der Hochschule für politische Wissenschaften. Anschließend wissenschaftliche Mitarbeit am Lehrstuhl für Strafrecht
und Ostrecht an der Universität Regensburg. Nach dem zweiten
jur. Staatsexamen 1971 Übernahme in das Bayer. Staatsministerium für Landesentwicklung und Umweltfragen. Von 1972
bis 1974 persönlicher Referent des Staatsministers, zuletzt Leiter des Ministerbüros.

Bis 1976 Kreisvorsitzender der Jungen Union von Bad Tölz-
Wolfratshausen. Mitglied des Bez. Vorstandes der CSU-Ober-
bayern.

Mitglied des Bayerischen Landtags seit 7. November 1974
(Stimmkreis Miesbach).

DR. H. C. STRAUSS, FRANZ-JOSEF, geboren am 6. September 1915 in
München; katholisch; verheiratet. Volksschule, humanistisches
Gymnasium, Abitur. Studium der Geschichte, der klassischen
Sprachen und der Volkswirtschaftslehre an der Universität Mün-
chen. 1939 erstes, 1940 zweites Staatsexamen für den höheren
Schuldienst. 1939/45 Kriegsteilnehmer (Frankreich, Rußland).
1945 stellvertretender Landrat, 1946 Landrat in Schongau,

1948 wiedergewählt. Februar 1948 Mitglied des Wirtschaftsrates für das Vereinigte Wirtschaftsgebiet. Januar 1948 Leiter des Landesjugendamtes im Bayerischen Innenministerium. 1945 Gründungsmitglied der CSU, 1946 Mitglied des Landesvorstandes, 1949 Generalsekretär; 1952 stellvertretender Parteivorsitzender der CSU, seit 18. März 1961 Landesvorsitzender der CSU. Vorsitzender des Aufsichtsrates der Deutschen Airbus GmbH und der Airbus Industries (Paris). – Mitglied des Bundestages seit 1949, bis 1953 stellvertretender Fraktionsvorsitzender, bis 1952 Vorsitzender des Ausschusses für Fragen der Jugendfürsorge, 1952 bis 1953 Vorsitzender des Ausschusses für Fragen der europäischen Sicherheit. 20. Oktober 1953 Bundesminister für besondere Aufgaben, 20. Oktober 1955 Bundesminister für Atomfragen, 16. Oktober 1956 bis 20. November 1962 Bundesminister der Verteidigung, 1. Dezember 1966 bis 20. Oktober 1969 Bundesminister der Finanzen. 22. Januar 1963 bis 30. November 1966 Vorsitzender der CSU-Landesgruppe im Bundestag, stellvertretender Vorsitzender der CDU/CSU-Fraktion.

Buchveröffentlichungen u. a. »Herausforderung und Antwort – Ein Programm für Europa« (5. Aufl. Stuttgart 1969) und »Deutschland Deine Zukunft« (3. Aufl. Stuttgart 1976).

TANDLER, GEROLD, geboren am 12. August 1936 in Reichenberg. Von 1954 bis 1971 bei der Bayerischen Vereinsbank; seit 1962 Leiter der Zweigstelle Altötting, seit 1970 stellv. Fil.-Direktor der Filiale Alt-/Neuötting mit vier Zweigstellen.

1956 Eintritt in die CSU Neuötting. 1957–1963 Kreisvorsitzender der Jungen Union Altötting. 1962–1971 Bezirksvorsitzender der Jungen Union Oberbayern. 1965–1972 CSU-Ortsvorsitzender Neuötting, seit 1963 Mitglied des Kreisvorstandes Altötting, seit 1966 Kreisrat in Altötting, seit Mai 1971 Generalsekretär der CSU.

Mitglied des Bayerischen Landtags seit 1970 (Stimmkreis München-Milbertshofen).

DR. WAIGEL, THEODOR, geboren am 22. April 1939 in Oberrohr (Schwaben); katholisch; verheiratet, ein Sohn. 1959 Abitur in Krumbach. Studium der Rechts- und Staatswissenschaften in

München und Würzburg, 1963 erstes juristisches Staatsexamen, Referendartätigkeit in Krumbach, Schwabmünchen und Augsburg, 1967 Promotion und zweites juristisches Staatsexamen. Gerichtsassessor bei der Staatsanwaltschaft am Landgericht München II, 1969 bis 1970 persönlicher Referent des Staatssekretärs im Bayerischen Staatsministerium der Finanzen und 1970 bis 1972 des Bayerischen Staatsministers für Wirtschaft und Verkehr Jaumann. 1966 bis 1972 Mitglied des Kreistages Krumbach. 1961 bis 1970 Kreisvorsitzender der Jungen Union Krumbach, 1967 bis 1971 Bezirksvorsitzender der Jungen Union Schwaben, 1971 bis 1975 Landesvorsitzender der Jungen Union Bayern. MdB seit 1972.

DR. FRHR. VON WALDENFELS, GEORG, geboren am 27. Oktober 1944 in Hof/Saale, evangelisch, verheiratet, zwei Kinder. Besuch des humanistischen Jean-Paul-Gymnasiums in Hof, Studium der Rechtswissenschaft an den Universitäten München und Würzburg 1964 bis 1968. Referendarzeit in Würzburg und Hof. 1971 zweite juristische Staatsprüfung. Seit 1. 2. 1972 Regierungsrat z. A. an der Regierung von Unterfranken, ab 1. 7. 1972 am Landratsamt Hof. Promoviert 1972 zum Dr. iur. utr. mit einem Thema aus dem englischen Recht. Von Oktober 1972 bis Mai 1973 Studienaufenthalt am King's College in London. Seit 1976 Rechtsanwalt in Hof.

Stellv. Bezirksvorsitzender des Arbeitskreises Sport in der CSU. Kreisvorsitzender der CSU Hof-Land.

Mitglied des Bayerischen Landtags seit 7. November 1974 (Stimmkreis Hof-West).

WIESHEU, OTTO, geboren am 31. Oktober 1944 in Unterzolling, Kreis Freising, röm.-kath., ledig; 1950–1955 Volksschule Zolling, 1955–1964 Humanistisches Gymnasium Freising, anschließend zwei Jahre Bundeswehr bei den Fallschirmjägern in Nagold, Entlassung als Lt. d. Res. November 1966 bis Juli 1970 Studium der Rechtswissenschaften in München, Herbst 1970 erstes Staatsexamen, anschließend Referendarzeit, u. a. bei der bayerischen Vertretung in Bonn; Herbst 1973 zweites Staatsexamen, anschließend tätig beim Bayerischen Staatsministerium für Arbeit und Sozialordnung als Regierungsrat z. A.

1969 stellvertretender Kreisvorsitzender und dann Bezirksvorsitzender der Jungen Union Oberbayern. Im Mai 1973 in diesem Amt bestätigt. Seit 1976 Landesvorsitzender der Jungen Union Bayern. Seit Juni 1972 Mitglied des Kreistages Freising. Mitglied des Bayerischen Landtags seit 7. November 1974 (Stimmkreis Freising).

ZEHETMAIR, HANS, geboren am 23. Oktober 1936 in Langengeisling, röm.-kath., verh., drei Kinder. Humanistisches Gymnasium und Abitur in Freising. Studium der klassischen Sprachen, der Germanistik und Geschichte an der Universität München. Erste und zweite Staatsprüfung (1962 bzw. 1964) für das Lehramt an Gymnasien; seit 1964 am Dom-Gymnasium Freising (Gymnasialprofessor); seit 1972 Hauptpersonalrat am Bayer. Staatsministerium für Unterricht und Kultus.

Seit 1959 Mitglied der CSU; seit 1966 Stadtrat in Erding, seit 1970 CSU-Kreisvorsitzender im Landkreis Erding; Kreisrat, Fraktionsvorsitzender und stv. Landrat im Landkreis Erding. Mitglied der CSU-Bezirksvorstandschaft Oberbayern und des Landesparteiausschusses der CSU in Bayern. Mitglied des bayerischen Landtags seit 7. November 1974 (Stimmkreis Erding).

Union alternativ

Beiträge von Ernst Albrecht, Norbert Blüm, Karl Carstens, Alfred Dregger, Hans Filbinger, Heinrich Geissler, Alfons Goppel, Bruno Heck, Constantin Freiherr von Heereman, Wolfgang Herion, Franz Heubl, Walther Leisler Kiep, Heinrich Köppler, Helmut Kohl, Gerd Langguth, Hanna-Renate Laurien, Heinrich Lummer, Hans Maier, Werner Marx, Alois Mertes, Karl-Heinz Narjes, Elisabeth Noelle-Neumann, Manfred Rommel, Hermann Josef Russe, Paul Schnitker, Rolf Schöck, Paul Skonieczny, Lothar Späth, Karl Steinbuch, Gerhard Stoltenberg, Franz Josef Strauß, Erwin Teufel, Jürgen Gerhard Todenhöfer, Friedrich Vogel, Matthias Wissmann, Manfred Wörner.

Herausgegeben von Gerhard Mayer-Vorfelder und Hubertus Zuber.

36 Spitzenautoren aus Politik, Wirtschaft und Wissenschaft entwickeln in dezidierten Originalbeiträgen die Alternativen der Union zur Politik der gegenwärtigen Bundesregierung. Die Thematik des Buches umfaßt die Problembereiche des Staates, der Wirtschaft, der Kultur und der Gesellschaft.
Sämtliche Beiträge sind original für dieses Buch geschrieben worden und erfüllen höchste inhaltliche und formale Ansprüche.
Union alternativ: das liefert den Beweis dafür, daß Freiheit, Recht und Partnerschaft noch eine Chance haben und daß der Eintopf des Sozialismus und des Klassenkampfes nicht unser Schicksal ist.

Seewald Verlag Stuttgart